U0416479

在野之学

贺雪峰 著

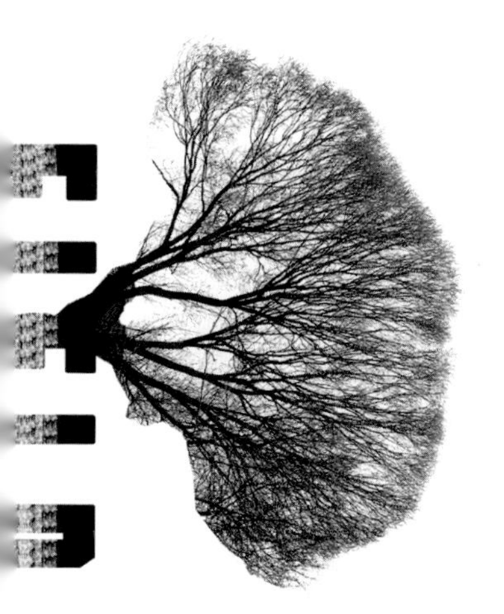

北京大学出版社
PEKING UNIVERSITY PRESS

目　录

序言　知识在于解放思维

一

社会科学研究是要获得对纷繁复杂的社会现象简化而深刻的认识。各种社会科学概念、理论和命题，都是认识社会现象的工具。研究社会现象，一要实现简化，要做到由表及里，在千变万化的现象中找到影响事物变化的关键因素，抓住事物变化的规律。然后，用概念和理论将它们概括出来，形成新知识。二要追求深刻，通过深入研究去发现过去没有认识到的方面，打开认识事物的新角度，形成知识增量。倘若脱离这两点，提出的概念和理论不能增加认识，反而构成思维的负担，就成了烦琐哲学。

社会科学与自然科学存在很大区别。社会科学知识有很强的主观建构特征，自然科学寻求客观知识。自然科学的认识一般能够被证实或证伪。而社会科学的知识重在给人启发，社会科学不研究终极真理。

这就决定社会科学研究方法与自然科学有所不同。

库恩提出“范式”的说法。科学的发展往往伴随着“范式”革命。比如，“日心说”对“地心说”的替代，代表人类对宇宙认识的进步。“范式”以及“范式”革命用于描述自然科学的发展比较恰当。社会科学一般不存在一个“范式”对另外一个“范式”的替代。尽管一些社会科学理论大师会建立一套关于社会事物和历史演变的全新概念、命题和解释体系，推动学科发展，为人类贡献智慧，但是这些理论大师往往很难完全摆脱前人的认识，他们更多是在补充、推进和丰富已有的知识。如果说自然科学的进步是靠一次一次“颠覆”前人的认识实现的，社会科学更多地则是靠批判、继承和积累来推动认识深化和知识丰富。

社会科学不存在自然科学那样的“范式”革命。这并不是说社会科学缺乏解释上的差异。对于同一个社会事物，不同的人完全可提出不同的理论解释。不同的人在学科训练、知识储备、思维方式甚至是价值偏好上的差别，都影响了他对社会事物的认识。个人之间存在差异，学科之间的差异就更大，还有不同学派的差异。社会科学不存在终极真理，因此，这些差异就不构成自然科学那样的“范式”替代。社会科学研究不仅允许这些差异，并且鼓励差异化的研究。包容差异化的认识既是社会科学自身特征，也是推动社会科学认识进步的手段。

社会科学研究不是用一种认识去替代和压制另外一种认识，而是鼓励不同的认识相互批判，通过辩论让认识走向更加深刻。每一种研究都希望得到更多的认可。但是，这并不意味着社会科学研究的一个结论就能够替代另外一个结论。社会科学剖析世界，就像盲人摸象。

谁也不知道大象的样子。因此，每个人都去摸一摸，获得对大象的不同认知，拼凑起来，就有点接近大象的本来面目。

所有的深刻理论都会带给人类知识财富，因为这些理论打开了人们认识世界的窗户，让杂乱无序的社会事物变得有规律可循。例如，马克思提出了阶级这个概念，让我们对于人类社会的演变规律有了清晰而深刻的认识。后来，社会学家韦伯又提出了阶层概念来分析社会群体之间的互动，并且还用文化因素来解释西方资本主义兴起，对马克思的观点构成挑战。韦伯是想驳倒马克思吗？也许是。韦伯驳倒了马克思吗？当然没有。两位理论大师提出关于社会规律的两种不同解释。马克思并未被驳倒，他的理论在韦伯以及其他后来人那里获得了新生命。反过来说，韦伯的问题意识也并不是凭空而来。旧的知识在新的分析中焕发生命，这就是社会科学研究中的继承、批判和积累。

社会科学研究不怕“片面”，怕的是不深刻。深刻的社会科学研究先从“片面”开始，允许多元，鼓励差异化，在研究假设、问题意识、分析逻辑、材料数据等方方面面上，不断地进行批评、修正、吸收、借鉴、改进，推动认识深化和知识积累。社会科学的发展源于解释力的竞争。

二

知识在于解放思维。如果将知识当作真理信仰，它就变成了思维束缚。社会科学的研究都是建立在一定的起点和逻辑假设的基础上，这些是构成理论和概念的前提。若是忽视这些前提，将有前提的认识绝对化，知识就变成了束缚思维的信仰。打破迷信的办法是回到理论的前提假设，在其不假思索的前提中提出问题。

社会科学的一个最根本前提是它具有时空条件。以社会学为例，它诞生于十八九世纪以来的西方社会，社会学的基本主题是分析西方世界的现代化过程。中国属于后发国家，中国的社会科学也是后发的。建立和发展中国社会科学，需要处理西方社会科学理论与中国社会实践的关系。显然，在抓住“社会事实”、追求“价值中立”、运用定性和定量方法、重视概念提炼、综合归纳与演绎、掌握逻辑思维等基本方法论层面，可以借鉴西方社会科学，中国社会科学没有必要重新搞一套。建立具有中国主体性的社会科学，关键是要将西方社会科学理论和方法拿来分析中国社会实践，提出具有解释力的理论。

如何做到这一点？存在着理论与经验的“大循环”与“小循环”两条道路。所谓“大循环”是指，用西方社会科学方法来研究中国的问题，从中国的实践出发，分析中国的经验事实，认识中国经济社会文化变化发展规律，从中提出概念、理论和命题。“大循环”是将认识中国社会当做目标，将包括西方理论在内的所有理论资源和方法都当做手段，通过从实践出发的研究，建立中国社会科学理论体系。所谓“小循环”是指，将成熟理论当做研究起点，在既有的理论体系中寻找社会问题，研究社会现实的目的是为了回答理论命题。“小循环”认为社会科学理论具有普遍性，西方社会科学理论体系已经基本建立起来，中国研究要做的是查漏补缺的工作。

与哲学不同，社会科学不能靠逻辑演绎和概念辨析产生新知识，社会科学理论一般要与经验结合起来形成。新生的社会经验是促进社会科学知识发展的推力。相对于基本成熟的西方社会科学理论，具有14亿人口的中国社会建设活动和社会变迁过程，构成了全新的经验。在“大循环”与“小循环”两种研究道路下，中国的这一全新经验具有完全不同的价值。

按照“大循环”的思路，研究者带着“中国是什么”以及“为什么是”等一类朴素问题去观察现实、去思考、去提炼总结概括，然后获得关于中国社会现象的一个个局部认识。再将这些局部认识汇聚起来，逐渐接近关于中国社会的完整拼图。这就是盲人摸象。在这个过程中由于要简化认识，就要想办法对获得的认识进行提炼总结抽象，形成一些概念和命题。当这些概念和命题被讨论、修正，最后被大众接受，变成共识，就产生了立足于中国实践的社会科学理论。在“大循环”中，不仅西方理论是认识问题的工具，其他古今中外的知识都是促进人们认识问题的工具。“大循环”把获得新的认识当做目标，研究方法与概念理论都是达成目标的手段。

“小循环”从对话理论开始，将完善已有概念和理论当做目的。当然，经过几代理论家创造并流传至今的经典理论，一般都能够帮助人们简化对世界的认识而充满魅力。问题是历史在进步，认识也需要进步。尤其对于中国这样的全新经验来说，更是需要理论上的突破。中国社会科学理论总体上落后于西方，“小循环”从对话中提问题，出发点是修补既有知识，离开“大循环”后，中国的社会经验就会变成西方理论的注脚。

“小循环”这种认识方法，在思维上经过否定之否定，回到其对话甚至批评的理论所预设的原初起点上。用中国的全新经验去对话某个西方社会学理论，最终依然要么是扩大这个理论的解释范围，要么是在相反相成的意义上复活这个被修正的理论。站在认识中国“是什么”的角度看，通过“小循环”所获得的知识是零碎的。从理论开始经过经验再回答理论问题的“小循环”，作为具体研究手段是需要的。但是，一定要将其放到从经验开始通过理论抽象再回到实践的“大循环”中，才能真正获得从实践出发的理论创新。

关于中国社会科学主体建设道路，便是马克思主义基本原理与中国革命实践相结合的问题。毛主席提出要学习马克思主义的立场、观点和方法，从实践中提出问题，再将认识带回到实践中去，形成指导中国革命成功的理论，走的是“大循环”道路。还有的人将马克思主义理论当做结论直接拿来用，就变成了本本主义和教条主义。

三

“大循环”与“小循环”这两种研究方式是贺雪峰教授概括总结的。建立具有主体性的中国社会科学需要用“大循环”统摄“小循环”。具体如何做呢？他提出了饱和经验的研究方法。“饱和”在化学上是指，一定条件下溶质不能继续溶解于溶剂的状态，达到饱和之后溶质会自动析出。贺雪峰教授用这个形态来形容社会科学的经验研究状态。

“饱和经验法”是指，研究者通过充分地观察经验现象，自然获得关于经验现象背后一般规律的认识。认识活动都是从接触感性现象开始的，科学研究的目标是要抓住事物背后的一般规律。怎么做到由浅入深、由表及里、去伪存真呢？通常存在归纳和演绎两种认识方法。归纳法从经验事实入手，通过比较、计算、寻找相关性等，找到特殊现象中的共性部分。演绎的方法一般是从道理、原理和理论假设入手来分析问题。“饱和经验法”是与一般归纳与演绎都有所不同的认识方法。

“饱和经验法”是在研究者广泛接触经验事实的过程中，形成经验质感，然后反过来获得关于事物认识的方法。“饱和经验法”强调研究者的能动性。当然，所有的认识都依靠研究者的主动分析。不同的地方在于，“饱和经验法”以研究者获得“经验质感”为基础。“经验质感”是一种与理论辨析、概念演绎和定量定性方法都有所不同的基础性分析能力。其中，最关键的一点是，“经验质感”不能通过理论阅读和课堂学习获得，“经验质感”是一种实践型知识和经由实践训练获得的研究技艺。

毛主席在《实践论》中说，“你要有知识，你就得参加变革现实的实践。你要知道梨子的滋味，你就得变革梨子，亲口吃一吃”。获得经验质感最简单的办法是走进经验无限丰富的田野中去。以农村调查为例。有人说，中国农村那么大，光靠调查是穷尽不了的，村庄调查有什么意义呢？实际上，调查的目的不仅仅在于认识村庄本身，还在于通过调查来养成“经验质感”。调查的第一步是去认识客观世界，比认识客观世界更重要的是通过这个过程来改造主观世界。

做农村调查与课堂学习和理论阅读一样，目的都是形成分析问题的能力。不经过学习和阅读的大脑是“朴素”的，一个人通过课堂学习而掌握学科知识和基本方法后，就初步具备了社会科学研究思维。这还不够。这些课题学习所得的概念、理论和方法都是死的，还要通过田野调查将这些死的概念、理论和方法激活。培养学生，第一步是让他们经历严格的理论学习，尤其是进行经典理论阅读。完成这一步之后，再到田野中去，将这些死的知识变成研究者灵活运用的主体能力。

大学教育是要解放学生。第一步是鼓励学生自主阅读经典理论，实现从“知识灌输”向理论思维训练的解放。第二步是鼓励学生走向田野调查，实现从理论阅读向分析经验事实的解放。

对于从事农村研究而言，村庄调查当然重要。不做调查，怎么提出好的问题呢？对于不从事农村研究的人来说，做一些村庄调查也是一种很好的训练社会科学思维的办法。“饱和经验法”可运用于农村研究，也可运用于对其他社会问题的研究。这就像经过长期训练的篮球运动员，让他们改练足球或是排球，一般也比常人进步得快。这是因为他们的小脑已经被充分地开发，运动细胞被激活了，平衡感和控制能力比普通人好。在农村调查中形成的“经验质感”，属于对经验事物的敏感把握能力，对未知问题的直觉能力，对复杂因素的分析能力，是认识社会现象的一般能力，因此很容易迁移到其他学科和其他研究领域。一个人的“经验质感”不会随着他的研究对象变化而失去。

“饱和”通过量变引起质变。从片面具体的认识走向整体全局认识，肯定不是一次就能完成的。认识的深入要通过量的积累。刚开始对事物的认识抓不住重点，把握不了方向，接触的次数多了，就形成抓住事物主要矛盾以及矛盾主要方面的能力，感性认识就会向理性认识迈进。经验研究最重要的一点是熟能生巧。第一次下乡的人分不清庄稼与杂草。没有关系。通过两次三次和更多次调查，就积累了经验，逐渐形成了关于农村的整体判断能力，即“经验质感”。

村庄调查除了认识这个被调查村庄本身的特点之外，还会与其他村庄联系起来。“饱和经验法”是指，前面调查过的所有村庄的丰富知识都在后面的调查中被唤醒。也就是说，对第一千零一个村庄的调查认识，包含了前面一千个村庄的丰富性。过去十多年以来，我们完成了超过全国一千个村庄的田野调查，积累起我们关于中国农村的整体“经验质感”。

对于个体来说，经过 10 次以上，每次 20 天左右的村庄调查，大体就可以形成个人从事农村研究的“经验质感”。

四

社会科学具有普世的一面，如分析问题要符合逻辑，避免层次谬误，重视社会事实，对事物的分析保持开放性，等等。社会科学研究还具有一定的时代性和地域性。中国社会科学要与当代中国社会发展实践紧密联系，要探索中国的前途命运，要为 14 亿中国人过上幸福生活寻找出路。西方社会科学可带给我们启发和借鉴，但是无法提供现成答案。建设具有主体性的中国社会科学是一项艰巨的事业。

显然，中国的社会科学不可能在反对西方理论中进步。反对和排斥的做法，本身已经是在别人设置的议题中讨论问题。研究中国问题，需要心态开放地借鉴古今中外的理论资源，尤其是西方社会科学理论资源。在这之外，更重要的是保持主体性。建立中国主体性的社会科学，是在认识中国是什么的过程中，提炼认识中国的概念和理论工具，在深化对中国认识的过程中，提高理论水平，实现认识手段与认识目的的统一。

建立具有主体性的中国社会科学是一项巨大的工程，需要多个方向、多种方法、多个层面的共同努力。改革开放后的四十多年以来，西方优秀的社会科学理论基本都被介绍到国内，一般研究人员都有机会接触最经典和最前沿的西方理论。中国正在经历千年巨变，相对于理论学习，我们对日新月异的中国社会实践的认识还不够。社会科学研究需要走向田野。

“饱和经验法”认为认识的深化源于量变基础上的质变。也就说，理论提升源于对经验现实充分认识之后的自然而然的结果。蓦然回首，恍然大悟。社会科学理论创新要靠长期积累。历史上的一些理论大师，一般是将前人和同时代的研究在较高层次上抽象而建立起理论体系。社会科学理论创新就像高原上长出的山峰，珠峰的高度取决于青藏高原的高海拔。社会科学的理论高度取决于研究者所处的时代，以及那个时代所有研究者的共同努力。中国正处在大时代，为社会科学理论创新提供了很好的条件。

如何回应这个大时代呢？以社会学为例。第一是出现天才式人物，如费孝通。这样的话，社会学就可以获得很快的进步。第二是积累式发展。不同的研究者从一个个具体的问题入手，如城市研究、乡村研究、治理研究、文化研究等，深挖井，遍地开花，将社会学科从平原建成高原，实现总体水平提高。天才式人物可遇不可期，积累式发展更可取。有了方向正确、方法正确和持续努力的积累式发展，自然会出现理论突破。在高原上更容易长出高峰。

"饱和经验法"不仅是分析问题的方法，还是实现积累式发展的策略。

五

社会科学理论的意义在于打开认识世界的新角度。研究现实问题的目的不只是要去证明先贤理论的正确性。"生命之树常青"，理论是手段，人是目的，学习理论是为了让思维锐利，然后用被解放的大脑去剖析这个复杂世界。

贺雪峰教授曾评价费孝通说，三个"半通"成就了费孝通。这里的"半通"是褒义。说的是费孝通对西方理论、中国传统文化和中国社会经验都有理解，但是又不拘泥任何一方面，最后就实现了高水平的贯通。"饱和经验法"便是要实现理论与经验的通透。封闭和迷信都不是社会科学。经过理论学习且具备经验质感的人，身体和大脑都是轻松的。

《在野之学》是贺雪峰教授关于如何做研究、如何学习、如何教育学生等方面的思考汇编。这些思考源于他的亲身体验，成文于不同时间，文字不一定严整，但很多想法是一贯的。在野之学，也可称为实践的学问。

桂　华
2020. 5. 26

第一编

学术方法

饱和经验法

——华中乡土派对经验研究方法的认识

一

华中从事村治研究的学者对经验研究一直具有强烈的偏向。早在1980年代，华中村治研究的开创者张厚安教授即提出要“理论务农”，要“面向社会、面向基层、面向农村”的“三个面向”的社会科学研究转向；华中村治研究的第二代代表人物徐勇教授在1990年代提出村治研究要“三实”，即“实际、实证、实验”的研究风格；2002年华中村治学者在《浙江学刊》发表《村治研究的共识与策略》[①] 一文，提出“田野的灵感、野性的思维、直白的文风”三大研究原则。

2004年以后，华中村治学者发生分化，部分学者移师华中科技大学创办中国乡村治理研究中心，部分学者继续留守华中师范大学中国农村问题研究中心（2012年更名为华中师范大学中国农村研究院）。由此在武汉地区形成了有一定张力又良性竞争的村治研究学人群体。两派学者继续高举经验研究的旗帜，立志扎根中国乡土，做中国自己的社会科学研究。相对来讲，因为华中师范大学中国农村问题研究中心是教育部人文社会科学重

① 徐勇、吴毅、贺雪峰等：《村治研究的共识与策略》，《浙江学刊》2002年第1期。

点研究基地，经费充足，条件优越，研究人员众多，而在武汉地区村治研究中占据体制位置，是武汉村治研究的正规军。又因为华中师范大学中国农村研究中心主要依托政治学一级学科，华中师大学者更多活跃在政治学研究领域。华中科技大学中国乡村治理研究中心系新创办，白手起家，几乎没有任何体制资源支持，各方面条件都比较差，具有很强的草根性。又因为华中科技大学中国乡村治理研究中心主要依托社会学一级学科，所以，近年来，华中科技大学学者更多活跃在社会学研究领域。

最近数年，华中师范大学和华中科技大学村治研究学者都致力于农村经验研究，尤为引人注目的是，两校村治学者都连年组织大规模农村调查。其中，华中师范大学中国农村问题研究中心以“百村十年”调查为主要平台，每年动员数以百计的本科生、研究生到农村调研，每年投入调研经费超过百万元。华中科技大学中国乡村治理研究中心则自 2007 年以来，每年都组织大规模的“集体调研”，仅每年暑假集体调研规模即超过百人，一般同时在多省数十个村开展驻村调查。自 2005 年以来，华中科技大学中国乡村治理研究中心累计驻村调研时间已近 4 万个工作日。农村调查既是搜集研究资料的过程，又是培养人的过程，近年来，两校村治研究在人才培养和学术研究上均取得了不俗成绩。值得一提的是，两校村治学者开展的大规模农村调查有细微却极其重要的差异，即华中师范大学因为是教育部重点研究基地，体制资源多，科研任务重，调查具有比较强的搜集研究资料的目的，也是因此，华中师范大学中国农村问题研究中心每年寒暑假都要向社会招募调查员。华中科技大学中国乡村治理研究中心既无体制资源，也几乎没有课题任务，其调查的主要目的是训练研究生，很少有搜集研究资料的目的。也是因此，武汉村治学者的经验研究目前已有比较大的差异。以下，笔者主要讨论华中科技大学中国乡村治理研究中心（以下简称“中心”）对经验研究的认识和进行经验研究的方法。以该中心为基地的村治研究学者群又被称为“华中乡土派”，因此，本文即试图对华中乡土派经验研究进行一定的总结提练。华中乡土派强调以大量深入的驻村调查来形成经验质感。以形成经验质感为目的的进行饱和经验训练的方法，我们称为“饱和经验法”。

二

中心学者对经验的强调可以从其公开言论中看出：“呼啸着走向田野”“带着强烈经验情绪”。中心要求博士生每年至少有100天驻村调查，且在博士论文开题前，要在全国8～10个省、每个省1～2个村，每个村至少进行15天的驻村调研，驻村调研期间，须对调查村政治、经济、社会、文化和宗教等各个方面作深入访谈。调查结束须写作反映调查村总体状况及其治理逻辑的调查报告。经过以上调查，中心博士生才能选定博士论文主题，再开展为期半年的博士论文调查，进行博士论文研究和写作。这样，在读博期间，中心几乎所有博士生都可以有350天左右的驻村调查经历。长时间段的多点驻村调查，是一种饱和式的调查，这样的饱和调查可以较好地训练博士生对经验的把握能力。

中心调查主要有两种方式，一是个人调查，即一个人在一个地方住下来，以访谈为主开展调查，边访谈边整理资料边思考。调查周期有两种，一种是一般性调查，时间一般为15～30天，一种是博士论文调查，一般是半年时间；二是集体调查，即若干人集中到一个地方调查，白天分开调查，晚上一起讨论，调查也就变成了现场研讨。这样的调查+研讨可以极大地开阔和深化个人经验。这两种调查方式都是驻村调查，一般住在农户家中，同吃同住，打成一片，既有助于调查深入，又节约调查成本。最重要的是，农民往往很愿意接受访谈，调研者容易获得全面完整的经验资料。

个人调查和集体调查一般交错进行。经历 10 多次大约 200 天调研，调研者就可以具有较好的把握经验的能力，懂得经验、实践的一般机制，形成经验质感。在此基础上进行专题的、专业的研究，就可以有整体经验作支撑，就容易掌握专题研究的火候，把握专业研究的分寸，知道思考写作时下笔的轻重。也可以在专业研究中正确地提出问题，适当地展开问题，准确抓住问题的本质，获得研究灵感，及取得研究突破。

正是因为华中乡土派对经验本身的强调，有人批评华中乡土派为朴素经验主义。这里面当然有误解。华中乡土派培养学生，在强调经验的同时也强调经典，因此自称培养学生是“两经”战略，经典阅读与经验调查相结合。“经典”即要求在进入博士生阶段之前的本科和硕士阶段大量阅读社会科学经典著作，主要是阅读社会学、经济学、政治学和人类学等学科的经典著作。所谓大量阅读，是要通过 2～3 年的全面系统专业阅读，对西方经典理论读懂读通，读经典的过程重在训练思维能力，学习西方社会科学分析问题、逻辑推理的理性主义精髓，而不重具体知识。读经典是典型的“无用之大用”，是为专业研究准备理论和方法而不是提供具体指南，更不是为了寻章摘句。

有了大量经典阅读和形成的细致分析、严密推理、抽象概括能力，再进行经验训练，这样，在经验研究中，就不是仅仅就事论事进行讨论，而是要在大量调查基础上进行理论建构。博士生学习阶段最重要的是进行经验的训练，因此要到农村去做大量地田野。

经典阅读的训练和经验调查的训练，两个训练结合起来，就可以获得进行专业研究的基础能力。经典阅读和经验调查都只是为专业研究作准备而不等于专业研究。一旦有了“两经”作基础，就容易做好专业研究。

以下重点讨论华中乡土派进行经验训练形成经验质感的方法。我们认为，形成经验质感的唯一方法就是进行经验的饱和训练，饱和经验训练的方法就是饱和经验法。

三

“饱和经验法”既是一种理论认识，又是一种调查操作技术。先谈理论认识。

每个人都生活在自己的经验世界中，这是一个习以为常的、理所当然的世界，所有现存的都是合理的，是不用问为什么的。在这个自己的经验世界里，我们不自觉地习得了很多本能的已经内化为身体一部分的习惯，可以自然而然地理解自己的生活世界的人和事，可以与这个经验世界保持正常交往，低成本地处理好各种关系。所有的事情都是合理的，有时有情绪、感到不公平、不满意，也是在日常经验世界中发生了与以往经验的差异，且这种差异变化速度比较快，以致超出了个人正常的衡平感受，本能地感觉到不适应、不正常和不正当。总是先感觉到了，再思考，再理解。

每个人都是生活在特定经验世界之中的，这个经验世界先于个人而存在，个人在自己的生活中不自觉地融入这个生活世界中，本能地习得这个先于个人的经验世界的规则，得心应手地运用这些规则处理问题，进行交际。

在一个快速变化的世界中，生活于自己经验中的人会感受到这种变化，因此而有不适应，因此会有情绪。当人们都对自己的经验世界习以为常，有人却试图对所有事情提出质问，这样的人就会被视为不正常的人。

对生活于其中的经验世界不问为什么，这样才能形成社会基本的信任与合作，降低社会组织成本，社会才能低成本地延续下去。一般情况下，人们不会也不能对生活中的基本秩序和规则提问。所有人都这样提问，那社会革命的时期也许就应该到了。

但是，一个研究现实问题的学者必须要有对现实生活经验的完整理解，有对其内在机制，对自然而然原因的分析，并因此有能力透过现象看到本质，有能力从杂乱无序中抓住关键性的要点。也就是说，一个好的现实问题研究者应该有对一个完整经验的深入研究，并在此过程中形成对非生活经验的完整经验的透彻理解，这种透彻理解，要通过切身体悟达到心领神会的程度，形成对经验的质感。经验质感就好比骑自行车、学游泳、学语言一样，仅仅讲理论和方法是很难学会的，基本办法只能是实践，是在不断试错中获得的身体内在衡平感，是思想与身体、心口手的协调，是“熟能生巧”。这种感觉很难说清楚，但可以意会。这是一种一旦获得就终身难忘的基本能力。

虽然每个社会科学工作者都是生活在具体经验之中的，但生活在个人经验中的社会科学工作者却很少会对个人生活经验提出反问，而大多是且只能是持理所当然、自然而然的态度。这种生活经验的质感是为人处事、待人接物的能力，正常情况下，每个人都可以在自己的生活中习得这种近乎本能的能力。这种本能的能力恰恰又使社会科学工作者缺乏对生活经验本身的警惕。

一个从来没有对个人生活经验之外的完整经验进行过解剖的社会科学工作者，当他进入专门研究领域，是很危险的，因为专门研究领域是从生活领域中切割出来，是不完整的，是生活中的片断，某种意义上，离开生活本身的片断就是死掉的片断，正如离开人体的大脑或手脚与作为活人一部分的大脑、手脚有着完全不同的特性一样。缺少个人生活经验以外的完整经验训练，研究者在研究中最容易比附或想象的空间就只能是个人生活经验。因为个人生活世界的经验大都是未加深究的理所当然的世界，在比附中就容易受到生活经验中的理所当然或经验情绪的误导。

当前社会科学研究的分科已经越来越细密，研究也越来越专业化和技术化。社会科学研究者不仅在研究的问题上越来越狭窄，而且专业化的训练将经验本身切割为无数碎片，这种训练使社会科学工作者丧失了对完整的具有“全息”特征的经验的感知能力，丧失了完整把握经验、从经验本身的复杂性来提问题的能力和看问题的视野。

也就是说，一方面，社会科学专业研究者的专业研究其实需要有对作为全息信息单元的、完整的、活的微观经验的感知与理解能力，且这种完整的微观经验不能来自生活经验，因为生活经验本身充满了太多的理所当然的层面。而当前社会科学专门研究者在学术训练中，往往不仅没有增加对完整经验的理解和把握，反而多是进一步切割了经验，形成了对经验片面的、片段的理解。这样，社会科学专门研究就容易出现因对生活经验以外完整经验把握的不足而不得不比附生活经验，从而在专业研究中引入大量未加深究的生活经验的“意识形态”，这样就将每个社会科学工作者的专业研究变成了用专业术语包装起来的个人生活经验。

尤其糟糕的是，中国社会科学是从西方引进过来的，社会科学是在西方经验基础上创建发展起来并专业化的，专业化之前呼啸着进入田野的阶段已经过去很久了，专业化的诸多预设前提在西方早已成为共识，引进过来的西方社会科学却并未真正对中国 5000 年历史和当下 14 亿中国人民在全球化的国际分工处境作基本的关照，没有经历一个对中国本身的宏大叙事，就直接进入到从西方引进社会科学话语下的专业研究、微观研究、具体研究，这样的专业研究无异于照猫画虎。这样的研究也当然无法回应中国现实问题，也就最终变成自说自话的个人成长经历的意识形态情绪。

因此，所有真正要有所作为的中国社会科学研究者都应有一个对自己生活以外经验的深入全面调查，并因此能对经验完整丰富的各个面向进行反复、深入、批判性理解，深刻、厚重地把握经验，将有助于专业社会科学研究，这种把握也是一种基础的学术能力训练。

经验具有生活性、模糊性、自在性、自洽性和总体性，经验往往是全息的，是包括各方面信息的，是跨学科的。完整厚重把握经验的办法是饱和式调研，饱和调研要求调查者保持开放性，用足够长的时间、足够高的热情，不厌其烦地、反复地浸泡在经验中，旁观经验、体验经验、理解实践。厚重把握经验的能力就是经验的质感。经验质感使专业研究的问题可能还原到经验现场，从而可以准确地提出问题，找到解决问题的启示，在灵动提问和严密推理之间找到平衡。

经验要训练。在今天的中国，最好的训练经验的场所也许就是村庄了。村庄是一个相对完整封闭的社会，有历史，有政治经济社会文化宗教各个方面，农民有自己的生活逻辑，自上而下的各种政策法律制度都要在村庄落地，因此，通过深入研究村庄中农民的生活逻辑和乡村治理的逻辑，可以获得丰富的经验，形成对个人生活经验以外完整经验的厚重理解。当前中国村庄中，进行经验训练的一个最大优势是，农民愿意接受研究者的访谈，研究者每天都可以与农民进行长时间的深入交流，可以就自己关心的几乎所有问题向农民请教，并在其中发现诸多之前根本就没有想到的意外。通过长时间的、反复的、饱和的村庄调研来形成经验的质感。一旦获得这一经验质感，再从农村经验向专业领域扩张，将更有历史感、现实感或在地感。村庄经验的训练只是起点，其终点则是中国社会科学研究。没有经过完整经验训练且形成经验质感的中国社会科学研究，都是颇值得怀疑的纸上谈兵。

正如人类学家到一个原始部落进行了为期 1～2 年的田野调查才成为所谓人类学家一样，只有经历了完整经验训练的中国社会科学专业工作者才是合格的中国研究者。

经验训练当然不是只能在村庄进行，也可以在城市社区和依靠历史资料进行。以历史资料来训练经验质感的坏处是，历史资料往往是死的且是片断零碎的，从历史资料中获得的信息远不如田野调查讲述者提供信息的全面、灵动、完整和可相互印证，田野调查训练经验可以说是事半功倍，效果远比阅读历史资料要好。反过来，如果我们有了对现实的完整经验的理解，再来看历史资料，对历史资料的理解就往往会更敏感、更丰满和更深刻。

对于中国社会科学专门研究者来讲，之前进行一个完整的经验训练，对之后的专业研究是不可或缺的。经验训练是专业研究的基础。

小结一下，经验质感是对个人生活以外的总体性经验的把握领悟能力，这种能力是一种正常的感觉能力，是闭着眼睛就可以自由行动的能力，是心中有数、准确判断事物发展逻辑、透过现象看本质、从无序中看到有序、从芜杂信息中抓住关键信息进行提炼概括的能力，是感觉到并能理解的能力，是悟性，是灵动的思考能力，是提出问题且把握问题的能力，是发散思维提出假设的能力，是一种已经身体化了的对复杂经验进行简化但不是简单处理的能力。这种能力一旦获得就几乎终身受用，有了这种能力，再进行专业研究就具有将专业问题还原到经验现场的能力。

饱和的经验训练是获得厚重经验质感的基本方法。饱和经验训练是对个人生活经验以外的另外一个完整的经验领域总体、深度把握的训练。饱和经验训练不是要搜集资料，不是要按既有逻辑去处理资料，而是一个不断寻找经验意外、不断丰富和深化对经验认识的过程。饱和经验训练关注经验的自洽性、模糊性、总体性，强调经验的自在性和全息性，强调经验的未知性、联系性、变动性、灵动性。

饱和经验训练的方法就是饱和经验法，是我们进行经验训练形成经验质感的技术手段。以下讨论“饱和经验法”这一技术手段，一是原则，二是我们近年的一些探索。

四

饱和经验法的主要原则可以归结为三条，一是不预设问题，不预设目标；二是具体进入、总体把握，不注重资料而重体会，大进大出；三是不怕重复，要的就是重复，是饱和调查。

1. 不预设问题

进入村庄一般只有大体的调研方向，有时也结合专题任务开展调查，但调查是开放性的，半结构化的，不预设问题也不预设目标。调研的大方向是理解农民生活和农村政策实践的机制。对任何问题都感兴趣，都进行调查访谈。除非意识到其中存在可能具有的突破，一般不追求对现象和数据的精确搜集，也不特别注重对资料的搜集。调查时，承认自己是带着理论框架，有着既有对村庄认识与想象的前置预设知识，因此所关心问题就会有所选择，同时又特别警惕既有知识背景对调查视野的局限，而有打破自己思维限制的反省反思。调查时特别注意经验的意外，注意发现经验本身的悖论。所谓经验的悖论，并非实践经验的自相矛盾，实践总是自洽的，悖论来自我们头脑中对经验和实践认识的刻板印象。通过深入理解所谓经验的悖论，可以修正我们对经验的认识，深化和丰富我们对经验与实践的理解。经验的意外是调查中更为重要的部分。到农村调查，之前一定会有大致的预设，会有对农村的想象，到了调查现场，首先关心的问题也一定是自己头脑中预设的问题。但在调查现场，经验的悖论不断出现，未知领域不断出现，经验的意外也就不断出现，本来是调查 A，结果发现 B 也很重要，再去调查 B，又发现 C 也很重要。由 A 到 B 到 C，一步步地扩展，一步步地深入，认真对待每一个新发现的问题又沿着更新发现向前探索，一直延续到对 Z 的关注，最终再回到 A，这个时候所认识的 A 就与之前没有联系的枯燥无味的A有了极大不同，这时的A就成了被深度拓展、在村庄中有着广泛联系、内涵丰富的A，成为有了具体的抽象，是经过分析而内涵丰富的A。这样一来，我们就不只是深化了对经验的理解而且很容易形成经验的质感。有此完整经验过程，留给社会科学工作者进行专业研究时的感觉，就好像领导人有过多年基层工作经验更容易理解实践和作出正确决策一样。没有打过仗的将军，没有经过爱情的婚姻，没有经过刻骨铭心身心训练，很难真正深刻体会其中的特别窍门。这是难以言传只可以意会的领域。

各种理论和方法只是调查时备用工具箱中的备用工具，在调查中要机会主义对待这些工具。

2. 大进大出，总体把握

饱和经验法的第二个原则是“具体进入、总体把握、大进大出、重在体验”。具体地说，在调查中，我们注重的是经验的训练，经验训练目的是要训练人，是要让调查者真正具备对经验的把握能力，对经验的敏感性，从而形成经验的质感。调查总是具体进入的，具体进入就一定会涉及对具体的人和事，对事件和数据的调查，但调查应不唯这些具体的细节，尤其不注重搜集死资料，而特别注意活的灵动的实践。

在具体调查实践中，我们强调对村庄内在机制的描写，这种描写就是我们称作“村治模式”的写作，是对一个村庄人民生活及其治理逻辑各个主要侧面及其相互逻辑关系的刻画，一般要涉及村庄政治、经济、社会、文化、宗教各个层面及其相互关系，在调查中，特别注重“村庄内部提问题、现象之间找关联”，而不是动辄从村庄中跳出来。紧紧贴在地面，牢牢抓住经验，理解村庄内部各种现象之间的相关关系，找出村庄人民生活的内在逻辑和村庄治理的内在机制。在村庄内提出问题的同时在村庄内回答问题。

基于以上目的，就一定要以具有完整经验的个案为主要调查对象，以深度访谈和半结构化访谈为主要方法，强调感悟与主客体良性互动基础上的体验。在此过程中，调查者逐步形成对经验复杂性的认识，以获得经验质感，并因此培养从复杂现象中准确找出主要关联要素并建立主要关联要素之间逻辑联系的能力。这是一个由简到繁再删繁成简的过程，又是一个由抽象到具体再由具体到抽象的过程。后面一个抽象是已经有了具体分析基础上的抽象，是在较第一个抽象深刻得多的有了更丰富内涵的抽象。

总之，进入经验的过程，可以采取大进大出、大破大立的方式，进入细节但不拘泥于细节，关键在于总体把握，在于形成调查者对经验的敏感性、想象力和总体把握能力，在于训练调查者的经验质感。

3. 关键在于重复

第三个原则是不怕重复，要形成厚重经验，形成经验质感要的就是重复。饱和的重复调查是形成经验质感的基础方法。

在训练经验提升经验质感时，饱和经验法特别强调重复的重要性，认为重复才是力量。在调查实践中，调查者本能地对新情况新问题感兴趣，尤其是有了一定经验积累的调查者往往以为自己什么都知道了，以为访谈对象讲述内容了无新意，在调查中产生倦怠情绪，不能集中注意力去听去观察去思考。

这当然是不行的。在调查过程中，调查者必须始终全神贯注地与访谈对象交流，一方面要允许访谈对象按自己的方式讲述，一方面访谈者要善于引导问题。引导问题并非完全主导而是半开放式的，是允许被访谈者按自己逻辑和方式进行讲述的。被访谈者讲述的内容具有不确定性，这些不确定性的部分正是产生新的问题意识的关键所在。具有很大确定性的部分也并非简单重复，一方面，确定性有了对问题本身是或否的回答，另一方面，确定性的回答才能激发在语境中的访谈者的联想与思考，并因此形成对确定性认识的新理解。所有的确定性都只是当下的确定性，而不是终极的，都可能会被新的认识所颠覆，从而形成更加深刻认识基础上的新确定性。

在调查实践中，大量重复正是形成经验质感的关键，反复聆听，用心思考，饱和介入。每次重复，其实语境是不同的，着重点、轻重缓急都是不同的，在各种语境中听到对同样事实的不同讲述者的重复讲述，这样调查者就可以形成强烈的内化到自己身体里面的感悟，并因此可以在其他语境中准确判断事情本质，再有类似语境，就可以“八九不离十”地将其中细微差异区分出来。这其中的微妙正是经验质感的一部分。这个意义上讲，调查是不可以偷懒的，没有足够时间的饱和访谈是无法真正建立起经验质感的。特别重要的是，建立经验质感必须是自己亲自去饱和式重复访谈，自己亲自用心去消磨访谈的时间，且在访谈过程中要高度紧张地思考体会理解，这其中绝无捷径可走。没有全神贯注地长时间地投入到具体访谈过程体验其中的微妙之处，不用心，所搜集得来的访谈信息是没有用处的。目前农村调查中一大误区是，很多人不关心不在乎访谈过程而只关心访谈结果，甚至以获得调查资料为最高目标，这样的农村调查就可以算作还没有入门。

不怕重复，在访谈对象讲述似曾相识的事情时，调查者要全神贯注聆听的另外一个原因是，访谈对象讲述中，虽然99%的可能是重复，不重复的只有1%，这个1%却可能正是关键的1%，没有全神贯注，这1%很快就飘过，调查者根本就没有意识到这1%的关键机会的出现。高度集中注意力才会有一颗“敏感”的心灵，才会在调查中把握住微妙的关键，才会心领神会，才会有正确时机的果断追问，才可能会有一轮又一轮的认识突破。响鼓不用重锤，访谈对象讲述的是日常生活，日常生活是琐碎的、杂乱无章的，访谈者自身素质及对调查的投入状态直接影响访谈效果。要持续投入关注，要有焦虑，才能在日常的看似琐碎的调查中，去粗取精，去伪存真，蓦然回首，恍然大悟。

总结一下即，饱和经验法强调，调查不能功利，调查时要用心去倾听，去思考。经验质感的形成不是从调查结果来总成而是在调查过程中慢慢积累起来的。没有过程，没有全神贯注地聆听、思考，没有用心体会，也就不可能获得经验的质感。

五

在多年农村调查基础上，我们总结出一些开展农村经验调查形成经验质感的具体方法，以下分别简单介绍说明之。

1. 多点调查、区域比较

人类学尤其强调对异文化的深入调查。异文化调查的好处是，调查者在本文化中习以为常的各种文化现象，在异文化中却未必一样，这样引起的文化震惊不仅容易激发研究的兴趣和想象力，而且可以为研究者提供一个完整的与自己所属文化系统不同的经验，这个经验表现为“民族志”，可以让研究者在今后的研究中，更容易理解专业研究的局限性和条件性，从而可以为具体的社会科学研究提供来自异文化的启示。中国社会科学从西方引进理论，就更加需要有对西方社会科学中国化过程中可能出现的问题保持警惕。保持警惕的一个好办法即是要形成对具有全息特征的中国经验的深度完整理解，其中最佳进入经验的场所是农村。

从进入农村经验的办法来讲，华中村治研究团队近年来探索的一个方法是多点进入，区域比较，这种方法要求调查者在全国不同地区选择多点（10 个左右），每个点都进行为期 20 天左右的全方位深入访谈，并在访谈基础上撰写经济、政治、社会、文化、宗教等各方面关联的村治模式。中国学者进行中国村庄调查，仍然是在自己文化系统中进行调查，因此调查中很难产生文化震惊，产生不出问题意识，似乎一切都是自然而然、顺理成章。其实，只要深入到中国不同区域村庄就会发现，貌似相同的中国农村，因为历史、地理、种植结构等差异而有极大区别，农民行动逻辑不同，自上而下的政策、法律、制度在不同地区实践的过程、机制与后果也不同，因此可以给调查者以强有力的文化震撼，并因此可以通过中国农村与农民生活逻辑的差异来理解中国农村内部的细微结构，可以形成对经验本身细微之处的把握。或者说，中国地域庞大，不同地区农村情况差异巨大，为中国社会科学研究者提供了极好的训练经验的场所。

依我们的经验，有大约200天在10个不同地区村庄的驻村调查，就可以对中国农村有一个比较深刻的理解，并由此可以获取在经验训练中形成的进行经验研究的能力。

2. 集体调查、现场研讨

华中村治研究团队近年来还探索形成了比较完善的进行集体调查的方法，其中又可分为两种，一种是小团队集体调查，三五个人集中到一个村庄开展调查，白天分头调查，晚上集中讨论，这样有20天时间，就很容易形成对村庄各方面的深入认识并因此很好地训练调查者。另外一种是大团队集体调查，即在以上小团队基础上，再有若干小团队同时在相邻村庄开展调查，这样，除每天的小团队讨论以外，每隔三四天，大团队还可以进行大组研讨。大组研讨的一大好处是可以打破小组在调查中过快达成的共识，引入新的问题和视野，从而可以更加迅速地在调查现场将调研深化。集体调查的过程就是现场研讨的过程，调查过程紧凑而密集，思想火花四溅。这样的调查，可以很快给参与者以广泛深刻的经验训练。可以说，这种集体调查是华中村治研究团队训练研究者的独门秘技。

3. 不分专题、全面调查

华中乡土派进行调查训练经验的一个重要方法是全面调查，很少做专题调查。在进入到一个村庄，往往会对村庄各个方面都进行调研，调查没有特别任务，而是遇到什么特别值得调查的问题就深入调查，遇到什么特别能讲述的访谈对象就深入访谈。调查中，不特别要求访谈对象专讲自己有兴趣的问题，而是给访谈对象一定的讲述自由，访谈中访谈者少作预设，保持无知，对访谈对象所讲述的经验充满真正的好奇与兴奋，事事好奇，对什么都感兴趣。调查中千万不可脱离村庄，脱离经验，过快上升到理论问题，要紧紧贴近地面。

这样，在一个村庄范围，经过20天的密集访谈，就可以搜集到关于村庄各个方面的海量信息，这些信息之间的各种之前根本就未曾预料的联系就会一一浮现出来，从而可以描绘出一个丰满精细的村庄形象，虽然其中某些细节仍然不清楚，某些特定方面的调研仍不够深入，但从总体上对村庄的把握和从本次调查正好容易获取的信息中所获得的专门知识，就为进一步的调研打下了最好的基础。

从一个村庄来看，事事调查，全面调查，好像每个问题都难以调查深入，但因为调查中未预设立场和问题，从而可以获得关于村庄最大信息量，什么重要即调查什么，什么方便调查就调查什么。这样调研的好处有两个，一是可以在比较短的时间搜集大量信息从而较好地刻画出完整的村庄形象，二是可以就一些专题获取丰富资源，虽然在一个村庄中因为偶然而做的专门调研资料似乎不一定用得着。

接下来的村庄调查仍然事事关心，这样积累下来的专题资料就会十分丰富。之前有人到村庄调查，只搜集专题资料，虽然同样的时间可以在一个专题上搜集更细致完全的资料，但这样的专题调查有两大缺点，一是难以对村庄形成全面认识，二是除本专题以外的一切都不知道。全面调查，不仅对村庄有深度全面认识而且可以在各个专题上展开研究。这也是华中村治研究团队可以跨学科跨专题进行学术研究的原因。

当然，更重要的是，这种全面调查有助于提升调查者对经验的把握和理解能力，从而形成经验质感。

六

饱和经验法是最近几年华中乡土派在经验研究进路上的探索，这项探索本身也充满经验性。相对于抽样基础上的问卷调查、人类学的民族志、扎根理论、拓展个案法等等，这种方法还不成熟，很多做法和总结还处在感性认识阶段，可以意会难以言传，远没有到可以用严密逻辑来表述的时候。我们知道这种方法不是什么，比如不是拓展个案法，但很难精确定义这种方法是什么。经验质感本身的提法也会有歧义，透过现象看本质，有没有一个本质的内核存在在哲学上也有争议。凡是已经终结的对本质的认识都不是最后的真理而最多只是通向最后真理的桥梁，或许其实就没有最后真理，而只有深刻与肤浅之分。

我们近年来的经验调查实践证明，通过深度多点个案调查，配之以区域比较，可以深化对经验本身的认识，可以看出经验研究本身的深刻或肤浅。饱和经验法也许找不到关于实践的最后真理，这种方法却可以避免肤浅幼稚想当然。既然这种方法不认为自己可以找到最后真理，这种方法就允许对话批评交流积累和认识的深化。最终，希望饱和经验法可以进一步完善并成为经验训练的一种基本方法。

2012. 8. 22

论经验质感

社会科学是研究社会实践和人类经验的科学，面对纷繁复杂的社会现象，如何做到去粗取精，去伪存真，由表及里，真正深入理解社会运行的内在规律，是社会科学研究所必须要解决的问题。一个好的社会科学学者必须有能力从社会现象中抽取出一般性的规律，揭示社会运行的机制。经验质感则是成为一名优秀社会科学研究者的先决条件。

所谓经验质感，就是研究者对经验的直觉能力，这种直觉能力使研究者可以从纷繁复杂的社会现象中迅速找到主要矛盾和矛盾的主要方面，找到社会实践中决定性的关键要素和核心变量。这种直觉能力使研究者能在万军之中直取将首，快刀斩乱麻，正确地提出问题，深刻地分析问题，有效地解决问题。面对同样纷繁复杂的现象，一个具有经验质感的优秀研究者很快就可以清理出头绪，使复杂现象服务于正确提出的问题和深刻的问题分析。缺乏经验质感的研究者则会陷入到现象迷雾中，试图通过排列组合来找到规律，结果却是了无头绪。也是因此，在经验研究中，具有经验质感的学者几乎可以本能地理解经验与实践，迅速形成对新经验与实践的解释，产生理论创新。缺少经验质感的学者在面对新经验和实践时要么手足无措，要么僵硬套用原有解释，难以形成理论创新。

总体来讲，当前中国社会科学教育中缺少经验质感训练，也因此，中国社会科学研究缺少创新性成果，更缺少如费孝通这样具备良好经验直觉又具有深厚学养的大师级学者。

一、什么是经验质感

经验质感就是透过现象看到本质的能力或敏感性，是经验研究中的直觉能力，是正确提出问题的能力，也是见微知著、还原现象的能力，是一种经过长期训练而获得的熟能生巧的能力，是一种身体本能。

经验质感类似说话时的语感，骑自行车和游泳时的身体平衡感，区分左右的方位感。通过训练，这种语感、身体平衡感和方位感内化为个人身体的一部分，成为了一种身体本能，成为一种下意识和直觉。所谓身体本能，是指不需要依靠逻辑思维就可以形成的判断，比如听到“向左转”，不需要通过先判断哪边是左再向左边转过去，而是直接下意识转到左边去了。一个人如果先要判断哪边是左再左转，这就不再是身体本能而是逻辑过程，这样向左转就变得十分迟缓，就变成了方位障碍。同样，一个人说话时一般不用分析自己说话的语法结构，而是脱口而出，说话的时候只想着自己要说的事，而不是想着说的词。脱口而出的话一般都是符合语法结构的，说话并不影响自己的表意。若每次说话都要考虑语法结构，这样就会导致语言障碍。同样，骑自行车时不必考虑自行车的平衡，练习多了身体就会自然而然适应自行车的平衡需要，刻意考虑平衡是骑不好自行车的。

社会科学研究中的经验质感就是一种在长期经验研究中形成的对经验的直觉能力。不过，这种经验质感又不同于每一个人在自己生活中所形成的生活本能。仅仅将生活本能应用于社会科学研究中，那只是朴素经验主义。经过反思的和专门训练形成的经验质感才是发现问题、创新理论的能力。很多研究者在研究问题时随意举证生活中遭遇过的现象，这就是朴素经验主义的做法。这些生活经验不能成为“证据”，最多只是话语的修辞。

不过，如果所举证的现象是经过反思和阐释的，并且研究者可以发现与其他类似现象的异同，我们可以说这个研究者具有一定的经验质感，善于从生活中发现问题。

每个人都是生活在现实中的，都自然而然习得了各种生活和文化本能，包括母语的能力，也包括各种社会关系能力的习得。这样一种“日用而不知”的文化本能，是一种文化传承，正是通过这种传承，人类文明得以延续。每个人都生活在现实中，每个人都从他生活其中的现实习得各种文化本能和身体本能。一般情况下面我们并不反思这种本能，我们生活于其中而不自知。这种本能也构成了我们理解生活世界的基础。作为普通社会成员，生活于这个经验的世界，习得关于经验的各种不自觉的本能，这构成了每一个社会科学研究者第一阶经验的身体本能。

不过，这样一种关于经验的身体本能只是作为普通社会成员的身体本能，而非作为一个优秀社会科学研究者的经验质感。一个优秀的社会科学研究者必须要超越普通人，通过专门经验训练获得高于文化本能的身体本能。这种专门训练的经验质感首先是在“异文化”中获得的。研究者需要通过专门的调查研究，发现或习得不同于自己生活经验的社会实践。某种意义上，“专业领域”的实质并不是由学科和研究方向决定的，而是在一个独立经验领域形成的。只有对这个不同于自己生活经验的经验领域有了全方位的、深度的体验，才能获得专门的经验质感。其次，只有经过反思和阐释，经验现象才能转化为经验质感。社会科学研究中的经验质感和生活本能的最大区别就在于，生活本能是习惯、是身体本能，经验质感是“实践感”，是“惯习”。研究者必须在理论和经验之间反复穿梭，把已经感知到的经验悖论弥合。研究者和专门经验对象之间构成矛盾的结合体，研究对象主体化了，研究主体也对象化了，经验质感也就形成了。这是一种二阶经验的身体本能，是通过长期专门经验训练才可以获得的身体本能。

也就是说，社会科学研究者实际上有双重经验来源：一是个体的生活经验，这和社会生活中的普通人无异，这形成了他对周遭生活世界的熟悉，在日常实践中也形成了一种身体上的文化本能，这是一种生活中的熟悉，“日用而不知”，可以称为学者的一阶经验，它具有很强的主观性（主体性）。除此之外，社会科学研究者还通过学术和经验训练有意识汲取自我生活世界之外的经验，用于建构理论和解释机制，这一经验感知与生活世界中的纯粹主观性的经验世界不同，它同时带有客观性和主观性的特征。客观性在于研究者从个人生活世界之外的研究对象中提取经验资料和证据，主观性在于，这种提取不是一种绝对客观的、全面的反映，而是一种有选择的片段性的反映，是经过研究者改造、过滤过的经验，这种经验打上了研究者的主体特征，这是一种学术性的熟悉。研究者赋予经验主体性特质主要受两方面因素影响：一是研究者个人的生活经验，这种身体本能会影响研究者对研究对象的反映，研究者的价值观影响尤其大；二是研究者头脑中的理论认知，这使得研究者对经验世界产生选择和“误解”。这两方面影响是互相叠加和缠绕的，研究者与普通人（包括日常生活世界中很有智慧的人）最大区别是带上了理论这一第三方的认知装置。

经验质感是通过经验训练形成的对经验世界的类似身体本能的感知和直觉能力。经验质感又不完全是一种直觉和身体本能，与个体生活经验中的文化本能不同的是，经验质感具有直觉性、反思性，既是一种身体本能，也是一种反思自觉。因此，经验质感是通过经验训练形成的一种连接经验与理论、生活世界与理念世界的能力，这种能力既是通过训练形成的身体本能和直觉，也是认知反思和自觉，是一种本能与反思、直觉与自觉的结合体，是一种“觉悟”能力。

二、经验质感的重要性

经验质感十分重要。具有经验质感的社会科学研究者可以轻易从纷繁复杂的现象中提出问题，找到症结和要害，透过现象看本质，从现象中提炼出一般性的规律性认识。没有经验质感的人则不得不对纷繁复杂的现象进行排列组合，用很多时间也找不出问题的头绪。可以说，优秀的社会科学研究者必须要有良好的经验质感，缺乏经验质感的社会科学研究者大概只能做简单的技术性工作，很难做出创新性研究。

社会科学研究并非要研究所有社会现象，更非要搜集所有资料。社会科学研究总是围绕一定问题来展开的，提出正确的问题，再围绕问题搜集资料。论证问题、检验问题，大胆假设，小心求证。大胆假设不是没有依据地胡乱假设，良好的经验质感和学术直觉才可能提出真问题和好问题。

在具体研究中，无论是搜集经验资料还是理解经验资料都要依靠经验质感。具有经验质感，才容易在正确方向上搜集研究资料，获得有效经验证据，又正是经验质感使研究者在梳理经验资料时容易见微知著，发现经验的意外，打通已有经验与新经验之间的联结。每一个新的经验都可能激活所有既有经验。新经验不只是增加了经验的丰富性而且可能形成对既有经验的新理解。

经验质感不仅具有联结新旧经验的能力，而且具有联结经验与理论的能力。借助经验来理解理论内涵展开概念想象，获得对理论与概念的在地化理解，再对具体经验进行一般化抽象，就可以形成基于具体经验的中层理论。在具体经验中，不同现象之间存在相对稳定的联系，一般理论和概念在具体经验中就会受到限定，在具体经验中同一个词可能具有完全相反的所指，具备经验质感的学者就不会被词困扰，而是通过想事来丰富想词，将想词具体化，从而形成基于具体经验的一般化的社会科学理论或理解。

有了经验质感才能更准确运用分析工具。当前中国社会科学界（也许全世界都是如此）的一个不良倾向是将数据和材料的获得、研究工具的炫酷放到过高位置。似乎资料越丰富，工具越先进，研究结论就越有价值。这样，研究者反而成了研究资料和研究工具的傀儡。强调经验质感意味着，研究者本身才是主体，在社会科学研究中，经验质感是本，研究资料和分析工具是末。只有具备经验质感，研究者才能正确使用资料和分析工具，更好地发现问题，分析材料，形成判断。

在经验研究中，具备经验质感的优秀研究者可以提出好的问题，具备驾驭经验资料的能力，缺少经验质感的研究者则会被经验资料所淹没。当前中国社会科学研究中出现了越来越多数据整理和现象堆砌，却较少创新性研究发现，其中重要原因之一就是研究者缺少经验质感。现在社会科学研究中的问题不是值得研究的经验太少，数据资料太少，而是具备经验质感、具有经验研究能力的学者太少。

三、如何获得经验质感

有人天赋异禀，具有极高智商和良好想象力，这样的天才无师自通，可能无须训练就可以做出创造性的社会科学研究成果来。不过，从当前中国情况，尤其是从改革开放 40 多年社会科学发展情况来看，天赋异禀的天才至少是罕见的，一般优秀社会科学研究者都是要通过严格训练才能培养出来的。严格训练主要包括两个部分：一是学术训练，二是经验训练。学术训练主要是让研究者学习社会科学理论与方法，掌握专业领域研究前沿。经验训练则是训练研究者连结理论与经验的能力，使之真正具备进行经验研究的能力。不过，经验训练这个说法也仅是笔者所说，目前中国社会科学界有学术训练，却不一定有经验训练。或者学术训练本身就已包括搜集经验研究资料的训练，而不再有专门进行经验训练之必要。至于在原创性研究方面，一般认为只有天赋异禀的具有极好学术悟性的天才才可能做出创造性成就，比如费孝通。一般人是不可能做出费孝通一般学术原创来的，因为很少有人会有费孝通那样的学术悟性。

不过，我以为，除了学术研究禀赋存在差异以外，学术悟性往往与经验训练有关，通过完整经验训练获得了经验质感，就容易做出创新型研究来。经验质感是可以通过训练获得的，正如可以通过训练控制住身体平衡从而可以骑自行车一样。

如何获得经验质感？其实很简单，就是长期浸泡在经验中，通过饱和经验训练，熟能生巧，逐步打通经验，获得基于经验的想象力与学术本能，形成经验质感。

进行经验训练的最佳场所是基层社区尤其是农村社区，因为基层社区比较容易进入和进行深度访谈，且基层社区历史源流、治理结构、文化生活、家庭结构都相对简单、完整、清晰。通过深入访谈，很容易将社区经验还原，理解其中人民的生活状况、生产状况和治理结构，找到村庄现象之间的联系，形成一个相对完整的民族志（我们称为村治模式）。村庄经验中的所有现象都是有合理性的，都不是盲目的不合情理的。不过，这种合理性却未必是社会科学理论所能直接推导出来的。反过来，在经验中倒是会出现各种理论无法解释的悖论，这个时候不是经验错了，而是理论错了或适用的理论用错了。这种经验悖论就强制我们反思既有的认知（理论偏见）。

如果我们不仅仅完成了一个村庄的村治模式调研，还做过多个不同村庄的村治模式调研，就会发现，不同时空条件下面的村庄有不同的逻辑，需要不同的解释。如此，我们就需要尝试不同的解释，在观察经验的过程中不断延伸经验解释的逻辑链条，不断将更多经验意外纳入解释逻辑链条，这就逐步形成了对经验的整体性认识。这样一个整体经验，有利于我们将看似简单的村庄复杂化理解，把握村庄内部的复杂结构和微妙之处。在将理论和概念落到具体经验中，也就容易发现理论与概念具有适用边界，在经验中把理论与概念具体化和清晰化了。最重要的是，同一个概念在经验中可能有不同的甚至截然相反的机制。概言之，只有在经验中具备想事的能力，想词才有意义。

经验质感的形成，需要冷静、理性地深入到经验本身的逻辑中去，由A到B，由B到C，一直到Z，再回来理解A，这个A就具有了无比的丰富性和复杂性，就成为了有具体的抽象，有结构的整体。

形成经验质感不仅需要有长期的经验浸泡，而且需要有开放性的讨论，因此，集体调研是形成经验质感的最好办法。一边调查一边讨论，讨论开启新视角，调研回应新问题，从而在很短时间借在地讨论，既深入经验，又交换看问题的视角，形成开放引发的交叉学科优势。

经过长期经验浸泡就会具有对经验复杂性、整体性的敬畏，就会形成理解经验的敏感性，就有将现象还原的能力，就可以在研究中较为正确地提出问题，就可以从复杂现象中较为精准地抓住关键，具备连结经验与理论的能力，以及从事经验研究的想象力，从而获得从事社会科学研究极为宝贵的经验质感。

四、经验训练与经验资料

应该说，当前中国社会科学研究还是十分注重经验研究的，或者说，中国社会科学研究的一个共识是应当研究经验。也正是因此，黄宗智教授认为，社会科学研究的关键就是联结理论与经验的能力。一篇好的社会科学博士论文绝对不能理论与经验两张皮，而应当是理论从经验中产生出来，经验可以支撑理论论证。但问题恰恰在于，当前中国社会科学博士论文普遍存在理论与经验两张皮的问题，经验无法支撑理论观点，理论观点离开经验叙述仍然可以成立。

要做出好的社会科学研究，就需要对经验有深入的了解，就需要有深入的田野调查，甚至需要有极好的运气。应星在接受采访时曾说，他之所以可以写出《大河移民上访的故事》，就是因为他有太好的获得大河移民上访故事的条件，且恰好有这么一段内涵丰富情节曲折值得思考的上访故事。这是非常难得的，他正好两者兼具碰上了，所以他成功了。[①] 也是因此，社会科学研究者往往要进行艰苦的田野工作，在进行田野调查时特别注意经验的完整性，要多方搜集资料，要善于运用各种工具来搜集尽可能完整的经验资料，包括调研时关注被访谈人的身体语言，要“全神贯注地去感受访谈对象的各个侧面（包括外貌、衣着、神情、语言，也包括访谈进行中的环境）”[②]，等等。

当前中国社会科学界显然普遍认识到了经验的重要性，普遍开始进行经验研究，普遍强调要到田野中去做详实的田野调查。甚至田野调查和经验研究获得了某种学术上的政治正确，抽象的思辨性研究变得边缘。不仅仅是一般的田野经验，而且以调查为基础的实证研究，以互联网为基础的大数据，都变成了经验研究的有机组成部分。如何获得一手经验资源或数据，用什么技术和方法获取，成为社会科学研究的重要条件。

遗憾的是，当前中国社会科学研究中，经验往往只是资源，是被动的客体，如何获得完整丰富全面详尽的经验资料成为关注重点，而对研究者

① 应星：《田野工作的想象力，以及我如何写作〈大河移民上访的故事〉》，《社会》2018 年第 1 期。

② 杨善华、孙飞宇：《作为意义探究的深度访谈》，《社会学研究》2005 年第 5 期。

需要进行经验训练具备经验质感的关注却几乎没有。或者说，几乎所有关于经验的讨论都是如何准确搜集经验资料，而不是通过长期经验训练来培养出优秀的具备经验质感的研究者。在这样的视野中，经验是独立于调查者的，是客观的存在。

将经验与经验质感割裂，或将调研者与经验现场割裂，造成一种误会，就是研究经验的优秀学者只要有较好悟性，他就可以借助其他人的二手经验资料来做创新性研究，这样的优秀研究者也就可以委托其他人到田野中进行他所需要的调查，当然也可以通过问卷数据进行研究。也是因此，在社会科学研究中普遍出现了研究者与调查者的分离。

问题是，虽然经验本身是客观的，所有通过调查获取的经验材料却具有很强的主观性，调查所记录的经验与访谈对象所陈述的经验会有很大偏差且不可能完整，研究者看二手调查资料会造成再次偏差。结果，经验信息变得支离破碎，很难从经验中产生创造性的学术灵感，支离破碎的经验却可以任意嫁接到研究者既有的学术想法上来。这样的学术研究看起来在研究经验，经验却失去了自身的内在逻辑，被裁剪成了研究者理论逻辑的附庸。

真正的经验研究需要有两个必要条件：第一个是研究者经过长期经验浸泡，通过饱和经验训练，获得经验质感。只有有了经验质感，才有能力透过现象看本质，真正进入到经验的逻辑里面，从经验中产生出有启发性的理论观点来。第二个是，具有经验质感的研究者还需要亲自到田野中进行经验观察，因为只有在田野现场，经验才是最完整和最开放的，也是最可以顺腾摸瓜清理出经验内在逻辑，发现经验本质与规律的。有经验质感的研究者深入田野现场，在田野现场思考，正确地提出问题，敏感地抓住问题，一步一步深入下去，解剖经验，理解实践，这个过程中产生思维激发，形成理论碰撞，创新型研究成果才容易产生。这个过程是一个妙手偶得之的过程，有经验质感的学者可谓妙手，在田野中苦苦寻觅，就会有不断的惊喜，创新性研究成果自然就不难产生了。在我们看来，经验既是客观的，也是主观的。经验研究中最重要最关键最惊心动魄的恰是具有经验质感的研究者在田野现场被看起来最为平常、最微不足道的经验所触发的触电般的一瞬。经验研究的关键恰恰不在于其客观的一面，而在于其主观的一面，不在于经验本身，而在于研究者被触发所引发的理论反思。这就是理论创新最为重要的惊险一跃。

在一个有经验质感的研究者那里，处处都是田野，处处都有故事。同时，经验调查也没那么神秘。某种意义上，当前社会科学教科书上的田野调查方法顶多是资料收集法，而不是真正意义上的经验研究法。田野是特定时间和空间构筑的“现场”。田野调查最基本的原则是研究者“在场”，需要亲身体验现场中的社会活动。只有亲身体会才知道现场的诸多明面的或暗面的经验信息。并且，资料收集和分析不可分割，研究者既是资料调查员，也是资料分析者。“在场”的另一个含义是，一个反思性的研究者需要和现场的人物、事件发生互动，在地化地理解经验现象。用我们的话说就是，“田野内部提问题，现象之间找关联”。在这个过程中，理论和经验之间，研究者和研究对象之间，资料收集和分析之间，都在现场发生了密切互动。不是田野和经验本身而是田野和经验对研究者的触电般的启发，产生了学术创新。

当前社会科学界对中国经验与实践的研究远远不够，中国研究要突破需要有两个前提：一是培养出大量具有经验质感的社会科学研究者；二是一个呼啸着进入田野的运动，这个运动的发起人必须同时是践行者。

五、当前中国社会科学界经验训练中存在的问题

每个人都是生活在现实世界中的，因此也都是有经验体悟与生活常识

的。这个生活于其中而不自知的经验常识构成了我们理解世界最重要的经验条件。

当前中国社会科学训练中普遍存在的问题是，长期的理论训练格式化了“日用而不知”的经验常识，研究者不仅没有形成经验质感，而且连基本经验常识也丧失了。这是当前大学教育中存在的严重问题，被称为“从校门到校门”的问题。长期专业化的规范学术训练，造成社会科学研究者研究领域狭窄，往往用高度抽象的概念思考，不食人间烟火，对具体经验现象丧失判断能力，只能想词而难以想事（即无法思考经验本身的机制），从而变成本本主义、教条主义，变成了书呆子，只能掉书袋。这不是好的学者。以美国研究生训练为代表，当前的社会科学训练往往是通过大量文献阅读将本来就经验不足的学生头脑格式化。这样培养出来的研究生往往只能当技术员，最多是工程师，很难对经验和实践进行创新型研究。

要进行创新性研究，很关键的一条是进行经验训练，形成经验质感。经验质感不同于生活质感，因为生活质感是“日用而不知”的本能。经验质感则主要是通过对客观经验进行长期第三方观察形成的对经验的体悟与把握能力。正是这种能力构成了想事的基础。有一些学者在进入大学校门之前有长期实践经验。比如新三届大学生，他们入学前往往有长达数年上山下乡的经历。这种经历比常规的生活常识要丰富得多，因为他们不得不观察一个与自己生活差异很大的环境并在这个环境中生产生活，因此有着更加深刻的经验体悟，虽然这种体悟仍然是生活于其中而不自知的（即没有将环境当作客体来细心观察研究）。这样一群人进入大学学习就不容易被格式化，就会带有深厚的经验特征，就容易在学习中结合自己的经验体悟。结果，他们的学习普遍出现了“六经注我”，理论变成了他们对自己经历经验的解释工具。有过上山下乡经历的学者因此容易变成两种：一种是既有较深的理论素养，又有很好的经验体悟，在研究中一般可以做到具体问题具体分析。另一种则是“六经注我”，所有理论和概念不过是强化了他们既有经验情绪的表达，看起来用了新词，表达的却更多是情绪。这本质上是一种经验主义，往往具有很强的价值取向。

项飚曾写过他与孙立平、王汉生等前辈学者在20个世纪90年代一起交流的感受。[①] 他写道，孙立平、王汉生等学者很喜欢坐在一起“神侃”，这些神侃可以说智慧的火花四溅，有很多很好的想法，这是极为宝贵的，但却不够规范，没有形成可以积累的学术。这也许可以说是思想有余而学术不足。他们对学生的期待是做严格学术训练，做规范学术研究。问题是现在的学者学术是规范了，却缺少灵感。

项飚的感悟有道理。问题是如何解决？孙立平等学者有上山下乡经历，有丰富人生经验，借助大学理论学习很快可以“六经注我”，什么问题都可以有自己的分析判断。现在的问题是，孙立平这样的学者，他们的经验是生活赋予的，是生活在其中而多未经反思的，或者说不是真正经过经验训练获得的，这样的经验就很难在与理论结合时形成具体问题的具体分析，形成深刻的社会观察和可积累的创新性理论。

他们很快就借助社会科学理论和专业术语来理解自己经历与处境，并很快选择性地形成了自己强固有力的解说体系，此后对所有现实的理解都依靠这个自我形成的解说体系，或者说很快主义化了，立场化了，然后不改初衷。这一代人是主义学者，思想性有余，学术性不足。

小结一下，每个人都是生活在经验中的，都是在经验世界中长大的，从而也都是从生活中获得了“日用而不知”的经验性认识的，这种生活经验构成了我们生活的基础和进行学术研究的第一步。然而，仅仅靠生活经验还不足以成为一个优秀的创新性社会科学研究者。

---

① 项飙：《中国社会科学“知青时代”的终结》，《文化纵横》2015年第12期。

只有一般生活经验的大学生到大学接受教育，长期受到专业训练，尤其是美国式高强度规范化、专业化训练，必然也是“我注六经”，本来个人经验就不够丰满厚重且往往不自知，长期高强度规范专业训练就完全消灭了个人的经验感，社会科学研究中缺少对经验的感知能力，当然也就很难做出创新性的社会科学研究成果。

经验质感显然不是每个人生活中习得的生活经验本能，也不是上山下乡这种加强版的生产实践，而是依赖于第二阶经验训练，即社会科学研究者在有了相当专业训练之后再进行的专门化的经验训练，这种训练不同于生活生产经验的关键是，训练者明确作为第三方观察经验，尝试理解经验，尤其重视经验的意外，从而形成自己对经验的有自知的认识，且将这种有自知的认识转化为个人身体本能的一部分。

要特别注意，这里有两个二阶：第一个二阶是作为生活组成部分的不自知的生活经验，和作为研究者对经验系统观察所训练形成的经验质感；第二个二阶是作为生活经验中的身体本能，和由经验训练所形成的经验质感及这种经验质感所给予人的身体本能。只有同时具备这两个二阶能力，才能算是一个优秀的社会科学研究者。

遗憾的是，当前社会科学训练往往缺乏第二阶对经验本身的专门训练，不仅如此，因为缺少如上山下乡一样厚重的生活生产经验，在当前大学高强度规范专业训练下面，一般的社会科学研究者之前的生活经验也被格式化了，从而成了缺少基本想事能力的脱离经验与实践的教条主义、本本主义。这样的社会科学研究者丧失了对时代的感知能力，自然难以增加对社会实践的深刻性认识。

2020. 3. 20

社会科学研究与饱和经验训练

一、引　　言

当前中国社会科学研究的现状是很难让人满意的，其中关键问题是，中国社会科学研究越来越脱离了中国实践，社会科学理论既无法深刻理解中国社会变迁，又无法有效回应中国政策问题，中国的社会科学越来越变成自娱自乐。有两个不同层次的自娱自乐，低层次的是拼凑文字，无病呻吟，较高层次则是以理论对话为目标，试图从丰富的中国实践中摘取只言片语来对话西方理论。

造成当前中国社会科学研究如此状况的原因是中国社会科学过早结束了社会科学研究“大循环”，以及过早进入到社会科学研究的小循环①，从而过早地脱离了中国丰富的经验与实践，进入到了以规范化和对话为主要特征的社会科学研究阶段。缺少对中国经验与实践的消化与吸收，过于强调规范化的以对话为主的中国社会科学，对话的问题很快就被西方社会科学带偏，甚至会丧失中国主体性，结果就是当前中国社会科学研究缺少对时代实践与经验的理解能力、缺少对中国政策的回应能力。社会科学研究变成了中看不中用的“屠龙术”。

---

① 参见贺雪峰：《论社会科学研究中的大循环》，《探索与争鸣》2017年第1期。

正如我曾说过的，社会科学研究中有两种不同的循环，一种循环是“经验—理论—经验”的大循环，从经验中提出问题，形成对问题的理解，再回到经验中检验，逐步积累出具有对经验理解的一般化的逻辑自洽的概念体系，这个概念体系就是理论，这个理论是从经验中产生出来又回到经验中验证的。还有一种社会科学研究的循环是“理论—经验—理论”的小循环。这种小循环从理论出发，通过经验来验证与发展理论，从而回到理论。小循环的典型特点是学术对话，目的是证实或完善理论。相对来讲，大循环的核心是理解经验与实践。大循环和小循环的出发点不同，着力点不同，研究方式、方法上也有不同。同时，大循环与小循环之间又是有联系的，即大循环是小循环的基础，小循环是大循环的延伸。大循环保证从中国经验与实践中提出问题，获取滋养，小循环才有意义。又正是通过小循环可以完善大循环形成的理论性认识，拓展大循环形成理论性认识的适用范围。没有“大循环”，“小循环”就成了无源之水，只有建立在“大循环”基础上，“小循环”才不至于走偏方向。“大循环”发展到一定阶段，“小循环”必然繁荣起来。

当前中国社会科学研究存在一个主要问题是，在缺少“大循环”所形成理论性认识前提下，过早将研究重点集中到以对话和规范化为主要表现的“小循环”中，更糟糕的是，因为缺少“大循环”形成的理论性认识积累，“小循环”中的对话很快就变成了与西方社会科学的对话，与美国的中国研究对话，就变成了补西方社会科学大厦中尚未安装玻璃窗的修补工作，中国社会科学失去了主体性，当然也不可能从丰富的中国经验与实践中获得滋养。

要改变当前中国社会科学研究的现状，几乎唯一办法是“呼啸走向田野”，在伟大的当代拥抱中国经验与实践，进行饱和经验训练。

二、社会科学的性质

一般来讲，我们说社会科学介于自然科学与人文艺术之间，一方面，相对于自然科学来讲，社会科学的科学性是不够的，即使最接近于科学的经济学也是有大量前提与预设的，所以，“科学”的西方经济学对广大发展中国家尤其是中国这样的发展中大国缺少基本的解释力。① 另一方面，相对于人文艺术，社会科学仍然有其科学性的一面，其中关键是社会科学所要获得的是一般化的知识，或用一般化形式来表述的知识，是逻辑自洽的概念体系，是一般而非特殊。

社会科学之所以不同于自然科学，无法完全“科学”，是因为社会科学研究对象太复杂，涉及的变量太多，任何社会科学的结论都只可能是在受到时空条件限定、在有若干预设和前提下面的结论，一旦时空条件改变了，预设与前提不存在了，结论也就要变。任何具体的社会科学研究都是在预设其他条件未变基础上对有限变量关系的研究，这些预设或明或暗，绝大多数预设的条件甚至都未被充分讨论。这种情况下面，社会科学对有限变量讨论所获得的结论，几乎必然会因为时空条件的变动而变动。因此，社会科学研究不仅要探讨预设条件不变情况下面的有限变量之间的关系，更重要的是讨论有限变量关系背后的时空条件，通过不断地将时空条件纳入进来讨论，又不断地将时空条件一般化。通过具体问题具体分析，又不断地在具体分析中获得一般性结论，社会科学研究就可以逐步获得超出特殊的一般，就具有了与人文艺术所不同的“科学”品格。

举例来说，仅从空间上讲，因为历史、地理等等原因，中国农村存在

① 林毅夫：“西方主流经济理论无法放之四海皆准，我们应了解自己的情况”，https：//www.guancha.cn/LinYiFu/2019_08_17_513934.shtml，2019.8.17。

三大具有显著区域差异的农村地区：南方农村、北方农村和中部农村，其中关键是村庄结构的差异。南方农村普遍存在聚族而居的宗族型村庄，我称之为团结型村庄；北方农村则普遍存在以五服内关系组织起来的小亲族结构，村庄结构具有明显分裂特征，大多数村庄都是由相互竞争的若干小亲族集团构成，村庄具有明显的分裂对抗特征；长江流域村庄的农户家庭往往缺少强有力的血缘联结，村庄原子化程度很高，这样的村庄结构是分散的。村庄结构的团结、分裂和分散，就使得不同结构村庄在对接外来力量（比如国家、市场等等力量）时会有完全不同的方式，从而就有完全不同的逻辑与机制，也就会有相当不同的结果。不仅如此，在不同类型村庄成长起来的农民会有相当不同的行为模式和人格特征。因为村庄社会结构在不同区域的差异，无论是政策落地、法律进村、市场关系，还是农村人情、农民行为模式，都会表现出明显的区域差异。①

中国南中北地区就有如此巨大差异，何况中国与西方世界，伊斯兰世界与基督教世界。不同文化不同种族不同宗教必然导致不同地区社会科学研究首先只能是地区性的或地方性的，仅就中西差异而言，西方深受基督教影响，而中国缺少超越性宗教，使得中国人与西方人之间的行为与心理模式差异很大，从西方引进的社会科学理论就很难直接套用到中国实践中，西方理论所关注的焦点问题与中国现实要求可能也是错位的。

除了空间与文化以外，时间差异、发展阶段差异也是重要限定条件。在不考虑时空条件的情况下面，用抽象经济人预设来进行研究，往往是取消了社会科学研究。社会科学研究不是要获得几条抽象的理论结论，而是要有还原具体经验的能力，要有理解乃至指导政策的能力。

---

① 相关讨论可以参看贺雪峰等著《南北中国》，社会科学文献出版社，2017。

三、所有社会科学都应当是地方性的知识，是具体问题具体分析，是指南而非教条

所有社会科学知识都是地方性知识，都是在特定时空条件下产生并发展起来的，没有脱离时空条件的绝对社会科学。西方社会科学也是在西方特定时代条件下产生的，有其历史和现实语境。西方社会科学内部也有差异，不过作为一种整体文化现象，西方社会科学共享问题意识、时代条件、问题预设、历史文化等不言自明的前提，并且在互动中形成了一个相对一致的整体。经过两百多年发展，西方社会科学不仅已经有了相对高度的内部整合，而且有了相当完美的一般化形式。

在西方社会科学的对照下，形成了对非西方世界的“东方学”，这个“东方学”研究的是非西方的东方世界，所要映照的或所要认识的却是西方社会自身，是按西方社会的需要提问及按西方方式来组织的。

更糟糕的是，因为西方社会科学本身相对完美的一般化形式，以及西方经济军事政治的强势，客观上形成了西方社会科学的强势，西方社会科学在脱离西方时空条件情况下，作为一般化的“科学”入侵到非西方世界，包括中国。在西方社会科学霸权话语下面，非西方世界的社会科学沦为西方社会科学的附庸，非西方世界的社会科学依据西方社会科学提出的问题、预设的前提、规定的路线开展研究，非西方世界的经验与实践仅仅是证实或证伪西方社会科学的证据，且这个证据是被割裂的，是碎片的，是从非西方世界整体中抽离出来的。非西方社会科学的主要功能变成在非西方语境下面对西方社会科学的论证或补充，非西方的社会科学丧失了话语权，丧失了提出问题的权利，也就丧失了主体性，依附于西方社会科学，当然也就无法回应非西方的时代问题，既无法理解非西方的经验与实

践，又无法为非西方国家的发展提供有力的政策指导。

非西方的社会科学，或者说中国的社会科学，主要任务显然不只是要为西方社会科学打补丁，而是要理解中国经验与中国实践，要为中国现代化提供理论指导，为中国政策提供理论服务。因此，中国社会科学必须要从中国语境中发育出来，形成基于中国时代条件的问题意识。中国社会科学在发展过程中也需要进一步厘清同样作为地方性知识的西方社会科学的时空条件。在引进西方社会科学以及在发展中国社会科学的过程中，通过将中西社会科学不同的语境条件揭示出来，逐步形成中国社会科学的主体性，发展基于中国时代条件的中国的社会科学。

西方社会科学作为一个复杂体系，至少包括以下几个方面：概念工具、逻辑体系、方法和前提预设。前面三个方面是公开言明的，第四个是未公开言明的，却是最为重要的。发展中国社会科学，就需要在引进西方社会科学过程中，不仅引进言明的原理与方法，而且要以西方社会科学作为工具来理解中国历史与现实、经验与实践，要逐步清理出中国与西方所不同的未言明的前提预设、时代条件。要坚持社会科学研究中“经验—理论—经验”的大循环。

无论是西方社会科学还是中国社会科学，都是或应当看作是地方性知识，虽然这些知识大都是以一般化形式来表达，背后却都是有前提和预设的，只有将这些社会科学原理放置在或转入具体时空条件下的社会语境中，这些社会科学原理才是有意义的。社会科学要有还原社会现象和揭示社会规律的能力，这就要求社会科学在具体问题具体分析中形成社会科学原理，所有社会科学原理都只能或只应是中层的，甚至是具体的，是随时空条件变化而变化的。有一些社会科学原理本来是具体的，在理论演进过程中却可能变得脱离了语境，变成了抽象的一般化原理，这种超出具体的一般化原理，只应当是启发性的，是立场、观点、方法，而不能是结论，更不能变成可以到处乱用的教条。

西方社会科学从回应西方工业化以来的时代需求开始，在西方特定历史、文化、宗教、世界体系位置下面发展成熟起来，现在变成了脱离其特定时空条件的一般化原理。中国社会科学的发展当然不能只是将西方社会科学照搬照抄，而是要依据当前中国发展的时代需要，将西方社会科学作为工具，从中国经验与实践中发展出中国的社会科学。中国社会科学必须要有自己的问题意识和发展重点，要从中国经验与实践中获得滋养，并在中国时空条件下发育完善。当然这也需要有中文期刊和母语优势。只有不断从中国经验与实践中获得滋养而发育出来的中国社会科学，才可能也一定能与西方社会科学平起平坐、平等对话，也才可能做出中国的贡献。

四、想事的能力

社会科学表现出来的是一套概念体系，是从经验中抽象出来的一般化表述。因为经验都是具体的，都是十分复杂的，社会科学研究者就需要从经验中抽象出最本质最一般的部分，通过概念来建构理论。脱离了具体经验的一般化理论，因形式简洁，抓住本质，含义深刻，而具有广泛的影响力和传播性。通过不断阅读理论，就可以形成想词的能力，可以用理论去指导实践，去分析和理解经验。理论是一种工具，也是一种视角，掌握了一种理论，有了想词的能力，就可能透过理论的视角去观察经验分析实践，就可以看到没有这个理论视角就无法看到的东西，或者正是通过理论看到了应该看到的东西。这个意义上，世界上从来不存在完全客观的经验与实践，因为所有经验与实践都是透过理论视角所看到的。我们观察到的现实（经验与实践）不过是我们所掌握的理论视角让我们观察到的。我们只是看到了我们能看到的或想看到的。有什么样的理论视角，有什么样的想词能力，我们就观察到什么样的现实。

因此，要真正做到客观，就必须同时在三个方面着力建设社会科学：第一，要允许社会科学有不同的流派不同的视角。多元视角可以形成互补；第二，要对社会科学得以产生的具体时空条件进行还原；第三，要将经验本身作为一个整体，形成与想词能力相匹配的想事的能力。以下重点讨论想事的能力。

所谓想事的能力，就是不借助理论来观察理解经验与实践的能力。一个长期生活在村庄熟人社会的成年人，他们几乎不需要任何社会科学理论，就可以有效应对生产生活中可能遇到的各种困扰，从中获得自己行动的指南。村庄熟人社会中的权威人士通过自己积累的地方性知识，可以轻松化解村庄纠纷。之所以如此，是因为村庄熟人社会中，人们都已经习惯了村庄生产生活中的基本规矩，不依靠社会科学理论，而仅仅依靠传统，他们就可以保持住社会秩序。一些特别精明聪明善于思考的人士还会具有应对传统力量不足时的调整能力。

对于一个社会科学研究者来讲，他当然不能只是生活在熟悉而不自知的世界，他还必须要解剖这个世界，要深入到经验或实践的内部结构中去理解经验本身的逻辑，从而具备想事的能力。

我们每个人都和农民一样生活在自己的日常生活世界里，在这个日常生活世界里，我们不用动脑筋也不需要借助社会科学理论就可以如鱼得水一样自由生活。不过作为一个社会科学研究者，仅仅具备在日常生活世界中自由生活的能力是远远不够的，他还必须要将生活经验陌生化，要让所有自然而然的事情变得不自然，再重建自然而然的世界。通过不断陌生化，不断提问，真正理解生活世界中的复杂性、复杂结构，才能具备想事的能力。

具体地，社会科学研究者想事的能力来自他们长期用心浸泡于其中的经验。用毛主席的话说就是“要知道梨子味道就要亲口尝一尝”“没有调查就没有发言权”。离开熟悉但不自知的生活世界，到一个相对陌生或可以做陌生化处理的世界去观察，一定可以发现很多与自己想当然不同的现象，对这些现象进行追问，不断地在丰富经验追问原因过程中，深化对经验本身的理解。刚到经验中去，我们看到的是经验的抽象整体，进入后，将整体经验分解开来，形成对经验内部的结构性认识。这个过程中，从重点关注现象 A，到发现现象之间相互关联从而关注到现象 B，不断地将经验内部相互联系诸方面清理出来，由 A 到 B 到 C 一直到 Z；再回头过来看 A，则过去抽象的 A 就变成了具有具体性的 A，基于对 B—Z 的理解，再来理解 A，这个 A 至少不会是肤浅的。

要形成想事的能力，就必须反复地深入到经验与实践中去，不断地提出问题，打破旧常识，建立新常识，再打破再建立，在扩展中深化对经验的认识。在扩展和深化时，当然不反对甚至也不可能没有任何理论预设和概念工具，要防止的只是不应仅仅依靠一种理论工具。尤其要保持观察经验的开放性。深入经验的过程中，理论只是手段和工具，应当沿着经验本身的逻辑向前走。实践或经验都是有自身逻辑的，是自洽的，是一个整体，调查或观察都充分依据实践或经验自身的逻辑，都应当将其当成有机整体来理解。

不断深入到经验与实践自身逻辑中去，沿着经验的逻辑向前走，长此以往就会形成经验质感，即对经验整体的判断能力，或者说就是想事的能力。不借用理论也可以想事，也可以对经验有本能的基于内化于心的判断能力。

一旦有了经验质感，有了想事的能力，再与基于理论的想词的能力形成平衡，理论就可以从经验中吸取营养从而让理论得以成长，同时经验也可以借理论来得以更深刻地呈现。一个缺少经验质感的社会科学研究者往往因为缺少想事的能力，在具体研究中用想词代替想事，活生生的整体经验被切割，理论就变成了教条，而教条主义害死人。

五、饱和经验训练

经验质感就是一个研究者对经验的总体的直觉式把握的能力，这种能力类似骑自行车时的平衡能力，学游泳时的平衡感，以及学习语言时的语感。这是一种已经深入到身体的本能与直觉。只有具备了经验质感，才具备真正想事的能力，才能成为一个优秀的社会科学研究者，也才能做出一流的社会科学研究成果。

如何形成经验质感？最为重要也许唯一办法是通过饱和经验训练。当前最为重要的经验训练无非是阅读史料和进入田野。史料是已经逝去的现实，田野是正在发生的历史。无论是史料所记载的历史经验，还是田野中正在发生的现实经验，这些都是客观存在的，是不以研究者主观意志为转移的。客观存在的经验有其自身的结构，有其内在的发生逻辑，且经验本身是一个极其复杂的整体，不同经验现象之间相互关联，相互影响。进行经验训练就是进入到复杂的经验结构内部去探险，寻找经验自身的逻辑，将复杂的经验全貌揭示出来。在揭示经验全貌时，要尽可能保持开放性，多角度看问题，追根溯源，由关注A到关注B，到关注C，一层层深入进去，沿着经验本身的逻辑向前走。在反复进入经验及反复受到经验本身逻辑牵引而更加深入理解经验的过程中，研究者就开始形成关于经验的复杂思维，就开始具备与想词不同的想事的能力或直觉，就开始具有经验质感。

因此，形成经验质感一般有两条进路：一条是阅读史料的进路，一条是进入田野的进路。阅读的史料是过去的现实，是历史的现场，或是历史遗留下来的信息片断。这些史料是死的，往往是片断的、碎片化的，不连贯的，还有一些史料是被刻意篡改过的。整体来讲，史料所包含历史信息的质量往往是不高的，也是残缺的。要通过阅读史料来还原历史现场的难度很大，要探讨历史事件本身的复杂结构就更加困难。试图通过大量阅读史料来形成对历史经验的把握能力（经验质感）必然是难上加难。因此，史学研究一般“板凳要坐十年冷”，通过连续十年阅读史料方有可能形成对历史经验的把握能力，形成想事的能力。

与阅读史料不同，进入田野的经验训练，因为田野现场中有着极为完整丰富的经验，有着对经验有理解记忆能力的在场者，尤其是相对容易进入且相对完整也相对封闭的村庄田野，具有十分完整的熟人社会关系，具有相当稳定的内部结构，就使得研究者可以在较短时间凭借容易获得的高质量信息来重建对村庄较为深刻的整体理解。若干次进入田野，若干次依据高质量信息建立对进入村庄的深刻整体理解，很快就可以通过田野调查形成经验质感。因为田野现场具有更加丰富且高质量信息，就使得通过田野现场来形成经验质感远比阅读史料来得容易。一般来讲，经过两年左右的连续田野就可以形成做社会科学研究所必须的经验质感了。

通过田野现场训练经验质感与通过阅读史料形成经验质感是相通的。“一切历史都是当代史”，是说有了对现实的把握能力，就更能读懂历史。“读史使人明智”，是说读懂历史就可以更好理解现实。一个真正懂得现实的人必定有理解历史的能力，一个真正懂得历史的人也一定更能理解现实。缺少经验质感的历史研究者以及社会科学研究者，因为缺少对经验的理解能力，在面对具体经验时很容易“强词夺理”，即以抽象的社会科学理论的“大词”去压制或歪曲经验的内在逻辑，“想词”压倒了“想事”，这样的社会科学研究显然是没有前途的。

如何从阅读史料、进入田野到形成经验质感，关键就是要进行饱和经验训练。所谓饱和经验训练，关键就在于不间断地不带预设地进入到经验中去，沿着经验中的发现或提出的问题往前走，不断地发现意外，一路进行经验的探险，找到经验内在的复杂结构，理解经验本身的复杂性乃至某些偶然性。这个过程中，不断地进行经验的探险，尽可能全面深入完整地理解经验，理解经验本身是一个有机整体，结果却反过来形成了我们对经验的感知把握与理解能力。这个意义上，作为经验训练的阅读史料和进入田野本身并非研究，而是通过大量史料阅读和田野调查让社会科学研究者受到经验训练，形成经验质感。一个真正经受了长期经验训练的社会科学研究者，才可能真正具备想事的能力，才可能做到“想事”与“想词”的平衡，才可能成为一个好的社会科学研究者。没有“想事”能力的学者必然是教条主义、书呆子，而不可能做出好的社会科学研究。

长期进入经验（无论是阅读史料还是进入田野），进入经验时不带预设，让经验自己说话，保持开放性，对经验保持好奇与敏感，不断扩展经验的边界，不断地由经验 A 到经验 B 再到经验 X，一直到 Z，再来重新理解 A，A 就成为有了具体的抽象，有了结构的整体。在这样一个不断反复进入经验，形成对经验更加丰富深刻完整理解的过程中，研究者本身就开始形成经验质感，就开始有了想事的能力。正如儿童长期学习语言就可以形成语感一样。

一旦形成经验质感，有了想事的能力，就可以具备真正做中国经验研究的基本条件，就有了理解文献的能力，就有了理解经验与实践复杂性的能力，就有了理解西方社会科学发生语境的能力，就可以防止研究的“强词夺理”，就可以避免实践中的“教条主义”，就可以在社会科学研究大循环中大有作为。

六、从经验中长出中国社会科学

前文已述，当前中国社会科学博士培养中存在的一个普遍问题，就是经验与理论两张皮，即无论是否有经验都不影响论文的结论。经验不过是一个摆设。经验既不能证明也不能证伪理论，理论也不是从经验中长出来的。两张皮的博士论文显然不是好博士论文，遗憾的是，当前中国做经验研究的博士论文绝大多数都是两张皮的状态。

更让人遗憾的是，不仅博士论文普遍存在理论与经验两张皮的问题，而且当前中国社会科学研究中也很少有真正从经验中生长出来的理论，而大多集中到对话式的研究中了。这种对话式研究就是我前面所讲“社会科学研究的小循环”。在缺少对经验深耕、缺少深入丰富的“大循环”提出问题形成理论预设的情况下，“小循环”无法从中国转型时期丰富深厚的经验与实践中获得滋养，当然也就很难长大，以至于当前经验现象如此丰富，社会实践如此复杂的当代中国，却找不到研究的问题和话题，这真是一个笑话。

在无法真正从中国经验中获得滋养的情况下面，中国社会科学研究中出现的一个普遍问题是，以对话为特征的“小循环”研究变得十分繁荣且显得“政治正确”，社会科学研究在缺少经验滋养的若干所谓理论问题上不断地对话，不断地“打补丁”，不断地将有机的经验整体割裂开来，从而产生了大量看起来很规范却基本上是同义反复的低水平研究，社会科学研究者越来越多，论著不断出版，研究水平却没有提高，社会科学越来越无法理解中国经验与实践，也越来越缺少回应中国政策实践的能力。中国社会科学研究当前出现了严重的“内卷化”，社会科学研究变成了研究者的“自娱自乐”。这就很悲剧了。

中国社会科学必须从当代中国丰富的经验和伟大的实践中吸取营养，必须通过大循环打通理论与经验的强关系，呼啸进入田野，大胆建立假设，运用一切理论和方法作为我们理解经验与实践的工具，形成理解中国经验与实践的概念和中层理论，从而开始真正的中国社会科学研究之旅。

大循环必须通过饱和经验训练形成经验质感，并且以这样的社会科学研究者为基本依托。没有经验质感，就无法从无限丰富复杂的经验与实践中正确地提出问题、科学地分析问题，由表及里，去伪存真，提纲挈领，直击要害。

从经验中产生并不断获得经验滋养的理论，就会具有无比丰富性与可能性。所谓理论，就是一套可以理解或解释经验与实践的逻辑自洽的概念体系。在同等解释力下，理论逻辑越简单、概念体系越清晰，就越是好的理论，检验理论好坏的根本标准就是经验与实践。通过无限打补丁从而无限复杂的理论，就变成了极少数人的自娱自乐，变成了烦琐哲学。烦琐哲学必然是要死亡的，因为烦琐哲学无法掌握群众。

2002 年我们提出中国社会科学研究三原则“田野的灵感、野性的思维、直白的文风”，放在这里也许正好。

七、结　　语

饱和经验训练的关键在于饱和训练，不断地不带预设地进入田野。进入田野的过程正如层层剥笋，随着经验积累的增加，而产生对经验认识的质变，产生一般化的对经验的认识能力，形成经验的质感。饱和训练有一个基础的标准，就是必须具备想事的能力，但饱和经验本身没有终点，即所有过去的经验积累都可能随着新经验的加入而被重新激活。每一次激活就是打开一扇窗户，增加进来更多阳光，从而照亮经验本身。这样一个激活本身就是理论建设，就是理论建构，就是理论发现。

经验是具体的，所以是无比复杂的。理论是抽象的，所以很简单。具体经验之所以复杂，是因为经验是在具体时空条件下发生的，任何一件具体事件的发生发展都受到特定时空条件的制约，是具体时空条件的产物，离开特定时空条件，事件的发生发展逻辑就可能完全不同。所以具体经验要具体分析，具体研究。脱离具体分析就没有了社会科学，就没有了政策研究。

经验无限复杂，我们就要从经验中抽出一般性就是要提炼出理论来。

当前社会科学研究中有一种神化理论的倾向，似乎理论就是那些晦涩难懂的抽象的哲学讨论。问题是，社会科学研究必须进入对具体问题的具体讨论。具体问题具体分析，才能叫做社会科学研究。当前中国社会科学研究中存在的一种不良倾向是，脱离时代条件，对社会科学经典著作微言大义，社会科学研究变成了版本学、考据学，忘记了所有理论与方法都只是指南，是启发性的，不能用理论的只言片语去武断地切割经验与实践。不真正深入到经验中去，中国就不可能发展出有主体性的社会科学，不经过饱和经验训练，中国就不可能有合格的社会科学研究者来承担建立有主体性中国社会科学的历史使命。

中国社会科学需要经验的滋养。这是一个需要理论又能够产生理论的时代。中国社会科学不能辜负这个伟大时代。

2019. 8. 11

华中村治研究中的机制研究

2002年华中村治研究团队提出“田野的灵感、野性的思维、直白的文风”三个研究原则以来,[①] 后来又形成了“三经一专”的学术训练模式，这个模式强调“经典、经验、学术团队和专业研究”的四位一体。检视华中村治研究团队多年来的基本研究方法，其核心是以个案调查为基础的机制研究或机制分析方法。对于华中村治研究学人来讲，机制研究主要有两层含义，第一层是通过大量个案基础上的机制研究，形成研究者的经验质感，这是学术基本功训练；第二层是对实践中各类特定机制进行专业化研究。机制研究是中观研究，向下可以连接到丰富的经验，形成与经验之间的硬对话，向上可能抽象为一般化理论，从而形成有主体性的中国社会科学。在当前中国社会科学研究开始由引介西方经典转向理解中国经验的背景下，机制研究是一个较为恰当的切入中国经验同时又可能上升为一般社会科学理论的操作方案。中国社会科学研究应当在大量深入个案、进入经验的基础上，通过机制研究，形成真正切入到了中国实践的概念、理论，从而构建既能够解释中国实践又能够指导中国实践的社会科学。

① 见徐勇、吴毅、贺雪峰等:《村治研究中的共识与策略》,《浙江学刊》2002年第1期。

一

美国社会结构相对稳定，经过一百多年深入解剖和全面研究，美国社会科学已经形成对美国社会的理论共识，社会科学研究进入到分工细密、注重细节、定量研究的阶段。用个比喻来说，美国社会科学已经过了刀劈斧砍阶段，进入到了精雕细刻时代，美国社会科学研究的基础已经打好，大厦已经搭建，精装修仍在继续，有几扇窗户还未来得及安装玻璃，也正在安装中。总之，美国社会科学不仅已经有了对美国经验甚至世界经验的深垦，而且有了与深垦之后的美国经验相匹配的比较成熟的研究工具和研究方法。

中国社会科学则大有不同，首先是中国社会结构仍然处在快速变动中。中国有960多万平方公里的国土、14亿多人口和5000多年历史，是与美国完全不同的发展中国家，不可能照搬照抄美国模式，理解中国经验和中国实践也不能照搬照抄美国理论。中国经验和中国实践本身的复杂性和变动性要求中国社会科学有一个对中国经验的深垦阶段。

其次，自改革开放以来，中国社会科学经历了一个气势磅礴的引进西方理论的阶段，目前已经到了运用西方理论来研究中国实践的阶段。遗憾的是，因为引进时间既久，在引进过程中形成了对西方社会科学的盲目崇拜，忘记了引进西方社会科学的目的。

引进西方社会科学的目的是用其理论与方法来研究中国实践，理解中国实践并找到完善中国实践的办法。也正是在这样一个对中国实践的研究中，逐步形成基于中国经验和中国实践的社会科学概念、理论和方法。西方发展阶段和基本国情与中国不同，西方理论尤其是当前正流行的运用于成熟美国社会的理论及方法，运用到中国来，就可能不得要领。

二

相较于社会结构和社会科学研究都更成熟的美国，中国社会结构的快速转型和社会科学研究的不成熟决定了中国社会科学鲜明的实践性，实践性的首要之处即在于对中国经验的认识。认识中国经验深入中国实践的一个重要方法是机制研究。

社会科学研究首先需要有具备研究能力的研究人员。华中村治研究团队的学术训练强调“经典、经验、学术团队、专业研究”的四位一体。经典主要是指西方社会科学经典著作，尤其是社会学、政治学、经济学和人类学的经典著作。经典著作既是理论又是方法，西方社会科学最大优点在于其逻辑性，学习经典的过程也是学习西方社会科学分析问题、解决问题能力的过程。

在刻苦阅读经典的基础上进行大量经验调查。华中科技大学中国乡村治理研究中心（以下简称中心）要求博士生读博期间必须在 8 ～ 10 个省、每省 1 ～ 2 个村进行驻村调研，且对每个村的调查时间不低于 15 天，所有调研都是综合的，涉及政治、经济、社会、文化、宗教等层面。调研目的是试图理解农民生活的逻辑和村庄治理的逻辑。村庄调查，按郭亮的说法就是“村庄里面提问题，现象之间找关联”，按我的说法，调研“现象要硬，解释要巧”，这些话的意思是，要通过调查来理解村庄性质，揭示村庄本质。这种理解和揭示并非一次可以完成，长期、多点村庄调查可以排除村庄特殊性和调查中的假象，可以相对深入地理解村庄，尤其是理解村庄内不同现象之间、不同要素之间的联系。每一次调查都尝试在不同现象之间建立联系。调查次数越多，这种建立联系的尝试就越能形成对经验本身的厚重积累，就会形成厚重经验。不断增加调研，不断发现之前调研中没有发现的新变量、新联系。有了大约200天的驻村调查经历，就容易形成我们所说的“经验的质感”。“经验的质感”就是有以完整经验来理解实践的能力，有将概念还原到经验中的能力。有了“经验的质感”，就可以摆脱抽象概念思考的约束，就可以用包含经验复杂性和丰富性的概念进行思考，建立在“经验的质感”基础上的思考也才会具有活力、灵气。“经验的质感”使研究者有能力从复杂实践中抽取关键要素，抓住关键环节，建立关键联系。这种抓住要害和本质的能力形成了经验质感者的最重要能力。没有经验质感的研究者只能如盲人摸象般对所有可能想到的变量关系进行排列结合。

有了200天驻村调查，再选一个专题来作博士论文训练，尝试专业化。因为有经典阅读，又有经验质感，再选一个主题来做专业研究，就可能形成有主体性的研究进路，就可能以我为主吸取各种理论、方法来深化对经验本身的研究。这样的研究就可以做成真研究，就可能推进对中国实践的认识。

这里尤其要强调，多点驻村调查的方法并非仅是农村研究，而是切入到中国经验的方法。从农村经验切入，然后进入到对中国实践的研究，这是一个方便的切口，因为今天农村仍然对以访谈为基础的个案的研究留下了巨大空间。

以个案为基础的经验研究，努力在各个看似不相关现象之间建立联系，对一些看似不可理解的现象提供解释，就是机制研究。个案可以包括很多不同类别、不同层面的机制，正是凭借对个案机制完整而细致的把握，才能透过现象看到本质，才能具有思考的穿透领悟能力。在不同地区做个案调研的好处是，不同区域现象乃至机制的差异所表现出来的“悖论”，向调查者提出了“为什么”，回答“为什么”的过程就是将表面现象向更加深刻、更加一般性的本质推进的过程，由此形成对经验与实践更深刻和更一般的理解。

小结一下，华中村治团队认为，培养研究中国经验的优秀研究人员，必须经过以个案调查为基础的机制研究的实践。只有大量进入经验，深入理解经验中的各种机制，理解经验的复杂性及有能力解剖经验的这种复杂性，形成经验的质感，才可以在以概念推演为基础的社会科学研究中将概念还原到经验，准确地提出问题，靠谱地把握问题，深入地分析问题，从而成为合格的中国社会科学研究者。

三

华中村治研究团队一直在进行各个层面和各种类型的机制研究。这构成了前述“三经一专”中的专业研究。进行专业研究时，华中村治研究同仁坚信“田野的灵感、野性的思维、直白的文风”三大研究原则。

强调村治研究“三大原则”的原因是，我们认为，中国社会科学必须有一个呼啸着进入田野的阶段，必须有一个真正地深入到经验的阶段，要敢于大破大立，要有深入经验的能力。

“田野的灵感”是坚持从厚重的经验中正确地提出问题，提出正确的问题。当前学界提出问题的能力正在丧失，中国经验变成对话外国理论、证明西方社会科学普适性的材料。因此，强调来自田野的问题意识，强调研究中经验的第一性，是建立有主体性中国社会科学的第一步。

田野的灵感还有两个重要方面，一是来自田野的灵感，所谓接地气就有灵气。在中国快速转型的背景下，学界很多人说做研究没有想法，不知从何着手，这是很不正常的事情。二是对复杂经验的认识与贯通。真正将经验贯通，就可以直接提出高层次的、深刻的问题而不是老在低层次问题上打转转，在不重要的细节上绕圈圈。

田野的灵感还针对教条主义式理论的僵化和简化。理论必须还原为经验才有意义，概念的内涵总是实践所赋予的。

“野性的思维”是针对当前社会科学界出现的片面强调规范化而来，是从有知领域向无知领域的迈进与探索，既然是探索，就不能太规范，就一定要有对常规的突破，就要有创新。也就是说，是在无序中产生的秩序。深刻错误的背面是深刻的正确，肤浅的正确却永久都是肤浅。野性就是不受低水平规范的约束。

当前中国社会科学正处在开创阶段，不应过于强调规范，受到无谓规范的限制。鱼目混珠、离经叛道、天马行空、无序、重复，这样才能给真正具有原创力的天才以机会。很规范、很有序，将所有天才都扼杀了。一百次错误，只要有一次创新就很好了。要求每次都创新，谨小慎微，生怕出错，就不可能有创新。大胆假设才能真正创新，不怕出错才能真正创新。

中国社会科学必须经历一个混乱的阶段，一个革命时代，才能优胜劣汰，形成高水平的中国社会科学的秩序。

其实，科学研究都属于对未知世界的探索，是尝试，是试探。野性思维的核心是思想要开放。大胆假设，小心求证。野性并非胡思乱想、更非胡言乱语，而是思考要有野性，要有爆发力。

“直白的文风”，核心是不要将表述变成问题，不要因为文字表达制造阅读障碍，而是要用与我们研究相适合的文体来表述研究成果。同时，直白文风也是多学科、经验性研究的特点，也是原创性研究的特点。用什么方式来表达不是问题，问题是不能将表述搞成了问题。在朽木上精雕细刻不是严谨而是糊涂。

当前华中村治研究团队主要通过个案深入到各种机制，建立现象之间的复杂联系，透过现象找到更加一般性的本质。在个案中，各种现象之间存在的自洽的逻辑联系如何，这是要仔细探究的。若不只是有一个个案，而是有很多个案，就可以通过个案比较来获得对经验之间联系的全面深刻理解。在对个案的深入解剖中，个案可能不具有代表性，个案内的各种机制却具有一般性。在一个个案中发现的机制可以在其他个案中得到验证或修正，从而形成一般化的关于中国经验的理解，这样的理解就可能成为建立中国社会科学大厦的基石。

正是在个案研究中发现的一般化机制为定量的验证性研究提供了提出研究假设和解释定量数据的最基础的工具，以个案为基础的机制研究是定量研究的基础。没有真正深入到中国质性经验中，不能在中国经验中发现一般性的机制，提出基于中国经验的问题，定量研究将不仅找不到所要研究的正确的问题，而且也无法有效解释所收集定量数据的含义。

四

机制分析并非研究方法的创新，而是一种基本的研究训练与研究实践。机制研究不是众多方法之中的一种，而是众多方法中的基础性方法。只有通过个案进入经验，通过机制研究的训练形成经验质感，才能真正有效地进入到中国经验与实践中，准确提出问题，深刻分析问题，科学建构问题，最终形成对中国实践的社会科学层面的把握。

机制研究尤其对于当前正处在形成主体性阶段的中国社会科学研究意义重大。这是一个正确提出问题的阶段，是争夺话语权的阶段，是正确分配研究资源的阶段。只有正确地提出了问题，才能有中国社会科学主体性建设的其他各项事务。

在当前中国社会科学研究中，机制研究具有以下几个鲜明的特性。

1. 实践性

机制研究的一个特点是其实践性。正是当前中国经验和中国实践为机制研究提供了发挥作用的场所。通过对当前中国经验和实践内在多层面的复杂的机制研究，建立起有主体性的中国社会科学，再转而指导实践，这是当前中国社会科学研究中的机制研究的重要目标。

2. 策略性

机制研究的一个重要特点是具有策略性，具体来说就是，在机制研究中，有一个从经验中总结出机制，再回到更广泛经验中验证修正机制，逐步完善机制的过程。一个好的机制研究要经过多次在经验与理论之间的循环往复、修正完善，逐步由表及里、由特殊到一般的过程。一项成熟的基于中国经验的机制研究就是一块建设中国社会科学大厦的坚实的中层理论基石。

3. 层次性

机制研究可以在各个层面开展。每个层面都有复杂程度不同、关联程度不同的各种类型的机制。一层一层地揭示中国实践的机制，再一层层地建构一个更加整体更加一般也更加丰满的机制，是建立有中国主体性社会科学的重要任务。

4. 灵活性

机制研究具有灵活性的特点。灵活性是指，我们可以从不同的方面来理解机制，并因此来揭示机制不同的面向。允许多元，允许异质性，是当前中国开展机制研究应当坚持的一个原则。

5. 基础性

机制研究是建立中国社会科学的基础性工程，具有基础性的特点。没有广泛而深入的机制研究，就很难开展规范而严格的定量研究。

6. 复杂性

机制研究的复杂性是说，它是从经验中提炼出来，有一个逐步去粗取精、去伪存真的过程，机制研究是对复杂实践的抽象和概括，本身仍然具有复杂性的特点。复杂性就使机制研究介于科学和艺术之间，具有科学和艺术的双重特征。

五

华中村治研究团队试图通过研究中国经验与实践的丰富复杂多层面的机制来形成研究者的经验质感，又通过大量的专门研究来揭示中国各个层次各个方面的机制，以形成真正基于中国经验和中国实践的社会科学理论，这个努力正在进行中。我们希望，再有 10 年时间，华中村治团队可以对建立中国社会科学的主体性有所贡献。

而建立主体性的主要研究工具是机制研究（或机制分析），我们认为，广泛开展机制研究，是当前推进中国社会科学研究尤其是社会学研究的重要突破口。

我们因此愿意说，机制研究是实践社会学的 2.0 版。

2013. 8. 27

大循环：　经验的本体性与中国社会科学的主体性

中国是一个具有5000年文明的发展中的大国，地域广大、人口众多。当前中国GDP居世界第二，按购买力平价计算，世界第一。当前中国正处在史无前例的快速变迁与转型时期。这些因素决定了中国社会科学必有一个蓬勃发展的阶段。中国现时代需要中国社会科学，中国现时代也有能力滋养壮健中国社会科学。我以为，中国社会科学需要经历一个革命性的阶段，将主要来自西方的社会科学理论与中国经验结合起来，建立基于中国经验的具有中国主体性的社会科学，是当前包括经济学、政治学、社会学和法学在内的各门社会科学的使命。总体来说，当前中国社会科学界缺少这样一种使命感，尤其是高校这一社会科学主力军在“世界一流大学”建设的语境下，越来越倾向将社会科学研究重心转向与国际接轨，甚至将在西方主流期刊发表论文当做了主要目标，忽视了社会科学所具有的时空条件与时代背景。

当前以欧美为代表的西方发达国家已经形成相对稳定的经济政治和社会制度与结构，经历数百年发展的西方社会科学也已经比较成熟，相对稳定的社会结构和相对成熟的西方社会科学，使得西方社会科学研究的主要工作变成了小修小补。革命性的社会科学大厦已经建立了，带有补遗性质的各种具体理论和研究方法，将西方社会科学装修得更加精致完善。当然，西方社会科学派系众多，诸家之言相互竞争，而非有一个完全一统的西方社会科学。不过，西方社会科学相互竞争的诸家之言都有诸多不言自明的共识、前提和预设，这些不言自明的共识、前提和预设与西方社会的历史与现实，与西方国家所处的特殊时代条件和时空定位紧密相关。

当前中国社会科学研究中一个“高大上”的标志是在西方尤其是美国主流期刊发表论文。经济学、社会学、政治学各学科，过去几乎没有中国大陆学者在美国主流期刊发表论文，最近十多年情况大为改观，尤其是经济学家频频在美国最好的经济学主流期刊发表论文，社会学和政治学学者也开始发力。而中国各高校在评价教师研究水平以及在世界一流大学评价时，SSCI 论文发表就自然成为最为重要的评价标准之一了。

能在西方主流期刊发表论文当然很重要，也很好，但是不够。因为要在西方社会科学主流期刊发表论文，就必须接受西方社会科学的共识、前提和预设，就必须进入到西方社会科学语境里面。经验可以是中国的，要回应的问题却是西方的。有人形象地打比方，要在西方主流期刊发表论文，就得在西方社会科学已经建成的大厦里面找哪个窗户缺一块玻璃，找到后，就写论文去补玻璃。尤其是有了中国经验，进入到西方社会科学大厦里面，就容易找到哪些窗户还缺块玻璃，就可以用中国经验去安装这块玻璃，就可以进一步完善西方社会科学的大厦。

由于在西方社会科学主流期刊发表论文很不容易，代表了高水平，因此也就被认为代表了中国社会科学应该用力的方向。国内所谓“高水平”的主流期刊也按美国主流期刊的标准来评审论文和发表论文，引导中国社会科学的研究方向和写作方式与国际接轨。这样接轨的论文或研究，一定是要从理论到经验再到理论的，是从具体的社会科学研究的结论出发，在既有社会科学研究中找到问题，再用经验来对话理论，从而丰富和完善理论。这些理论也是各种既有的假说，这些假说主要是依据现有的一般理论，当然主要是西方社会科学研究提出来的。

这样一种在西方社会科学大厦中补玻璃，或在中国目前仍然支离破碎的社会科学研究中进行对话，从理论到经验再到理论的研究，必须对既有研究进行全面疏理与审视，然后从中找到对话点，再来完善理论。这样的研究一定要细致，要精心组织经验来对话理论。好的经验材料有助于修补或完善所对话的理论，不好的经验材料在与理论对话中可能只是两张皮，因而无法对话。当前的极大问题是，绝大多数研究，理论与经验是两张皮，无法构成对话，从而无法修补完善已有理论，更谈不上发展现有社会科学了。

然而更重要的问题在于，即使认真与既有研究对话，可以修补完善现有社会科学，现有社会科学本身却可能是未经批判地在中国经验中进行的讨论，与既有理论对话的经验是被切割的经验。这样的社会科学研究很大程度上是在具体观点上面或结论上面与经验展开的对话，而不是借用社会科学一般理论与方法。当前中国社会科学也许还需要一个运用一般理论与方法对中国经验或实践进行深耕的阶段，即需要有一个由实践到理论再到实践的阶段。从实践中来到实践中去，运用社会科学的一般理论和一般方法来理解经验，在理解经验的过程中形成逐步的提炼，最终形成对中国若干具体实践具有解释力的逻辑自洽的概念体系。正是从实践（经验）到理论，然后再回到实践（经验），这样就形成了一个基于实践（经验）的不同于从理论（具体社会科学研究结论）到经验再到理论的循环。前面一个循环是一个大循环，后面一个循环是小循环。大循环是前提，小循环应以大循环为基础。

也就是说，当前中国社会科学研究应当到实践中去找问题，不是停留在书斋中和书本上。理解当前正在中国开展的各种实践，真正呼啸着进入田野，是当前中国社会科学研究得以开展的基本条件。走向田野及理解实践，当然是要运用社会科学一般理论与方法，但社会科学研究问题的提出主要来自实践和经验，并且社会科学的对话也是基于实践和经验。这里的经验是一个有机整体，而不是被各种社会科学具体观点所切割的支离破碎的经验。

我以为，当前中国社会科学研究必须要有一个以理解中国实践为目标、在此基础上建立对中国实践具有解释力的概念体系的阶段。这个阶段必然是相对粗糙的、大胆假设的，甚至野蛮成长的，在理解实践的过程中形成各种解释体系，建立众多理论框架，各种解释体系与理论框架相互竞争，也相互补充和启发，百花齐放、百家争鸣，最终形成若干逻辑自洽、相对简明、具有较好解释力的中层理论，在此基础上进一步发展出基于中国实践、从中国实践中来又在中国实践中进行检验的一般化的中国社会科学理论乃至方法。唯如此，中国社会科学才会具有主体性，才能将西方社会科学理论中不言自明的预设、共识和前提清理出来，从而让中国社会科学可以更好地解释中国经验，为中国实践服务。

特别需要说明的是，要真正做到从经验到理论再到经验的大循环，就要打好两个基础，一个基础是社会科学一般理论与方法的训练，这个基础很重要，尤其是社会科学逻辑思维能力和分析能力的训练很重要。只有真正理解了社会科学的一般理论与方法，我们才可以较好地运用西方社会科学理论与方法来研究中国经验。当前社会科学研究领域撰写论文尤其重视的西方社会科学具体研究文献中的具体观点与结论反而不是很重要。

另外一个基础是呼啸着进入田野，真正进入到中国经验的整体中去。经验本身的一个特点是其暧昧性、模糊性、全息性，深入到经验中，必须要花费大量时间去体验去品味，去访谈，将丰富的厚重的经验不断地纳入到自己的视野。长期的反复的经验训练，就会形成“经验的质感”，形成从经验中进行思考的能力，形成对经验的整体性认识，就会具有对经验的特殊敏感性，就会形成从经验进行思考的习惯，就可以抛弃从概念和价值立场得出结论的恶习。形成“经验的质感”的不二法门是“饱和经验法”，所谓“饱和经验法”就是反复地到经验中去，积累多了，经验就会自然而然地析出，就会在既有理论训练基础上形成超过经验的一般性认识与概括，就会从经验中产生各种大大小小的学术发现甚至提出中层理论。

中国社会科学研究者如果都具备良好的社会科学的一般理论与方法训练和“饱和经验”基础上形成的“经验质感”这两个基础，再来进行具体研究，就一定可以形成从经验到理论再到经验的大循环，就一定可以有所发现。当前中国高校有60多万个人文社会科学教研岗位，这60多万高校人文社会科学学者都来进行从经验到理论再到经验的研究循环，则几乎所有中国实践都一定可以得到众多研究者的研究，从而可以形成不计其数的基于中国经验的学术对话、学术批评、学术交流和学术积累，中国社会科学具体研究就一定可以突飞猛进，中国实践就一定可以得到更加深刻客观的理解与解释，社会科学也就可以为中国实践提供更为准确可靠的预测以及提出更加可靠的政策意见。这个过程中，更加深刻更加普适的中国社会科学自然而然就会产生。

中国社会科学必须经过一个大破大立的阶段，才可能真正形成具有中国主体性的高水平的社会科学。经过改革开放以来30多年西方社会科学一般理论与方法的引进，当前阶段中国社会科学最重要的使命是真正地全方位地将西方社会科学理论与中国经验结合起来。这个过程中，中国社会科学不是要守成，因为无成可守，而是要创新要革命，要大胆假设、野蛮成长。要强调“田野的灵感，野性的思维，直白的文风”，要强调做研究而不是写文章，要强调创新而不是不犯错误，要真正做脑力劳动而不能变成专注修辞的体力劳动。

与此相关的就是，中国的社会科学期刊发表论文，要重点推介大胆创新的从经验到理论再到经验的研究成果，要引导中国社会科学学者真正到中国实践中去，在实践中提出问题，形成初步理论认识，再回到实践中检验，这个过程中必不可少的是学术批评与学术积累。要允许犯错，允许相对粗糙但具有潜力的研究。

中国社会科学还需要有 20 年左右呼啸着进入田野基础上的大破大立的发展阶段，这个阶段一定是相对野蛮的、鱼目混珠的英雄主义时代，也是一个出大师的时代。

2016. 9. 3

第二编

学术立场

建立中国社会科学主体性的提纲

1. 中国社会科学要研究大时代的中国问题。只有研究中国问题，才容易形成中国社会科学学派。

2. 两种中国问题研究的进路：第一种是“理论—经验—理论”的进路。这里的理论主要是指既有社会科学研究中形成的若干结论。通过在现有社会科学研究中找到对话点，再用中国经验进行对话，从而修正既有研究。这样一种研究，从理论到经验再到理论，形成了一个社会科学研究的循环，这个循环可以称为社会科学研究的小循环。

3. 第二种研究进路则是“实践—理论—实践”的研究进路。从实践中来，到实践中去，理论是从实践中产生的，也是服务于实践需要的，也要靠实践来验证。这样一种循环，从实践中提出问题，在理解实践的过程中形成若干概括、判断和推理，再到实践中验证判断。从实践到理论再到实践的循环，可以称为社会科学研究的大循环。

大循环要解决的核心问题也就是毛主席所说马克思主义普遍真理与中国革命具体实践相结合的问题。这里的语境就是要解决西方社会科学一般理论与方法如何与中国经验研究相结合的问题。

4. 小循环中，经验是片段的、支离破碎的，是服务于具体理论论证需要的。大循环中，实践则是本体的，是完整的，是有机联系为一个整体的。

5. 以对话为主的小循环，某种意义上是用中国经验与西方社会科学的具体研究进行对话（注意，这里是指与西方社会科学具体研究对话，而不是与西方社会科学一般理论的对话），这种对话必须接受西方社会科学不言自明的共识、前提与预设。

6. 西方社会科学是欧美国家现代化过程的产物。当前欧美国家的经济政治社会制度和结构都相对稳定，西方社会科学经过数百年的发展也相对成熟。因此，西方社会科学研究一般都已经形成了诸多不言自明的共识和预设，具体的研究也比较规范、严谨，主导的研究都必然是在既有社会科学研究中的修修补补。这样的研究一般遵循小循环。

7. 西方社会科学与中国社会科学的时代背景和研究重点差异巨大。核心不仅是中国社会正处在史无前例的急速变迁之中，而且中国社会科学研究需要剔出西方社会科学研究的前提与预设，并进行审慎的检讨。

8. 目前阶段的中国社会科学研究应以大循环为主，通过对模糊的、暧昧的、复杂的、全息的实践与经验的深入调查与把握，来建构中国社会科学，在此过程中逐步形成中国社会科学研究的共识和预设。这个过程就是前面所说西方社会科学一般理论如何与中国实践相结合，建立有主体性的中国社会科学的过程。

9. 大量的甚至成千上万的中国学者借用社会科学的一般理论与方法，呼啸着进入中国实践，在深入实践、理解实践的过程中，形成各有侧重、相互竞争的理论概括，形成具有逻辑自洽性和具有实践解释力的概念体系。这个过程一定是大破大立，大开大合，百花齐放，百家争鸣的。

10. 在从实践中来到实践中去的大循环中，经过20年甚至更长时间的经验深耕与百家争鸣，若干具有竞争力的理论竞争对中国实践的解释，百家理论就可以相互启发、相互补充、相互融合，最终形成有中国主体性的中国社会科学。这个有主体性的中国社会科学不仅来自中国实践，对中国实践具有解释力，而且因为在具体研究中形成了基于中国实践的关于中国研究的共识和预设，而使中国社会科学具有了主体性。

11. 基于此，我以为，当前乃至未来二十年，中国社会科学的重点不是规范化，而是在深入的田野调查基础上的野蛮成长。大开大合，大破大立。没有大循环基础上的厚重经验研究，小循环基础上的精致研究没有意义。没有大循环奠定研究基础，小循环就是麻袋上绣花。只有在大循环艰苦努力所建立的中国社会科学的主体性基础上，精致的社会科学研究的小循环才有价值。

12. 当前的社会科学时代是野蛮成长的时代，是英雄主义时代，是出大师的时代，是建立学派的时代。当前中国社会科学界对此缺少认识，多是工程师心态甚至技术员心态。

盲目发展定量，随意切割经验，将发表论文误为学术研究，甚至将写作变成体力活，而不能做到基于厚重经验研究基础上的大胆假设小心求证。

做研究变成在西方社会科学具体研究中找对话对象，在西方社会科学大厦中找一扇没有玻璃的窗户然后补上玻璃。

期刊发表也越来越精致，而忽视了不经过一个野蛮成长的阶段，太过规范，甚至有学术规范的洁癖，就很难给创新研究留下空间。

研究生训练过于强调文献，忽视基础理论尤其是社会科学经典的阅读，更加忽视对完整经验的训练。

这样的状态不仅在社会学里面相当普遍，而且是当前中国社会科学各个学科普遍存在的问题。

13. 经过改革开放30多年来的西方社会科学的引进，目前中国社会科学研究已经到了消化吸收西方社会科学的阶段。消化吸收的核心就是在理解中国实践的过程中，建立对中国实践具有解释力的有中国主体性的中国社会科学。这个工作现在还没有形成气候，需要社会科学界共同努力。

14. 相信再过 20 年，中国会有百家争鸣基础上形成的若干社会学学派。到了那个时候，中国社会科学可能才会开始由社会科学的大循环转向精致的小循环吧。

2016. 6. 26

社会学研究的本土化与主体性

——评谢宇教授《走出中国社会学本土化讨论的误区》

一、引　　论

当前中国社会科学应向何处去，这是一个涉及中国社会科学发展方向的重大基本问题。尤其是在当前美国以定量研究为特点的社会科学处在霸权地位，中国大学“双一流建设”强调“国际一流”、国际一流社会科学期刊（主要是美国期刊）开始发表中国学者论文的形势下，中国社会科学是融入到以美国为首的西方社会科学中去，还是要建设基于中国经验与中国实践而来的中国自己的社会科学体系，就成为决定中国社会科学研究方向的重大问题。美国科学院院士谢宇教授在《社会学研究》2018 年第 2 期“马克思主义社会学专栏”发表《走出中国社会学本土化讨论的误区》一文,[①] 认为关于中国社会学本土化的争论是伪问题。谢宇教授旗帜鲜明地认为，中国社会学唯一的正确道路是“做出一流的社会学研究，使其理论和方法有助于整个社会学学科的知识积累并产生国际影响。这也意味着我们需要参与到世界范围内社会学学科的对话中去，需要与西方社会科学竞

① 参见谢宇:《走出中国社会学本土化讨论的误区》,《社会学研究》2018 年第 2 期。本文所引谢宇教授观点均见该文。

争，需要在国际已有的学术共识的基础上通过更为严谨规范的方法获得世界影响力”。他还说：“中国社会学发展的当务之急是培养未来的社会学家，让他们能够做出高质量的学术研究，取得与西方发达国家学者相比肩的学术成就。”“如今，许多世界性的期刊和出版社逐步向中国学者开放，……中国学者的国际发表在数量上的增长和传播已成为一种趋势。”“中国的学者要参与到社会学更广泛的学术社区中去，而不仅仅是参与中国的学术社区。”“如果说还有什么会限制中国社会学发展，那只可能是部分学者自身学术上的目光短浅与画地为牢。”

谢宇教授是通过批判中国社会学界关于社会科学本土化的主张来展开他的观点的，谢宇教授的结论是“社会学本土化是个伪问题”。谢宇教授认为，“今天的中国社会学已经成功走过了本土化阶段，并肩负着更为艰巨的历史使命：中国的社会学学者应当有能力超过西方学者，在世界范围内对这个学科的主流领域有所贡献，而不只是对中国做出贡献”。谢宇教授主张的要害在于，中国究竟是应当建立一个依附于西方的社会学，还是要建立中国自己的社会学。表面上看，谢宇教授反对的是社会学本土化主张，实质上谢宇教授反对的是建立中国社会科学的主体性。谢宇教授反对社会学本土化，试图取消社会学本土化讨论的实质是反对建立有主体性的中国社会科学，认为根本就不可能存在与美国社会学不同的中国社会学，也没有必要建立中国自己的社会学。中国社会学的主要任务是尽快融入美国社会学，以争取对美国社会学有较大贡献。

在这篇文章中，谢宇教授也顺便为他主要从事的定量研究做了辩护。

笔者显然不赞同谢宇教授的意见。的确，社会科学是西方舶来品，社会学起源于西方，中国是从西方学来社会科学理论与方法的。不过，中国学习西方社会科学理论与方法的目的是真正理解中国经验与实践，实现中国人民的现代化和中华民族的伟大复兴。社会科学具有很强的时代特征和地域文化特点，中国学习西方社会科学主要是学习其基本理论与方法，而非具体结论，更非应当亦步亦趋。中国是一个有5000年文明的大国，中国必须要发展出基于自身历史与现实条件的具有中国主体性的社会科学，基本途径是从中国经验出发，借用古今中外各种智慧尤其是西方社会科学理论与方法。中国社会科学主要发展方向不是与以美国为主的所谓世界社会科学对话，而首先是深耕中国经验，建立具有中国主体性的社会科学体系，再与西方社会科学对话，并因此才可能对世界社会科学有较大贡献。

习总书记在2019年两会时指出："文学艺术创造、哲学社会科学研究首先要搞清楚为谁创作、为谁立言的问题，这是一个根本问题。哲学社会科学研究要立足中国特色社会主义伟大实践，提出具有自主性、创造性的理论观点。"① 2016年5月17日他在哲学社会科学座谈会上也强调，构建中国特色哲学社会科学必须充分体现中国特色、中国风格、中国气派，强调中国哲学社会科学研究应当立足当代中国实践，面向当代中国问题，强调在借鉴国外成果的过程中必须坚持以我为主，为我所用。②

我认为，当前中国社会学的主要目标是理解中国实践；主要任务是建立有主体性的中国社会学（社会科学）；与之匹配的主要途径是真正深入到中国经验与实践中正确地提出问题，深刻地分析问题，深入地讨论问题，大胆假设，小心求证；中国社会学的主要讨论平台是中文期刊，主要讨论语言是中文。当前中国社会学最紧迫的任务是呼啸进入田野，真正从中国实践中提出问题，科学分析问题，以建立对中国经验与实践的科学的理论解释体系。

---

① 《首次"到团组"，习近平讲了4个非常重要的问题》，新华网2019年3月5日。http：//www. xinhuanet. com/politics/xxjxs/2019-03/05/c_ 1124194062. htm。

② 《习近平主持哲学社会科学工作座谈会强调，加快构建中国特色哲学社会科学》，《人民日报海外版》2016年5月18日第一版。

下文中，笔者从若干方面讨论中国社会学的方向问题。第二、三、四节是对谢宇教授观点的评析，第五、六、七节提出了建立有主体性中国社会科学的可能方案。

二、议题本土化完成了吗？

谢宇将社会学本土化主张分为议题本土化、应用本土化和范式本土化三个层面，他认为，当前中国社会学议题已经高度本土化了，所以强调议题本土化是没有必要的；“一切将社会科学的理论与方法应用于具体的社会或历史情境的研究都必须考虑与当下情境的结合。但这一主张与追求本土化无关”，因此强调应用本土化也不必要；而从范式本土化来讲，谢宇认为：“无论中国社会有多么与众不同，中国社会学的价值仍然在于这是社会学。如若中国社会学变成了一门其他的学问，要建立在其他范式的基础上，那它将不再是社会学。”“中国再独特，仍为世界各国中的一员；中国的社会学，也仍是世界社会学的一部分。”“一个真正好的研究，……它既是本土的，也是世界的。”

从以上引述来看，谢宇教授似乎也不反对本土化，因为好的研究“既是本土的，也是世界的”，议题本土化已是现实，应用本土化则是所有好的社会学研究的题中之义。谢宇教授着力反对的是范式本土化，因为范式本土化主张偏离了国际已有的学术共识而不再是社会学，所以范式本土化是伪命题。

现在的问题是，世界社会学是什么？国际上已有的学术共识是什么？世界与国际的是否就是美国的？为什么美国社会学就是世界与国际的？社会学或社会科学在选择研究议题、默认研究优先序、形成研究结论诸方面显然要受到意识形态、历史、特定发展阶段的诸多影响。中国这样的大国，社会科学不走自主性发展道路是完全不可能的。

谢宇教授认为，当前中国社会学议题本土化已经完成，再提议题本土化没有意义了。谢宇认为“中国社会学面临的实际问题并不是议题的西方化或美国化，而是缺乏判断议题学术价值的长远意识。中国社会学不必为突出本土化特征而束缚研究选题，更不必去争论这些议题是中国的还是美国的，而应当关注议题本身在中国长远而非眼前的学术价值和潜力”。

现在的问题是，如果说议题本土化是合理的话，中国社会学在选择本土议题时，选择哪些本土议题？如何选择本土议题？依据什么来选择本土议题？一方面，每一个研究者都会依据自己的研究兴趣、学术积累、价值取向来选择研究议题，另一方面，确实有一部分议题成为一个时期最为重要的议题，引发众多社会学学者关注并深入研究。

因此，在选定研究议题时，关键不在于研究议题是否本土化，而在于为什么目的选取研究议题。当前中国社会科学最重要的任务是真正理解中国经验与实践，为中国经验与实践提供理论指导。深入到中国实践中去选取研究议题，在理解中国经验和实践中形成理论假设，并到中国经验和实践中去验证，这是当前中国社会科学研究最为紧迫的任务。与这样一种基于中国经验来选择研究议题不同的，就是谢宇所主张的“中国的学者要参与到社会学更广泛的学术社区中去”“需要参与到世界范围内社会学学科的对话中去”。简单地说，中国社会学发展的最重要方面就是在美国主流社会学期刊发表论文，获得与美国社会学对话的资格。中国社会学研究本土议题的选择应当主要服从与美国社会学对话的需要，而不是服务中理解中国实践的需要。在当前中国学术界本来就崇美以及当前中国推进“双一流大学”建设中建设世界一流大学必然要在国际一流期刊（美刊）发表国际一流水平论文的背景下，以在美国期刊发表论文为目标的对话式的本土化议题，就比理解中国实践为目的的本土化议题更有优势。正是出于这样一种担忧，中国社会学界有识之士提出了建设中国特色、中国风格的社会科学，形成了关于中国社会学学术话语体系、中国特色以及中国社会科学美国化危机的广泛讨论。①

中国从事社会科学研究者众，有学者以对话为主是没有问题的。但对于中国这样的巨型国家，社会科学的首要责任与使命必须服务和服从于理解中国经验与实践，社会学本土议题不应是从美国社会学研究的需要中产生，而应当从理解中国经验和实践中产生。谢宇长期在美国工作与生活，对美国社会学界的问题比较熟悉，又在中国长大和长期学习，对中国也有一定了解，他用中国的材料去讨论美国社会学的问题，并在美国社会学主流刊物上发表论文，这是好事，这样论文越多越好。但如果他因此认为中国社会学主要应当是去与美国社会学对话，中国社会学界主要应当是在所谓国际已有学术共识基础上通过更为严谨规范的方法获得世界影响力，并因此批评当前理解中国经验与实践的本土化努力，认为这样的努力会因为“突出本土化特征而束缚研究选题”，就有点本末倒置了。

谢宇认为当前研究议题已经本土化了，所以再提出本土化不仅没有必要反而会受束缚，显然是有意无意忽视了两种目标完全不同的中国社会学研究议题的本土化。

谢宇讲“中国社会学面临的实际问题并不是议题的西方化或美国化，而是缺乏判断议题学术价值的长远意识”。他举例他和他的学生大约十年前对中国家庭和婚姻研究就是因为具备这种“长远意识”而此领域到现在成为中国社会学界新兴的热门话题。中国社会学界关于家庭与婚姻的研究是否是当前热门话题，这个热门话题是否因为谢宇教授和他学生前瞻性研究而引发以及过去家庭与婚姻议题在中国是否相对边缘，这些先不讨论，

① 李友梅：《中国特色社会学学术话语体系构建的若干思考》，《社会学研究》2016 年第 5 期；宋林飞：“增强社会学话语体系的中国特色”，《社会学研究》2016 年第 5 期。

有一点却是可以肯定的，就是在与美国社会学界对话中，迄今未产生出真正对中国社会学研究具有重大影响的成果。反过来，因为是从美国社会学研究中产生中国议题的需要，仅仅是将中国经验当作回应（对话）美国社会学的资料，中国经验往往会被切割、歪曲，中国经验是不完整的，这些研究无助于社会学界增加对中国经验与实践的理解，且这些研究者虽然在美国期刊发表了以中国议题为主的学术论文，他们对中国经验的理解却往往停留在十分幼稚的水平。

以理解中国经验与实践为目标的议题本土化与对话美国社会学的议题本土化是根本不同的。这种对话式研究无论有多少，都无法增进对中国自身的认识，因为中国经验与实践只是手段，美国社会学才是目标。在这种对话式研究中，中国社会学丧失了主体性。

三、提应用本土化没有必要吗？

我们再来看应用本土化是否有必要。

谢宇教授认为："一切将社会科学的理论与方法应用于具体的社会或历史情境的研究都必须考虑与当下情境的结合。但这一主张与追求本土化无关，而是对一个学者最基本的要求——秉持审慎、负责的专业态度，在任何一个国家都应如此。打着本土化大旗的中国社会学研究未必能诞生有原创力的学术成果，而有原创力的中国社会学研究则必须充分、细致地将中国社会情境融入其中。粗暴地套用西方社会学知识而无视中国情境的中国研究，或者任何一项无视具体社会情境的研究，原本就不是好的学术研究。粗糙、劣质的学术作品的确不少，但它们只能反映学者水准的高低，而不应简单地将之归结为美国或西方社会学的入侵。"

谢宇教授因此认为不存在所谓应用本土化的问题，只存在好的研究与不好的研究，决定研究好与不好最重要的“在于对中国与西方社会组间与组内差异张力的把握：一方面不能太过于强调特殊性，另一方面也要知道中国的确存在特殊性”。“这与我提出的社会科学三原理中的社会情境原理有关”，谢宇自己总结了中国社会有别于西方社会的若干特征，谢宇认为，他基于对中西差异的这种认识而可以做到“将西方社会学概念、理论、研究方法或策略应用于中国研究都必须考虑到的”“与中国社会的契合性”，做出了有原创力的成果，而“打着本土化大旗的中国社会学研究未必能诞生出有原创力的学术成果”。

谢宇是否在中国研究上做出了有原创力的成果，这个先不讨论。我们重点讨论三个问题：第一，西方社会学理论与方法的所指是一般性的理论与方法还是具体研究，防范当代美国社会学研究的入侵是否就是反对西方社会学；第二，离开了本土经验的浸泡能否获得“社会情境”并归结出深刻理解中西不可通约的本质差异；第三，应用西方社会学理论，是为我所用，在理解中国经验与实践过程中适当地应用理论与方法，还是被迫使用，西方社会学理论是工具还是目的，是在理解中国经验与实践中应用西方理论与方法，还是让中国经验与实践在被西方理论与方法使用过程中成为手段。

谢宇教授在“应用本土化”层面讨论的关键是在应用西方社会学理论与方法时“应更为谨慎地使用现代社会科学的方法”“在理解数据时挖掘每个社会现象背后看不见却有意义的背景知识和文化内涵”。

谢宇教授认为应用本土化是当然的，以本土化反对西方社会学理论与方法是错误的，因为所有好的研究都“必须考虑与当下环境的结合”。实际上，当前中国社会学界反对的正是以美国定量研究为代表的西方社会科学研究方法对中国社会“不够谨慎”甚至简单粗暴的研究，反对的是这些研究缺少对中国数据“背后看不见却有意义的背景知识和文化内涵”的理解。定量研究所能搜集到的一般都是比较表面、外在、简单、标准化的数据，在一个正处在快速变迁又无比庞大且具有与西方极其不同文化历史传统的中国，应用西方社会科学理论与方法尤其是应用美国社会学定量研究来研究中国，应当对中国经验与实践本身有更多更深入的理解和尊重。

因此，当前以本土化来反击的主要是美国社会学的粗暴“入侵”，或中国某些社会学学者在运用美国社会学定量研究时的“食洋不化”。谢宇找到的解决问题的办法是引入社会科学研究的社会情境原理，找到中国与美国在社会特征上“不可通约”的差异。现在的问题是，凭什么谢宇就恰恰可以找到这个“差异”，并恰当地运用社会情境原理？实际上，没有对中国经验与实践本身的深入研究，靠抖机灵找到的中美社会特征差异都不过是想当然。对中国的深入理解只能来自于对中国本身的深入研究，中国是认识对象，而不只是理论与方法的手段。我们对中国的深刻认识需要将中国经验与实践当作一个整体，长期浸泡其中，运用所有可以运用的社会科学理论与方法来研究中国经验与实践，理解中国经验与实践。将中国经验和实践本身当作认识对象，西方理论与方法只是认识工具和认识手段。我们要运用最合适的理论与方法来认识中国、理解中国，而不是机械地套用西方所谓最新研究方法以及具体研究成果来简单粗暴地对待中国经验。中国社会学学者因此不仅应当广泛地接受西方社会科学理论与方法的训练，而且更要长期浸泡在中国经验中，尽可能完整地理解中国经验。中国经验一定要是理论与方法的出发点和归宿。

实际上谢宇本人对中国的研究就存在着简单粗暴的问题。虽然他是在中国成长并且经历了上山下乡的锻炼，但毕竟长期在美国工作生活，他自认为的中美差异很大程度上只是他的直觉和抖机灵，他寄以期望的青年学者，从校门到校门，缺少对中国社会的理解，仅仅接受了美国所谓最新社会科学方法训练就来进行中美对比，几乎不可能正确地理解他们所搜集到的中国数据的含义，而只可能是表面肤浅的对比，只可能成为“粗糙、劣质的作品”。

当前中国社会学界对“应用本土化”的强调（按谢宇自己的说法），主要是对以美国定量研究在中国食洋不化的反对，是对唯方法主义的反对，是对以为美国最新理论与方法最适合研究中国的无意识的反对。①

不经过对中国经验的深入补课，没有对中国社会全面深入的定性研究，不正确地提出中国社会学研究议题，来自美国最新的社会学研究方法尤其是唯方法主义的定量研究就很难在中国社会学研究中起到建设性作用。

站在理解中国这个角度，如果中国社会学研究的主要目标只是理解中国经验与实践，则在当下就确实会有什么样的理论与方法最有利于研究的展开的问题。理论与方法的好不好不是取决于理论与方法本身，而是取决于研究对象的需要。理论与方法是手段，理解中国才是目标。应用本土化的关键是站在当前理解中国经验与实践的角度来讨论应当应用古今中外的哪一种理论与方法资源，而不是滥用美国社会学所谓最新的定量研究方法。

四、范式本土化是伪问题吗？

谢宇写道：“无论中国社会有多么与众不同，中国社会学的价值仍然在于它是社会学。如果中国社会学变成了一门其他的学问，要建立在其他范式的基础上，那它将不再是社会学。”谢宇认为，“至少逻辑推理和有据为证是一个学科中所有学者都应接受的标准”。谢宇教授以上说法无可

① 祁涛：《渠敬东：社会科学越来越美国化的危机》，文汇网，http：//www.whb.cn/xueren/20591.htm，2014.12.12。

厚非。

问题在于，基于“逻辑推理和有据为证”的社会科学范式有很多不同层次。我们究竟是在社会科学一般意义上讲范式，还是讲具体研究范式，是有很大差异的。当前美国社会学与欧洲社会学的研究趣味和具体研究范式都已有很大分叉，欧洲更重视定性研究和人文传统，美国更重视定量研究。总体来讲，当前西方社会科学已经建立了一个主要基于西方历史文化宗教和经济社会发展状态的社会科学大厦。有人说，中国社会学研究实际上可以做的事情不是很多，主要在西方社会科学大厦中寻找几扇空窗户，然后进行补镶玻璃的工作，表现出来就是在美国主流社会学期刊上发表论文。在这种视野中，西方社会科学显然不只是要讲究“逻辑推理和有据为证”，而且西方具体研究也必须要尊重和遵从，中国社会学研究只应是西方社会学研究的内在组成部分，最多只是对已经建立的西方社会科学大厦的完善，而绝对不可以形成对西方社会科学研究的挑战。谢宇写道：“假使费孝通当时能了解到更晚近的西方社会学方法的发展和相关的学术对话，并能加入到这一领域核心的学术对话和讨论中来，我相信他对方法论将会有更系统、完善的理解和体悟，并能为中国乃至世界范围内社会学方法的发展做出更重要的贡献。”谢宇此处所讲社会学范式显然不只是“逻辑推理和有据为证”，而涉及更为具体的西方社会科学研究，是在更为具体层面进行的讨论。

实际上，中国社会科学不仅应当向西方更为晚近的西方社会学学习，而且应当向古今中外一切有用的理论与方法学习，并且这个学习要保持两个基本点即“逻辑推理和有据为证”。但是，这个学习应当是有主体性的，而不是盲目的。所谓主体性，就是中国社会科学当前一个时期最为重要的目标是要理解中国经验与实践，在理解中国经验与实践的过程中，依据需要来运用各种具体的理论和方法。古今中外所有对理解中国经验有用的办法都是好办法。

中国这样的大国是有可能、有必要甚至必须要建立中国社会科学范式、大厦、体系的。中国社会科学不是要到西方社会科学大厦中去做添砖加瓦、安装玻璃的工作，而是要真正重建深深扎根在中国历史与现实基础上的中国社会科学大厦。中国社会科学必须要建立自己的学科范式，摆脱对美国社会科学的依附状况，绝对不可能成为美国社会科学的殖民地。建立有主体性的中国社会科学是中国崛起的一部分，是中国话语权的基本前提，是中国发展的必然结果。

社会学范式本土化势所必然。

五、中国社会学向何处去?

谢宇说：“如今，许多世界性的期刊和出版社逐步向中国学者开放，一些中国的期刊和出版社也将中国学者的研究推向世界，中国学者的国际发表在数量上的增长和传播已成为一种趋势。”谢宇教授尤其对中国社会学的年轻学者提出：“要参与到社会学更广泛的学术社区中去，而不仅仅只参与中国的学术社区，不要人为地划定学术社区的中西阵营”，他还说：“中国的社会学家在发展中国的理论和方法时应该考虑的已经不再是社会学本土化的问题，而是如何做出一流的社会学研究，使其理论和方法有助于整个社会学科的知识积累并产生国际影响。这也意味着我们需要参与到世界范围内社会学学科的对话中去，需要与西方社会学家竞争，需要在国际已有的学术共识的基础上通过更为严谨规范的方法获得世界影响力。”

谢宇教授显然认为，社会科学与自然科学一样，只有一个单一的社会科学主流，这个主流是由美国主导的，以英文为基础，由欧美垄断学术期刊发表的社会学研究，这是世界社会学，是国际已有学术共识基础上的社会科学体系。这个世界社会科学体系或大厦是透明的、纯粹的，没有意识形态干扰，没有民族国家立场，没有文化宗教差异，没有经济社会发展阶段差别。中国社会学家融入到这个世界社会科学大厦中对话，不仅可以为世界社会科学的发展做出贡献，而且可以通过中国研究来更加深入深刻地理解中国经验和实践，为中华民族的伟大复兴提供理论支撑。

谢宇教授的以上认识显然有问题：第一，与自然科学不同，社会科学研究的是具体时空条件下面的问题，因此就会有时代性与地域性。美国社会学与欧洲社会学都有了很大差异，何况中美之间；第二，社会科学本身也有不同层次，从最基本的必须符合形式逻辑到所有社会科学命题都包含不证自明的那些预设与前提，到主流研究议题的设置，再到具体研究，存在着不同层次。我们讲的社会科学主要是指最基本的“形式逻辑”，具体研究则要依据时代条件和研究目标。

当前所谓世界社会科学显然是美国主导的以英文为主要语言以欧美期刊为主要阵地的社会科学，这个国际主流世界社会科学与当前中国不仅存在明显的意识形态不相容性，而且是在西方历史中生长出来的，还需要与中国历史现实实现全面深入对话，中国需要有主体性地吸取西方社会科学理论与方法的营养，也需要吸取古今中外一切优秀文明成果，来形成真正能够理解中国并为中国现代化提供理论支撑的中国的社会科学。

这个进程中，中国经验和实践是出发点，也是归属。包括美国社会科学在内的古今中外的所有人类文明成果都是可以借鉴的工具。中国学者主要是以中文为语言，以中文期刊为阵地，“百花齐放、百家争鸣”，逐步形成对中国全面而深刻的理解，在这个过程中通过消化吸收古今中外一切文明成果来形成中国社会科学范式，建设有主体性的中国社会科学大厦，并在此基础上与西方社会科学展开对话，从而可以对世界社会科学提供独特的来自中国的贡献。

六、如何建立有主体性的中国社会科学

社会科学研究中存在两种不同的循环，一种是从经验中提出问题到理论建构再回到经验中检验的循环，这种循环可以称之为社会科学的大循环。[①] 经过长期的大循环，就可以逐步建立起若干社会科学命题，形成若干社会科学推论，并逐步建立社会科学体系。无疑，经过数百年发展，当前西方社会科学已经建立了比较完善的社会科学体系，有了比较完备的主要基于西方历史的社会科学理论与方法。

在已经建立了比较完善的社会科学体系的情况下面，社会科学研究的进路就往往表现为小循环。

美国社会科学研究主要就是小循环、对话式研究。这种研究，定量研究具有一定优势。

谢宇教授所主张的中国社会学研究走向显然也是要将中国社会学纳入到小循环的对话式研究中，为西方社会科学大厦的完善添砖加瓦。问题是，在西方社会科学中，在英文语境中，在欧美垄断的国际学术期刊中，研究议题选择，意识形态前提，历史文化预设都已确定，中国学者融入很可能是以放弃对中国自己历史与现实的理解为代价的。这个代价中国付不起。

所以，当前中国社会科学要做的事情是重新为中国社会科学奠基，发展出具有中国主体性的社会科学。这样一种有中国主体性的社会科学，旗帜鲜明地以理解中国为目标，从中国经验与实践中提出议题，借鉴使用古今中外一切文明成果，以中文为语言，以中文期刊为阵地，经过经验——

---

① 贺雪峰：《“大循环”：经验的本体性与中国社会科学的主体性》，《探索与争鸣》2017年第2期。

理论——经验的大循环，逐步建立起中国社会科学体系。只有真正建立起了中国社会科学体系，才能够逐步进入以对话为主的小循环阶段。

当前中国社会科学仍然处在奠基阶段，这个阶段最重要的工作是呼啸着进入田野，真正从中国经验与实践中提出问题，真正以理解经验与实践为目标。在田野调查中，不断扩展对经验认识的深度与广度，不断地由A—B—C一直到Z，再回过头来认识有了丰富性的A，不断地将抽象中国经验具体化，将整体中国实践结构化。在田野中提出问题，大胆使用各种理论与方法工具，在中文语境和中文期刊平台上，大胆假设、小心求证，百花齐放、百家争鸣，让中国社会科学经历一段时期野蛮成长，最终为中国的社会科学奠基。

社会科学本土化是建立主体性的前提，建立主体性是本土化的目标。当前倡导中国社会科学本土化，正当其时。

七、关于当前中国社会科学研究的几点建议

在20世纪90年代，邓正来先生主编的《中国社会科学辑刊》发起关于中国社会科学本土化与规范化的讨论。到现在，二十多年过去了，社会科学规范化进展迅速，而本土化进展却似乎没有做到与规范化同步。

在中国自己还没有建立完善学科体系以及真正学术自信时，规范化就可能变成美国化，变成用英文在美国期刊上发表论文，学习美国期刊论文的规范来写论文。结果就是对话的理论是美国的，提出的问题是美国的，中国变成了论证美国问题的被切割的材料，于是越规范化就越远离本土化，就越难以真正理解中国经验与实践。

我以为，当前阶段，中国社会科学的规范化建设应当服务于主体性建设，没有主体性研究的规范化建设就会走向空洞，就会变成洋八股。当前

阶段中国社会科学研究也不应过于强调学术对话，重点应当是从中国经验与实践中提出问题，运用古今中外一切优秀文明成果尤其是西方社会科学成果来予以分析，建立基于中国经验与实践的理论假设，再到中国经验与实践中进行检验。当前中国社会科学研究的重点是社会科学研究的大循环。

如果以上判断是正确的话，当前中国社会科学的发展就应当有一个大开大合、不怕出错、英雄辈出的野蛮成长时期，就应当尤其强调以下一些基本点：

第一，呼啸着进入田野，反复深耕中国经验，不断在中国经验中发现经验的意外，不断深化和扩展对中国经验的理解。而这当然不可能靠定量研究，而应当主要靠驻村调查、深度访谈、饱和的经验研究。①

第二，呼啸进入田野既是正确地提出问题的关键，又是训练社会科学研究者的不二法门。只有长期浸泡在中国经验中才能形成“经验质感”，才能具备良好的学术直觉，才能准确地提出问题，深入地分析问题。

第三，强调社会科学的原创性。敢于提问，大胆假设。允许研究中出现错误或不完善，鼓励学术创新。“野蛮成长”是恰当的概括。中国社会科学还需要有一个丛林时代，鼓励竞争。这个丛林时代同时也是英雄主义时代。要防止低水平的规范。

第四，西方社会科学理论与方法不等于当代美国社会科学理论与方法，而主要是西方基于形式逻辑的社会科学方法。最新的不一定是最好的，更不一定是最合适的。当代美国社会科学已经发展到相当规范有纪律的阶段，对于当前需要“野蛮成长”的中国社会科学来讲未必合适。反过来，倒是西方社会科学古典时期的理论与方法更具有十分关键的意义。

① 贺雪峰：《饱和经验法》，《社会学评论》2014 年第 1 期。

第五，研究中国问题，建构中国的社会科学体系，必须基于中文这个母语进行思考和对话，因此，中文期刊应当是中国社会科学“百花齐放、百家争鸣”的主要平台。

第六，鼓励学术创新和学术争鸣。尤其鼓励在中国形成众多学派，学派内部在共识基础上不断深耕，学派之间相互争鸣。最终不是一个学派战胜了其他学派，而是让中国社会科学避免低水平的错误，最终融合形成具有中国特色、中国风格、中国气派的中国社会科学体系。

第七，必须旗帜鲜明地反对当前貌似合理的国际学术等级体系，不能想当然就以为美国的社会科学研究就代表国际一流水平，美国期刊发表的论文就比中国期刊发表的论文水平更高。我们必须明确，美国社会科学也是地方性的。中国与西方的社会科学是两个有差异的体系，因为要理解与服务的对象有差异。中国经验不能变成论证西方社会科学理论的鸡零狗碎的材料，而应当是中国社会科学解释与服务的对象。中国经验是一个整体，中国社会科学必须要进入对这个整体的同情性理解基础上的具体研究之中。

有主体性的中国社会科学必须经历一个野蛮成长、英雄辈出同时也必然会鱼目混珠的丛林时期。这个时期要防止仅仅站在道德高地（比如学术规范）来扼杀学术创新。

谢宇说“一个真正好的研究，……它既是本土的，也是世界的”。我想或许应该改为“一个真正好的研究，……它越是本土的，就越是世界的”。

站在中国立场上来建立有主体性的中国社会科学，正当其时。

2019.3.10

经验研究与中国社会科学的本土化

中国的社会科学需要有一个呼啸着进入田野经验的热潮，有一场热烈的以服务于中国现代化建设事业为目的的社会科学本土化运动。

一、社会科学为什么要本土化

已经有很多学者讨论了社会科学本土化的问题，但当前中国社会科学本土化的状况仍不能让人满意，农村研究方面的情况尤其糟糕。经济学、社会学、政治学、人类学、法学等几大学科的中国农村研究都缺少对中国经验的足够关怀和同情性理解，也未能形成有解释力的概念体系。相反，因为社会科学本土化提出多年，① 但进展很小，学界对本土化的信心越来越不足，态度也越来越不耐烦。如应星批评我们这些从事田野调查并希望通过经验研究形成本土化学术体系的农村研究者为反西方和反理论，他认为，“今天的中国社会在相当多的层面都已经西方化了。西方对中国的影响已经渗透在中国人的日常生活中，深入在中国人的精神气质中”“不深刻地理解西方世界，不深入地了解西方社会科学，我们也就难以真正地理解中国今天的乡土社会”。应星认为，当前社会学想象力“更大的阻碍更

① 中国大陆社会科学本土化，大致是 1990 年代中期，由《中国社会科学季刊》最早系统提出，至今已有 10 多年时间。

可能来自（从事田野调查的）朴素经验主义”。[①] 该观点十分有趣，今天中国学界几乎一律在与西方对话，一律向西方学习，一律不做经验调查，做田野调查的学者反而成了中国社会科学发展的更大障碍。更大的问题是，即使现代中国已经在相当多的层面都已经“西方化”了，整个中国社会又是在多大程度上被“西方化”了，及我们能够“西方化”到那里去？中国这样一个大国是否要走自己的路及中国农村有无独特及有多少独特的东西？

再如2005年12月，《开放时代》召开第二届“开放时代论坛”，讨论“中国学术的文化自主性”，参加会议的人类学者在发言中认为，当前中国人类学界存在的严重问题和危险是过度本土化，中国人类学家缺少对国际人类学界提出话题的回应能力。以北京大学、中央民族大学为代表的中国人类学界，目前已是中国学界与国际交流最为频繁的学科，人类学论文的国际化程度也非常高。倒不是中国的人类学家都在西方刊物上发表论文，而是他们发表的论文，几乎没有不引证西方文献且试图与西方对话的。人类学这种高度与国际接轨的学科，竟然会发出中国人类学过度本土化的抱怨，可以从一个侧面说明中国社会科学本土化的状况实在堪忧。

那么，中国社会科学是否需要本土化？我们认为中国社会科学必须本土化。具体可以从三个方面来说。

一是社会科学的产生源自时代需要。社会科学是19世纪以来，应对西方资本主义和工业化进程中出现的各种问题而产生的。正如孔德将社会学作为研究社会的实证科学一样，为适应快速社会变迁的需要，产生了相对独立于伦理学、哲学的将社会经验作为研究对象的社会科学。不仅西方社会科学的产生源自于时代需要，而且西方社会科学的每一步进展都与时

① 应星：《村民自治研究的新取向》，《社会学研究》2005年第1期。

代变动有关。离开了经验现实，离开了时代需要，社会科学研究就成为无源之水、无本之木。

二是社会科学具有鲜明的阶级性（立场问题）。一般的社会科学学者不讲社会科学的阶级性，只有马列主义讲社会科学的阶级性。不可否认的是，到目前为止，社会科学远不是一门真正的科学，其中的原因之一，是社会科学以社会作为研究对象，而不像自然科学以自然现象作为研究对象。相对自然现象来说，社会是由具有自我意识和学习能力的人组成的，具有不确定性，这种不确定性使社会变得异常复杂，社会科学往往难以完整把握住社会现象的全部本质。在具体经验中产生的社会科学，往往是以一些想当然的前提来建构理论大厦的。将社会科学的一些具体结论拿到其他的经验场域，就会显得可笑。源自西方资本主义产生以来形成的西方社会科学，在移入中国经验中时，就很容易显出其中的想当然，例如，刘国光对当前中国主流经济学借用西方经济学经济人假设的批评就很切中要害。[①] 再如，黄宗智认为，“西方主流形式主义理论大多把现代早期以来的西方设想为单向整合于资本主义逻辑的社会，但是明清以来的中国实际明显不符合这样的逻辑，而进入近现代，在西方帝国主义冲击之下，甚或有过之而无不及。但是，由于现代西方势力和理论一直主宰着全世界，中国（以及大多数的发展中国家）主要使用西方理论来认识自己，结果把实际硬塞进不合适的理论框架。”[②] 这一点与中国共产党人在早期革命实践中将马列主义普遍真理与中国革命的具体实践相结合的认识是一致的。毛泽东指出，马列主义的根本不在于其具体的结论，而在于其立场、观点和方法。立场就是阶级性。

① 见刘国光：《当前经济学教学和研究中存在的几个问题》，《经济研究》2005 年第 9 期。

② 黄宗智：《悖论社会与现代传统》，《读书》2005 年第 1 期。

当前社会科学的阶级性不完全同于马列主义的阶级立场，而是社会科学背后有国家利益。无疑，在当前国家之间激烈竞争的格局下，社会科学不可能真正做到不偏不倚，而往往是为国家利益服务的。金耀基早就指出："西方的学术优势与西方的政治优势不是毫无干连的，而一个国家或社会在学术上求独立或扫除学术殖民阴影毋宁是政治上独立的精神支柱。"① 梁孝认为："西方社会科学是为了解决居于世界体系中心的西方国家问题。从资本积累的角度看，它总是从中心国家的资本积累的利益出发来思考问题，其中不可避地渗透着控制被压迫者和其它殖民国家的因素。"② 中国的社会科学要为中国自近代以来所形成的"近代史共识"服务。

就当前社会科学的国别差异来说，存在着发达国家和发展中国家，大国和小国，文明古国和新兴国家，宗教信仰不同的国家，国际阵营不同的国家等差异，这些差异构成了社会科学在其国别发展中的不同语境及需求。对于发达国家来说，社会科学可以较少关注国家和民族的存亡危机，因为其存亡危机大都不存在。在发达国家，社会科学可以关注一些更为基本的问题，比如，美国社会科学对诸如同性恋、女权、弱势群体的重视等。相反，对于发展中的大国，如何保持经济和社会的发展，如何应对发展中出现的各种严峻问题，甚至如何回应民族存亡的危机，都成为社会科学必须直面的问题。在发展中的大国，社会科学尤其要面对与国家发展关系密切的那些结构性的重大问题。

除发展中国家应对民族存亡危机的压力外，发展中国家还具有与发达国家很不相同的时代问题。先发现代化国家可以将经济社会乃至政治危机

① 金耀基："社会学的中国化：一个社会学知识论的问题"，《社会及行为科学的中国化》，台北"中研院"民族所，1982。

② 梁孝：《社会科学本土化中的视角转移》，《天府新论》2005 年第 2 期。

向后发现代化国家转嫁。欧美国家在其现代化进程中，大都通过向外殖民来获取原材料和市场。因此，先发现代化国家的社会科学可能只是对并不十分紧张的内生、外扩型工业化的描述与总结，这与后发现代化国家的经验恰好相反。这是从发展时序上讲的，我们不能将西方19世纪末20世纪初的社会科学照搬到今日中国快速工业化和城市化的经验中来。从横向上讲，发达国家的社会科学要研究其时代未被解决或正在面临的问题，而发展中国家要解决的问题或正面临的问题却可能与发达国家不同。这种不同既与发展阶段的不同有关，又与相对的国际处境不同有关，还与文化和历史条件的不同有关。也因此，西方社会科学关注的问题，可能与中国社会科学需要关注的问题完全不同。并不存在西方社会科学研究的问题更重要，中国社会科学一定要与之对话的逻辑。中国可以借鉴西方社会科学中有用的“观点和方法”，但并不在绝对意义上落后于西方社会科学，只存在是否合于国情，是否真正做到了本土化的问题。这是社会科学与自然科学的重大不同之处。

三是中国本身是一个与西方发达国家十分不同的国家，这种不同可以用一组词汇来表述：中国具有5000年文明，有960万平方公里土地，有14亿人口，是发展中的社会主义大国。中华民族具有与西方文明完全不同的历史和文化，其典型是宗教差异（享廷顿称之为文明的冲突）。庞大的领土与人口使中国的任何变动，都会成为改变国际格局的力量。因此，中国不能假设自己的发展会有一个不变的国际环境。表现在改革开放以来中国的进出口贸易，就是“中国出口什么，什么东西就降价；中国进口什么，什么东西就涨价”。中国是发展中国家，因此，中国丧失了先发内生型现代化国家对外殖民的条件，在发展过程中就不得不面对已经发展起来的西方大国的限制。中国是一个社会主义国家，社会主义给中国公众以公正的期待，给政权合法性以特殊的要求，并事实上形成了中国与其历史及其他国家十分不同的新传统，等等。此外，联系中国近代以来的历史，我们还可以有更多关于中国具体的经验性的东西。

因此之故，中国是一个巨型的独特的任何外来理论都不能轻易解释的经验整体，这个经验整体有其内在的逻辑。中国社会科学的任务，就是要从不同方面来理解这个内在逻辑。也就是说，中国的社会科学要从外面吸收理论营养，却要以解释中国自身的经验为要，这个解释中国经验的工作，因为中国经验本身的巨大复杂，而需要众多学者从不同侧面、不同学科、不同角度做长期的研究。中国经验为本位，不同的理论视角进来，在中国经验的基础上展开讨论，进行建构，并不断地回到中国经验和中国现代化的实践中检验。最终，关于中国经验研究的中国社会科学，就有望建立起来。

以上所论三点，毛泽东等中国共产党人在《实践论》和《反对本本主义》等论著中有大量精辟论述。温铁军在总结自己20多年农村研究的经验时写道："长期在基层的摸抓滚打之中，我有过很多被书本上管理论迷惑，又被大量的实际调研所解惑的经验，于是才逐渐不惑。我认为，中国近一个世纪以来受西学影响逐渐形成的思想理论体系，一直就有一个源于西方的科学及其背后的科学哲学如何与中国的实际和中国的传统理论相结合的问题。"① 当前中国的社会科学，是1980年代开始重新从西方引进过来的，在引进西方社会科学的开始阶段，总有一个大量引进、模仿和吸收的过程，这个时候，引进工作是第一位的，与中国经验结合是第二位的，且与中国经验的结合总有一个逐渐到位的过程。马列主义能够解决中国革命与建设中的实际问题，需要马列主义与中国革命与建设实践的结合。当前引进的西方社会科学也必须与中国实践相结合，为实践服务，且

① 温铁军：《"三农问题"：世纪末的反思》，《读书》1999年第12期。

事实上已经在建设社会主义现代化的事业中发挥作用。不过，引进的社会科学从发挥作用到发挥正面作用，还有一个结合的过程及结合的好坏，也就是社会科学能否本土化的问题。弄不好，引进的西方社会科学，可能如王明的教条主义一样，不仅不能为中国现代化服务，反而有害于当前中国的现代化。

此外，经过1980年代以来二三十年的引进，目前中国对西方社会科学的了解（立场、观点、方法乃至各种具体结论）都已相当不错，与中国经验和实践的结合却做得不好。

二、中国经验的两种境界

当前的中国社会科学并非仅仅在引进西方社会科学，而是有着很多经验研究。在当前中国的社会科学研究中，有两种不同境界的经验研究，一种是将中国经验分拆开来进行研究，一种是将中国经验作为一个具有内在逻辑的整体进行研究。

就第一种经验研究来说，又具有两种不同的表现，一是以理论切割经验，尤其是以西方理论切割中国历史与现实经验的经验研究，比如以五阶段论来套中国历史的研究。二是用中国经验检验西方理论，以不完整的中国经验片断与西方社会科学对话，典型是当前国内社会学界的对话式研究。这两种表现看起来方向相反，一是用西方理论来切割中国经验，一是用中国经验去印证西方理论，实质却完全一样，都是将中国经验当作可以随意切割，可以离开具体语境的材料，完全不顾及中国经验是一个完整的具有内在逻辑的历史与现实整体。将中国经验切割成为碎片，就无法真正理解中国经验中的某些片断材料及其中的内在逻辑。

举个例子，杨小凯在《百年中国经济史笔记》一文中，对自晚清以来的中国经济史进行了系统清理。杨小凯在短短数万字里，竟有数十处指责中国近代史中的决策者“不懂现代经济学”“对现代经济学的无知”。在杨小凯看来，中国自洋务运动以来，就没有做过一件正确的事情，而英美自近代化以来，就没有做错过一件事情。杨小凯的所谓现代经济学成了为“强者为王，弱者为寇”辩护的强盗哲学和神学。中国之所以近代以来连遇失败乃至新中国成立以后经历众多曲折，都是少数人不懂得现代经济学，不懂得西方理论造成的严重后果。借用苏力的话说，在杨小凯那里，中国近现代历史的“全部作用只是证明我们（特别是作者）的伟大，我们祖先的愚昧”。杨小凯的说法“不仅有太重的自我吹捧的嫌疑，更重要的是隐含了很危险的话语霸权，隐含了一种历史虚无主义和无视民众的观点”。[①] 与杨小凯无条件吹捧的所谓现代经济学相反，依附论和世界体系理论则早已证明，“西方国家的历史进程实质上是其走向世界体系的中心霸权，并依靠其经济、政治、文化优势维护其霸权的过程。”“社会科学对普遍性的承诺，在一定程度上遮蔽了中心国家与边缘国家之间控制的、剥削的、压制的关系。同时，也为边缘国家虚构了一条普世的道路。这里面包含着将其他国家纳入自身霸权机制的中心国家视角。”[②]

与之相反，还有一种对待中国经验的办法，是将中国经验视作整体，视作具有内在逻辑联系的由不同层面和不同部分综合构成的巨型系统，并对这个巨型系统心存敬畏。这就需要花费巨大精力和时间来研究这个巨型系统及其中的各个部分和各个层面，从这个巨型系统中产生问题，这些问题集中在中国近代以来因为受到帝国主义侵略而产生的救亡图存的“中国革命和现代化建设”的总题下。

---

① 参见苏力《语境论——一种法律制度研究的进路和方法》，《中外法学》2000 年第 1 期。

② 梁孝：《社会科学本土化中的视角转移》，《天府新论》2005 年第 2 期。

那么，如何进入中国经验的总体呢？别无他法，就是要进入到实践中去，用马列主义的“立场、观点和方法”，而不是马列主义的某些具体结论来看待实践，理解实践，总结实践，就是“从实践中来，到实践中去”的认识路线，就是对经验的敬畏和对实践的重视，是对经验和实践的同情性理解。相对于杨小凯在评价中国近现代历史人物时一口一个“对现代经济学的无知”的指责，黄宗智在总结自己数十年研究体会时写道：“今天的中国，完全可以拎出其近现代实践中可取的传统及其逻辑，并明确其理念。同时，也可以根据中国自己近现代的理念来对过去和当前的负面实践做出总结和批判。这样，从准确地认识实践出发，再提升到中、高层理论概念，才可能建立符合中国实际、社会科学和理论并为中国选择合适的道路。”①

举例来说，同样是对新中国经验的总结，有学者认为，新中国建设中面临着一个巨大难题，一方面国家要快速工业化，就必须要建立强有力的自上而下的官僚系统（科层化），一方面缺乏民主制约的官僚系统又容易产生自身的腐败和严重的官僚主义。这难题被称作“毛泽东难题”，毛泽东等共产党人试图通过运动来解决这个难题。尽管这种应对难题的办法造成了巨大的损失，新中国在不长时间完成了工业化却是事实。

温铁军早就指出，20 世纪中国的问题可以总结为“一个人口膨胀而资源短缺的农民国家追求工业化的发展问题”，中国 20 世纪的“任何制度安排，都不过是宏观环境制约下要素结构变化的结果，而不是它的前提”②，温铁军在解释中国之所以选择人民公社时也十分客观地分析了当时国内国际的约束条件。③ 有人以为，只有分田到户才能调动农民的内在

① 黄宗智：《悖论社会与现代传统》，《读书》2005 年第 1 期。

② 参见温铁军：《“三农问题”：世纪末的反思》，《读书》1999 年第 12 期。

③ 参见温铁军：《半个世纪的农村制度变迁》，《战略与管理》1999 年第 6 期。

积极性，因此合作化及人民公社搞错了。毛泽东之所以要搞合作化和人民公社，是因为毛泽东不懂经济学，是理想主义带来盲目决策的后果。这样的指责，有多少对新中国历史的基本了解？

因此，在如何处理西方理论与中国经验的关系上的确有两种完全不同的境界。一种境界用西方理论将中国经验切割成碎片，中国是什么，谁也认识不了，中国只剩下处处大错。中国历史与现实一无是处。另一种境界是借西方理论来理解中国经验，尝试揭示中国经验的内在逻辑。吴重庆认为："社会科学本土化的含义应恰当地理解为中国的社会科学研究者不为西方社会科学的视野所迷惑，树立起中国问题的主位意识和相关分析概念，借鉴西方社会学的方法论，发展出对中国人的行为及中国社会的组织具有确切解释力的社会科学理论。"① 西方理论服务于对中国经验的理解，同时以实践来检验和重构西方的理论，最后形成中国本土以中国经验为基础展开争论的中国社会科学。

经验是复杂的，也是自在的。将经验作为整体，要理解经验和实践，或要为中国革命和社会主义现代化建设实践服务，或者要理解自上而下的政策在不同农村实践的过程、机制和后果，以及中国乡村治理的非均衡状况的目标，我们就要从调查中产生问题，在经验的基础上发生实践与理论知识的碰撞，并因此决定需要借用何种学科、什么学派的理论知识（视野、观点、方法）。理论服务于对中国经验的理解，服务于中国社会主义现代化建设的战略目标。

这就是目标决定方法。要理解中国的社会主义实践，就必须让理论服务于对中国经验的理解，中国经验是本。而要理解中国经验和实践，就势必采用第二种境界的中国经验。在当前对中国经验的研究相对不足而引进

① 参见吴重庆：《农村研究与社会科学本土化》，《浙江学刊》2002年第3期。

的西方社会科学处于强势的背景下，进行中国经验研究的具体方法就更需要有对宏观结构性问题的关注，对质性研究方法的重视，就需要反对经验研究过于学科化和技术化，就需要强调使用质性的深度访谈法。

若从此角度进入对当前中国经验研究的方法讨论，则当前看起来最为科学及最为精确的那些研究方法（抽样调查、问卷调查、数学模型等），恰恰可能是最远离中国经验整体，最不能有效掌握中国经验整体的研究方法。有经济学家批评当前中国经济学界流行数学模型时，认为这种数学化的经济学，成了一种与中国现实无关的游戏，这些玩数学模型的经济学家关心的是能否与国际同行交流，不关心能否解释中国复杂的经济现象，事实上也不可能解释中国复杂的经济现象。

中国从西方引进社会科学，要有一个深刻的本土化过程，要以中国经验为基础来选择性地吸收不同学科的西方社会科学，从而重建中国的社会科学。但是，当前中国社会科学中仍然存在着分科太细的严重缺陷。分科细碎的研究被纳入到了整体未被反思的西方社会科学体系中，中国经验就不可能真正提出自己的问题。

产生自西方经验并服务于西方现实的西方社会科学，具有较高的逻辑自洽性，较完整的理论推演体系。也正是因此，建设中国本土社会科学就会较为困难，因为看起来总是显得粗糙。不过，以中国经验为基础逐步吸收西方社会科学的有益营养，就像建立具有自主知识产权的企业一样，短期来看，“造船不如买船，买船不如租船”，因为刚造出来的船可能一时不如人。但以本土经验为基础建立起来的社会科学因为可以不断地回到本土经验中吸取营养，从而可以缓慢却逐渐有力地生长起来。假以中国伟大的现代化建设实践提供的滋养，假以智慧的中国人的共同努力，粗糙的社会科学会逐步变得精致，解释力会逐步增强，具体的研究会逐步在更高层次上得以抽象，较少概括力的理论会逐步增加其概括力，具体的研究成果会引出方法论层面的反省、反思和发现。只有从中国经验和实践中吸取营养的中国社会科学，才能够茁壮成长起来。

三、中国经验的话题选择

如果确立了从中国经验的内在逻辑来展开理论研究，并在借鉴西方社会科学的基础上建构中国社会科学的路数，接下来就要面对一个如何选择中国经验的问题。这个问题不如前面讨论的问题重大，却并非无关紧要。

中国是一个有悠久历史的发展中大国，能否突出中国经验及突出什么样的中国经验，是一个很大的问题。我们可以从两个方面来看一看当前中国学术界在中国经验话题选择方面存在的问题。

一是历史与现实的关系。所谓中国经验，无非是指中国的历史经验与现实经验。历史经验是过去了的实践，这些过去了的实践不但构成了当前正在展开实践的基础，而且往往活在中国人的头脑中，构成了正在展开实践的一部分。现实则是指正在展开着的实践，这些正在展开的实践，因其正在展开而需要有广泛的田野调查。也因为实践仍在进行着，可以对当事者进行访谈，田野工作就特别容易有效地进行。因为实践中各方的关系正在展开着，却又未完全展开，就可以在不久的将来为田野工作的理论成果（和理论争论）提供实践检验与参照。

如果强调中国经验，首先要强调的恰恰是正在展开着的中国实践，是中国社会主义现代化建设的实践。一方面，正在展开着的实践可以提供最为丰富全面完整的经验材料，并能在不久的将来为各种理论争论提供检验。从实践中来，到实践中去，反复无穷，就会有较为完整的理论建构出来。另一方面，建构中国社会科学的目的是要为中国的社会主义现代化服务，只有从丰富的现实实践中总结提炼出来的社会科学，才会最有益于中国的现代化建设实践。

相对来讲，历史经验虽然也十分重要，却应是第二位的。之所以说历史经验在建构中国社会科学理论中的重要性次于现实经验，其中的一个原因是历史资料往往不够完整，不够完整的经验材料会留下过大的理论想象空间。理论想象空间过大，各种现有理论都似乎有理。在西方社会科学已经十分发达和完整的情况下，不完整的经验材料往往难以建构出自身的运转逻辑，容易掉入到已有理论的陷阱中。不完整的历史经验材料往往在构成反证方面作用颇大而在建构方面的作用不足。历史经验次于现实经验的另一个原因是，认识历史有助于认识现实，但历史毕竟已经成为过去的实践，认识历史只是**有助于**认识现实，而不等于认识现实。

当前中国学界普遍有一种过于注重历史研究却忽视现实的田野经验的倾向。在农村研究方面，关于解放前中国农村社会性质的研究众多，却只有较少的人对当前正在展开的农村实践进行系统的调查研究，并试图在此基础上进行理论建构。再以法学为例，当前法学研究中的经验传统一是法史学，一是法社会学。法史学重历史资料，法社会学重现实资料。十分明显，在经验的法学研究领域中，法社会学远不如法史学兴旺。即使是成功的法社会学著作如苏力的《送法下乡》，其田野工作也严重不足。

为什么当前中国学界会出现经验研究偏向历史资料，而忽视现实的田野资料？这就要联系到改革开放后引进西方社会科学的同时引进的西方汉学所凸现出来的问题意识。

新中国建立以后，因为中西学术交流曾有中断，西方学术界很少能够从中国现实中获取足够的经验材料，尤其很难在中国进行大量田野调查。相反，西方一些大学图书馆或研究机构往往收藏有丰富的中国历史资料。在西方汉学和中国研究名下，由西方汉学家及海外华人学者努力，中国历史得到了较为充分的研究，并开始形成学术传统，其中对改革开放以后中国学术界影响最大的是江苏人民出版社出版的“海外汉学研究系列”，海外汉学研究或中国研究确定了中国经验研究的话题，这些话题因上述原因，被更多集中到了历史经验上面，而对现实的关注较少，尤其缺少以田野调查为基础的现实研究。海外汉学研究因其无法从中国现实中获取田野资料，而不得不着重研究历史，这本来是种“先天不足”，但因其进入中国时的强势理论地位，而使中国学界跟随这个西方汉学的先天不足，而造成国内历史研究强于田野研究的的现实。

本来当前中国以现实经验研究为基础的理论建构应该有更高的水平，更多的成果，事实却是更多高水平的成果乃从历史经验中取得的。这是对中国经验的一个反讽。

二是现实经验中何种经验被凸显出来。

当前学界尤其关注的农村研究中，有一些问题虽被学界吵得火热，却不为农民关注，且事实上并没有构成中国农民生活中的大事件。而真正与农民生产生活关系密切的问题，迟迟得不到学界应有的关注。

造成此种偏向的一个原因是中国学术界的新闻化倾向，即学术界以农村热点为基础来展开学术研究，随着热点的出现和消失而不断地转换话题。在引起大众关注的话题中倾力投入，而对构成农民日常生活的经验不予关注。农村研究停留在表面。民主选举因为与民主这个好词结合在一起，因为有着由草根民主向上递进的预期，而被学界选择性地予以了特别的关注。富裕地区土地因为城市化和工业化而增值，土地纠纷频发，为土地而上访事件占了农民上访的大多数，因此，这些只占中国农村极少数的富裕地区的农民土地问题，成为中国农民的首要问题。弱势群体的权利问题是现代文明社会的政治正确，因此要被凸显出来。总之，那些在西方被注明应予关注的问题，很快便在中国学术界的农村研究中凸显成为重点问题，真正与中国绝大多数农民生产生活关系密切，真正构成中国现代化建设基础的经验却被忽视了。

从以上两个方面的话题选择来看，当前以经验研究为基础的中国社会科学存在的严重问题，不能真正从中国经验里面提炼出理论，并回应中国现代化建设的时代要求。改革开放以后，中国在引进西方社会科学的过程中，因为相对缺少社会科学的知识积累，对引进的社会科学知识有一个消化吸收的过程。在这个过程中，分科引进的社会科学知识和西方社会科学自然而然的西方中心倾向，造成西方社会科学与中国经验之间的巨大鸿沟。引进西方社会科学的过程也是承认技不如人的过程，在西方社会科学话语面前，中国学者丧失了自信心，这就更加难以通过大量经验研究，来建构中国本土的社会科学，以弥补西方社会科学与中国经验之间的鸿沟。

在全球化的背景下面，因为政治、经济乃至军事优势，来自西方的话语选择机制还会持续地作用于中国经验研究中的话题选择。中国学界应该注意的则是要将个别的经验置于其生长的整个语境中。或者说，中国经验是一个整体，为了现代化建设目标的早日实现，我们必须深入到中国经验本身的逻辑中，创造性地建构中国的社会科学。

四、如何进入中国经验

那么，如何进入整体的中国经验自身的逻辑之中？

在过去的研究中，我们曾尝试通过提出并论证农民认同与行动的单位的概念，来建构一个理解乡村治理区域差异的理论范式，并在此基础上提出一系列有待在实践中加以检验的推论。虽然在形式上，我们采取了从历史到现实的写作进路，在具体的研究中，我们是在大量农村调查中逐步认识到了乡村治理的区域差异，及其与农民认同与行动单位差异的内在关系，然后提出村治模式的概念，并试图以村治模式来描写村庄治理的内在逻辑结构。通过村治模式，可以在个案调查与区域比较之间建立联系。[①]有了区域性的村庄治理的差异，又有了对应的区域性的农民认同与行动单位的差异，我们就可以建构出供进一步实践检验的理论模型。

具体地说，我们以为，进入中国经验研究的一种可能的路径可以如此展开。

第一，储备理论与方法。通过阅读各种可能对于理解中国经验有用的文献，为深入进行经验研究提供理论准备和方法准备。阅读文献的目的，是为经验研究作理论和方法储备，是建立经验研究的理论与方法的“武库”（借用王绍光的说法）。虽然在具体的经验研究中，不一定所有理论和方法都有机会使用，但只有有了充足的储备，才有可供选择的方法“武库”，才可以具体问题具体分析，才可以真正用锐利的武器进入到经验中发现经验自身的逻辑。

第二，半结构性访谈。在对经验本身还缺少深入理解的情况下，进行经验研究的有效方法是半结构性访谈。所谓半结构性访谈，是进入经验研究时，是有目的、有预设、有框架、有理论及方法准备的，是有一定结构性目标的，真正进入到经验研究之后却不能过分强调结构性目标，而要允许超出框架和预设的经验知识进入，允许经验本身复杂逻辑的自主展开。具体如在访谈中，要允许访谈对象主动地讲述与问题相关的但有了重大发挥的话语。调查者的心态是开放的，思维是发散的和联想式的，调查者通过访谈对象“偏题”的讲述，发现问题，产生顿悟，形成对经验的重新认识与把握。经验研究的目标是理解作为一个整体的经验本身的逻辑，而不是仅仅为了完成一个外在于经验所设计出来的学术课题。一个软的半结构

---

① 贺雪峰：《村治的逻辑》，中国社会科学出版社，2010。

性的框架，是真正进入经验研究的第一步，在访谈过程中，逐步摸索经验自身的逻辑，逐步形成新的问题意识，并逐步形成了新的半结构性的经验研究框架。

第三，发现“意外”。因为是半结构性地进入经验研究，就必然允许经验研究具体主题的偏离。进入现场时，是为了研究经验现象A，在调查访查中却意外地发现了经验现象B，发现了经验现象B与经验现象A之间可能的内在逻辑关系。在进一步的经验研究中，就可以容纳对经验现象B的研究，由A到B，由B到C。在经验研究中，不仅要允许这种“意外”，而且正是这种“意外”才是经验研究中最为值得重视的发现，最为重要的经验研究成果。从某种意义上说，经验研究的核心就是寻找这种意外的研究。一些意外形成了新的观察和理解经验的视角与框架，从而重组了经验的逻辑，使我们可能建构起有效把握经验自身逻辑的理论体系。允许经验本身按照其内在逻辑往前走，经验现象容纳得越多，经验本身越可能被真实地展示出来。一方面，所有研究都不可能包容全部的经验现象，因此必须要有学术分科和研究分工，并因此形成相对独立的学术研究领域，另一方面，在当前中国经验本身的逻辑未被有效呈现出来，中国社会科学严重依赖从西方引进理论的情况下，要打破学术分科，要强调综合的跨学科及非规范的经验研究，要防止技术性研究对经验逻辑呈现构成的困扰。经验研究的目的是理解中国经验本身的逻辑，并在此基础上建构中国本土的社会科学。因此，这种允许经验本身逻辑呈现出来的研究，特别警惕那些以问卷调查和统计数据为基础，以僵硬学科分工为依据，以结构性框架为手段，以与西方社会科学对话为目标的经验研究。半结构性的访谈，允许经验按照自身的逻辑向前走，由A到B到C，最终，我们就可能将中国经验的整体逻辑搞清楚，从而最终形成真正基于中国经验的中国社会科学。

第四，反对仓促建立体系化的理论。在最终形成对中国经验本身的有力理解之前，在经验本身的逻辑未被有力呈现之前，以半结构性访谈为基础的研究的成果，不应以体系化的方式来表述，因为经验研究还未完成，经验自身的运转逻辑还未被研究者所发现。我们认为，经验研究不主张仓促建立一套大理论的架构，而主张在半结构性的经验研究中，保持机敏，注重枝节的、感悟的、细小琐碎的发现，主张以一事一议为主题的随笔写作，主张以调查报告为形式的尝试性解释体系（中层理论）的建构。在充分占有经验资料和对经验本身的逻辑有充分理解之前，若以体系化的方式来撰写，必然会陷入理论与经验两张皮的困境。当前国内学界，尤其是以经验研究为基础的博士论文和硕士论文中，普遍存在这种两张皮的现象。其原因是先有了理论的框架，然后再去寻找对应的经验资料来验证理论。在寻找经验资料时，因为已有强大的理论框架和明确的理论预设，而不能允许经验说话，即不能允许经验本身的逻辑被展开，从而造成经验材料被生硬塞入理论框架中的严重问题。这些研究不是从经验研究中自然而然长出来的，而是从来自西方的社会科学预设及想象中生造出来的，这就必然产生两张皮的问题。

经验研究要在沿着经验逻辑往前走的过程中，逐步深化对经验的理解，并逐步积累细小琐碎的成果，最终才可能形成体系化的理解。

脆弱的、单薄的经验资料，和压制逻辑本身呈现的经验研究，很容易被强大的西方社会科学预设所吞噬，这正是当前中国社会科学界的通病，这种经验研究，看似经验研究，却只是伪经验研究。

第五，个案调查与区域比较。经验研究有两种相当不同却很相关的进入方式，一是个案调查，二是区域比较。个案调查的核心是深度访谈，是深入到小社区内部的逻辑中去，通过对小社区本身逻辑的强有力呈现来恢复经验的本真性。区域比较则是通过控制一些变量来讨论区域差异的原因，从而发现经验本身运作的内在逻辑。区域比较的重要之处是，通过差异来提出问题，产生研究视角。正确地提出问题是进行经验研究的一个关键，而区域比较容易显示差异从而容易形成学术敏感性，正确提出问题也变得容易。

2006.4.30

关于中国经验研究的几个问题

改革开放20多年来，中国已经从西方译介了大量社会科学成果。与相对较高的译介水平相比较，中国社会科学经验研究的水平较低，成果也少，西方社会科学与中国经验之间的结合，没有产生多少值得称道的成果。如何以经验研究为基础，结合引进的西方社会科学，发育出中国本土的社会科学，有力地揭示中国现代化建设的特殊规律，从而服务于中国现代化建设实践，是当前中国社会科学研究面临的一项紧迫任务。

中国社会科学的本土化，是指中国社会科学必须能够有助于理解中国现代化的实践，为中国现代化建设事业服务。中国是特殊的，正因为中国是特殊的，中国现代化实践的逻辑前提和展开过程都可能不同于欧美现代化，中国社会科学要能理解中国现代化并服务于中国现代化的实践，就必须真正深入到中国的特殊性中，并在中国现代化预设及开展过程各个层面展开讨论，不能简单照搬西方社会科学的结论，而必须本土化。本土化的前提是对中国经验进行深入研究，理解中国经验本身的逻辑，从而为中国现代化实践提供理论支持。

而从当前中国经验研究的状况来看，中国经验研究不仅存在数量少水平低的问题，而且存在过早学科化、技术化，缺少整体反思，热衷于用中国经验与西方社会科学抽象对话等等问题。具体可以列举以下四端。

一是对话式的中国经验研究。所谓对话式的中国经验研究，就是试图以中国经验来验证西方社会科学的一般理论，中国经验的价值在于证实或证伪西方社会科学的某一个具体命题。当前中国对话式经验研究存在的主要问题不是对话，而是在对话中表现出来的教条和僵硬。具体来说，这些对话式经验研究，往往是在学习和研究西方社会科学理论产生问题意识，形成理论预设，然后再到经验中寻找相关经验材料来验证这些问题。在进入经验寻找材料的过程中，因为对已经产生问题的关注，而对经验本身的逻辑不重视，对兴趣点以外的经验不重视，对调查中的意外不重视。在进入经验现场后，却又很难找到预设所需要的经验材料。其结果便是将从经验现场搜集到的材料，硬性地套用到理论预设中，用搜集到的经验材料“委曲求全”地与西方理论命题对话，由此产生理论与经验两张皮的弊病。

二是盲目崇拜以模型和统计数据、问卷调查资料为基础的定量研究。这个问题尤在经济学界较为严重。经济学界喜欢从西方引进一些数理模型，在缺少对中国经验整体理解的情况下作定量研究。中国经验复杂而庞大，所有现象都是多因多果，且这些多因多果往往未得到充分的定性研究。在没有对中国经验进行充分的整体研究的情况下，贸然进入技术性问题的研究，尤其是定量研究，往往会由于对经验本身的把握不够而得出错误的结论。这些错误的结论因为有数理模型和大量数据，貌似科学，尤其容易骗人。

三是以个案经验与西方理论直接对话，完全不顾及中国地域广大、情况复杂的实际。这方面在人类学研究中表现得较为明显。当个案经验可以找到西方理论的说明之后，个案经验便被夸大成为中国经验，缺少对中国区域非均衡和历史复杂性的足够考量。没有足够的国内比较研究，个案本身的细微之处就不能表现出来，因此就会在与西方社会科学的对话时迷失于其中。

四是缺乏整体性思考，以常识来应对经验，并从抽象的西方理论里为常识寻找意识形态依据，导致西方社会科学主张的原教旨主义化。这一点尤其存在于中国政策研究和一般人的思维中。典型是所谓小岗村一分田就致富的神话。

一般来说，每个人都会有自己的生活体验，这些生活体验构成了个人理解世界的基础。当一个人的生活体验与某种抽象理论结合起来之后，这种生活体验便会获得意识形态的力量。人民公社时期存在的“磨洋工”，及每个人对于“剩余索取权”和个人劳动积极性关系的体验，就使小岗村一分田就致富的逻辑成为理所当然。产权越明晰，个人积极性越高，并以此来解释分田到户的效率和企业责任制改革，以此论证私有制永恒。当人民公社解体，农村推行承包责任制后，一些人感叹“真理是简单的，原来一分就灵啊”。这些人忽视了，如果没有人民公社几十年在水利工程、农田改造等方面的投入，没有化肥、农药、种籽方面的投入，中国数千年小农经济不得温饱的命运不会改变。之所以承包制一分就灵，正是人民公社时期积累下了大量未转化为个人利益形态的“红利”。农村承包制因为将土地分到农户，缩小了生产单位，减少了生产监督成本，调动了农民的内在生产积极性。承包制也因为农户的生产单位太小而难以合作起来办成大事。合作需要组织，人民公社的监督成本高，而分田到户后是整合成本高。其实，分田到户与人民公社各有利弊，在新中国成立后，百废待新，国家需要从农村提取工业化建设的资源，农民需要组织起来改善数千年来的基本生产条件（尤其是水利，但不止是水利），人民公社显然较承包责任制有优势。当国家已经建立完整的工业体系，工业有能力反哺农业时，分田到户、休养生息，不失为明智选择。这样来看，真理其实是复杂的，不能将小道理抽离大道理，单独来讲。中国的大道理来自中国的现代化目标及中国现代化本身的逻辑，而不是来自哈耶克的哲学或斯密的经济学，不是来自原教旨的只强调一点不考虑其他的意识形态力量。

在当前中国正在展开的经验研究中，除了处理西方社会科学与中国经验的关系的问题外，中国经验研究的自主性也是一个很大的问题。可以举两例说明之。

一是在现实与历史研究中，就如前面说过的，目前中国的经验研究很奇怪地偏向历史，相对忽视现实。但是，历史研究与现实研究仍然是有着重大差异的经验研究。第一，现实研究更为急迫且重要，历史研究正是在有助于理解现实上才显示出其价值。在当前中国处于现代化的关键时期，理解现实对于中国实现现代化的成功转型十分重要。第二，现实资料比历史资料更容易获得，从而使以现实为基础建立起来的理论更容易得到验证。以历史资料为基础建立基于中国经验的社会科学，较以现实经验为基础更加困难。第三，所有历史都是当代史，没有一个时代不是以自己时代的视角来看待历史并重新解读历史智慧的，不关心现实的历史研究远比不关心历史的现实研究荒诞。第四，也是因为现实经验的易获得性及理解现实的重要性，使不同学科不同关怀的人们可以在中国现实经验中找到各自感兴趣的素材，可以进行有意义的对话，可以共享丰富的往往是交叉着的经验平台。正是这种共享的经验平台，使不同学科的对话可以产生出对经验现实的不同解释的共同基础，产生出中国经验的中层理论，以及基于中国经验的、概念化的社会科学理论。第五，历史资料往往是死的，现实资料则是活的，活的资料可以形成交互式具有穿透力的对话研究，可以让研究者深入到历史资料中不可能存在的各个方面。因此，现实研究不只是资料的丰富完整，而且深度也完全不同。丰富且有深度的可方便被研究者获取的现实资料，就为研究者提供了灵感的源泉，为研究者实现研究中的顿悟，建构中层理论，提供了极好的滋养。

但是，当前中国学术界普遍存在的是对历史经验的研究甚于对现实经验的研究，很多优秀学者热衷于一个小段的专门史，或为发现一段特殊史料而兴奋不已。对历史的研究，要么是花大力气复原史料（在现实研究中这些资料随手可得），要么是精心去寻找史料（如考古学一般），要么是为现实的目的利用史料（而不是真正要从史料中生长出一个理论，以解释历史的逻辑），反过来，在现实经验研究中，因为资料易得，就容易建立理论从而容易建构出关于经验运转的逻辑的中层理论。这个时候再将发现的逻辑或建构的理论验之于历史资料，就会大有收获。将历史验之于在现实经验中发现的（或从现实经验中生长出来的）理论，与将现实的意识形态及未验证的西方社会科学的理论验之于中国历史资料，其境界差异殊大。

中国学界进入历史研究还关心两种奇怪的争论，一是关于历史本来面目的争论，二是出于意识形态目的进行的争论。这两种争论也是有意义的，但在历史资料脆弱的情况下，强大的理论体系及意识形态体系会将经验本身的逻辑吞噬，经验本身没有能力展开说话，这时候，历史研究在形成本土化的基于中国经验的社会科学方面，没有作用。

此外还有一个争论，就是要回应抽象的理论问题及西方汉学研究问题而起的争论。如中国农民战争的争论和所谓中国资本主义萌芽的争论。

如前所述，当前中国学界对历史研究的热度高于现实研究的原因，正是与西方汉学的引进有关。

西方汉学因不能实施田野研究而转向历史，中国学者却糊里糊涂地在能为处不为，在难为处要有为。

当前关于现实的经验研究也存在着较为严重的弊病，其主要弊病一是过于关注热点，缺少对经验一般的研究，缺少对经验常规逻辑的研究。这种对热点的关注，使社会科学研究与报刊新闻之间没有了区别。二是过于愿意与意识形态大词，如民主、人权、弱势群体、自由等等大词联系起来，而不能够深入到大词背后的经验逻辑中去，从而使社会科学研究与社会工作之间的界限消失。当前中国关于现实经验研究中存在的以上两弊，说明当前中国社会科学缺乏相对的自主性，不能独立自主地选择有益于建立中国本上社会科学的经验研究领域，从而难以真正实现中国社会科学本土化的突破。热点关怀和大词关注，因其经验的表面性、断裂性，而难以产生出独立的经验发现，容易陷入西方社会科学的强势话语，甚至陷入意识形态的迷雾之中。

热点问题和大词关注可以成为现实经验研究的起点，但也只是起点而已。有了起点，就需要赶快地沿着经验本身的逻辑往前走，要容纳新经验，要有意外的产生，要不断地理解更多的、更复杂的、却往往是相互联结多因多果的经验，在这种沿着经验往前走的研究中，经验本身的主体性逐步显露出来。这样以沿经验逻辑向前走的发现，抽象、提炼及概括，都为中国本土社会科学的生长提供了有力的滋养。这方面有些类似费孝通对梁漱溟的评价。费孝通认为：梁先生用“好用心思”和“误打误撞”概括自己的治学，“正道出了一条做学问的正确道路。做学问其实就是对生活中发生的问题，问个为什么，然后抓住问题不放，追根究底，不断用心思。用心思就是思想。……宇宙无边，世海无边，越用心思追根，便越问越深，不断深入，没有止境”。①

如何开展经验研究才最有益于建立本土化的服务于中国现代化的中国社会科学呢？简短展开以下五点。

一是理论与方法的准备。中国经验研究不可能离开西方社会科学，因此，在作经验研究之前、之中，都需要大量阅读西方社会科学的理论和方法，以为经验研究作准备。要再次强调的是，西方社会科学理论与方法只是经验研究的准备，而非对话的对象，也非唯一的方法武器，更不是教条。

二是要让经验本身的逻辑展开，而不是因为学科的限制，人为将经验

① 张符生：《乡土先知》，北京大学出版社，2006，第371页。

分割在不同的技术化的学科领域内。

三是在经验研究中，要保持机敏，注重枝节，关心细小琐碎的发现，要善于从新的发现中重新解释过去的经验，并比较确定发现的可靠性、可迁移性乃至普遍性。

四是要强调顿悟。所谓顿悟，就是有了经验的积累和本土化的关注，有了对西方社会科学的大量阅读，有了经验研究之间的对话及其他各种看似偶然的机会，就可能突然间提出以前不曾关心的问题，得到以前不曾有过的视角，想到以前不曾提出的框架或概括，这些突然间的收获，可以重新组织概念，并且往往可以更好更有效地重新组织经验，并因此可以重新从经验中有所发现，这就完成了经验研究的第一个突破。大量学者在经验研究中有了顿悟，这些顿悟汇集起来，形成新的更大的顿悟，就可能有更适合中国国情从而真正本土化了的具有强大生命力的中国社会科学生长出来。

五是以在经验研究中细小琐碎的发现为基础，做进一步的概括、抽象、提炼工作，做进一步的形式化的工作，允许批评和重新回到经验，允许与西方社会科学对话，讨论。为时不久，就可能产生对中国经验本身逻辑具有强有力概括能力的，具有中国学术自主性的，有益于中国现代化事业的，形式化程度较高的本土化的中国社会科学出来。

2006. 5. 6

为什么要强调中文发表

改革开放30多年来，当前西方社会科学引进已蔚为大观，大量的西方社会科学经典著作被翻译为中文，西方几乎所有社会科学理论都被介绍到中国，在西方名牌大学留学归国的学者，很多都已是中国一流大学的学院院长和研究骨干。西方著名社会科学期刊也已成为国内社会科学研究者的经常读物，甚至有越来越多中国学者在西方一流社会科学期刊上发表论文，而很多重点大学也将在SSCI期刊发表论文作为重要考评与奖励依据。应该说，经过30多年的努力，中国社会科学从西方吸取了很多理论和方法上的营养，获得了快速的进步。

但中国社会科学总体研究水平还在西方之下。有人说，现在中国社会科学一流期刊发表的论文，有一些也已经达到了西方中等水平的SSCI期刊论文的水准，这话看似表扬，却让中国社会科学感到难堪：14亿中国人民的社会科学最高水平期刊发表的论文，仅仅只有部分达到西方二流期刊的水平，西方一流期刊发表的论文水平当然就远远在中国期刊论文之上。或许是因此，香港特区的大学教授发表中文期刊论文是不能算科研成果也不能用来评聘职称的。中国很多一流大学已将在SSCI期刊发表论文当作高水平的表现，越来越加大SSCI期刊论文在科研评价和职称评聘中的权重，给予远远超出中文期刊发表论文的奖励。

即使如此，我们也不能不说，现在中文期刊论文质量要比十年前高得多，十年前又比二十年前高得多。假以时日，中文期刊发表论文的质量最终可能接近甚至达到西方一流社会科学期刊论文的质量。也是因此，任何时候我们都不能放弃中文期刊，我们要接力。

问题还不止于此。之所以要对中文期刊有信心，要接力，而不是让中国社会科学走出去，还有更重要的理由。以现在西方一流社会科学期刊为平台，借用成熟的西方社会科学期刊的规范评审发表，既训练中国社会科学研究，提升质量，又甄别出研究水平高下，还国际化了。一举多得。现在的问题是，西方社会科学期刊是非中文的，在非母语情况下写作，对中国社会科学研究有挑战，而且用英语发表，其读者远不如中文读者多。

更重要的是，社会科学不同于自然科学，是社会科学研究往往具有强烈的民族性、地域性和时代性。以美国为主的西方社会科学研究的问题大都是西方的时代问题，也是西方地域的问题。社会科学也不像自然科学一样中立，有着强烈的价值预设甚至阶级立场。西方社会科学是在西方现代化的历史中、从西方利益的国际秩序视角下面形成的，社会科学的问题设定、论证方式、兴趣选择都与西方社会所处时空条件紧密相关。当前中国社会科学必须要回答中国的时代问题，而西方社会科学对这些可能根本不感兴趣，西方社会科学正在研究的焦点话题可能与中国时代需要没有关系，这个时候，若以西方社会科学期刊发表的论文作为衡量研究水平的标准，中国这个巨型国家的社会科学话语权就会严重脱离中国当下的时代，甚至沦为西方话语的应声虫。

也是因此，衡量中国社会科学研究质量的标准只能来自中文期刊。目前中文社会科学期刊论文的质量也许达不到西方一流社会科学期刊，不过不要紧，至少已经有了好的起点，有了自己的问题意识，在自己的问题意识上借用所有可以借用的社会科学理论与方法，最终会达到西方社会科学期刊论文的质量。中文期刊研究的问题却是我们自己的，是有中国主体性的，是在服务于中国 14 亿人民的现代化背景下面积累与成长起来的。

只有有了中文期刊发表社会科学论文的主体性，才能在此基础上吸收西方社会科学理论与方法的精华，才能从阅读西方期刊高质量社会科学论文中吸取对我们有用的营养，我们也才有了真正讨论中国问题解决中国问题发展中国社会科学的主动权。

因此，评论中国高校社会科学论文水平与质量的标准只能以中文期刊为准，而不能认为只有在西方一流社会科学期刊发表了论文才是权威。

目前，中国大学社会科学评价中已经出现评价标准的唯西方马首是瞻的错乱。这是危险的。

2015. 4. 7

村治研究的共识与策略*

村治研究已引起学术界的广泛关注。为进一步推动村治研究的深入，我们于2001年9月5日至9月8日在北京西山脚下召开了一次小型讨论会，就村治研究的共识与策略作了一些讨论，现分述如下：

一、田野的灵感

村治即乡村治理。对于有8亿农民的中国来讲，乡村治理研究具有极其重要的意义。如何深入村治研究，特别是从何处获得村治研究的突破，这是当前乡村治理研究必须首先回答的问题。

就当前村治研究来说，最大的优势和最大的不足都与田野调查有关。村治研究首先缘自1980年代末以来全国推行的村民自治实践，以对村务

* 本文系徐勇、吴毅、仝志辉、董磊明与本人共同讨论的成果。1998年7月，我们曾在庐山脚下召开过一次“村治研究与实验”的小型学术会议，就村治的内涵、研究方法、研究层面以及研究风格等进行了讨论，形成了一个初步的“庐山共识”。此后，在庐山共识的基础上，在强化田野调查的同时，我们每年或召开专门会议，或几人汇聚一处，就村治研究中共同关心的问题进行讨论。2001年9月5日至9月8日，我们在北京西山再次就村治研究进行了激烈而有成效的讨论，形成了关于村治研究的“西山共识”。现将这些共识整理出来，加上“村治研究的共识与策略”的标题，希望可以为更多的村治研究者提供参考。我们期待今后每年有更多的村治研究者继续就村治研究的共识问题展开讨论。需要说明的是，本文原本是供内部传阅。关于村治研究的共识只是我们自己的共识，也就是我们对自己现在和将来研究的要求。根据毛丹教授的建议，曾发表于《浙江学刊》2002年第1期。

管理和村委会选举为主要内容的田野调查成为村民自治研究不同于也优于其他社会科学研究的显著特点。村民自治调查不仅与田野有关，而且因为这种调查的问题意识来自于村民自治实践，从而使村民自治调查与研究与中国自己的问题挂上钩。当前村治研究的不足在于村民自治调查缺乏对构成村民自治现状的社会基础的研究，未能形成关于村民自治研究的真正学术平台。不仅如此，当前村民自治调查的范围也嫌狭小，缺乏对整个乡村治理领域的关涉，村民自治调查的政策关怀太强而学术研究不足。

在对村治研究现状作以上判断的基础上，我们重点讨论了构成当前社会科学研究普遍障碍的几个问题：第一是当前学术界普遍存在研究脱离中国实际特别是中国现代化建设实践的问题；与之相关的第二个问题，即当前社会科学研究的问题意识大都来自于西方学术界，忽视了中国本身；第三个问题与前两个问题相关，即当前社会科学研究事实上存在西方的话语霸权，这种话语霸权消解了中国问题本身的重要性，凸显了西方社会关切的问题。一些本来是发展阶段不同造成的社会科学研究侧重点的差异，被误读为社会科学研究水平的差异。

鉴于此，我们认为，当前与中国现代化建设实践密切相关的乡村治理研究必须确立田野调查的最优先位置，真正从田野调查中了解中国农村实际的状况，寻求从农村调查中发现问题，并在此基础上形成一套切合中国农村实际的概念体系，为乡村治理研究与实践搭建起中国本土化的学术平台。这种确立田野调查在村治研究中最优先位置的做法，即强调“田野的灵感”的做法，这种做法的显著特点一是强调村治研究的问题意识来自田野，希望通过田野调查形成的问题意识和概念体系来理解和解释中国农村的现代化实践；二是强调必须了解中国农村的实际情况，不要建立空对空的逻辑推证体系。前者强调学术问题意识的来源必须真实，后者强调对农村实际情况的了解必须有效。我们期待村治研究能够做到“从农村研究农村”。

二、野性的思维

在当前学术研究越来越文明，也越来越规范的背景下，如何让来自田野的灵感突破重重障碍而建构起理论大厦，就需要“野性的思维”。

所谓野性的思维，是指村治研究必须破除陈规，打破约束，真正在来自田野灵感的推动下，大胆假设，认真求证，由此来尝试理解和解释当前村治中的种种现象，为村治研究提供概念工具和方法视角，从而为村治实践提供丰富多样的富于生命力的学术平台。

我们提出村治研究中要有野性的思维，与以下几点有关：第一，当前中国乡村治理研究领域的积累很少，乡村社会学、政治学等学科研究水平很低，与中国现代化实践密切相关的社会科学各门学科事实上没有形成理论传统等这些现状有关。较少的学术积累和理论传统，一方面使得村治研究缺乏可以规范对话的成果，一方面也要求村治研究大胆突破，形成自己的学术积累和理论传统；第二，当前中国整个社会科学界深受并且越来越受到西方学术话语的支配。这种状况既与中国社会科学研究水平很低的现状有关，又与西方经济文化乃至政治和意识形态优势有关。强调村治研究中野性的思维，就是要突破西方社会科学对村治研究的局限，不受西方社会科学已经形成的带有霸权色彩的学术教条的限制，大胆提出关于村治的新见解；第三，村治研究中野性的思维就是在当前村治研究领域积累很少的背景下，充分调动研究者积累的调查资源和已有知识存量，创造性地提出自己的假设。诸多大胆假设在中国农村现代化实践这一政策性话语面前竞争，让那些最能适应中国现代化实践的成果积累下来，形成真正的村治研究成果的传统。

提出村治研究中野性思维的共识，系我们对当前正在学术界蔓延的学术八股的不满。即便在村治研究领域，也充斥着一些追求形式完整，讲究格式规范的写作，人云亦云，缺乏创见。“规范”的开头将活生生的来自田野的灵感阉割于不知所云的对话中，在研究的开始即丧失了村治研究本身的问题意识。一些学者不是去做那些真正具有开创性的研究，而是竭力避免学术研究出现错误，读当前村治研究中的大多数论文，我们发现不了多少错误，也得不到什么启发。因此，我们讲的野性的思维，就是要敢于突破常识，不因怕犯错而投鼠忌器。而在一些方面得出有创见的思想，有意义的假设，有启示的方法和有价值的概念。野性的思维不保证所有的尝试都可以产生有价值的成果，有价值的成果却一定需要野性思维的创见。当前的村治研究领域，最缺乏的正是那些能够准确表述来自田野灵感的野性思维。我们呼吁，在当前村治研究积累很少的情况下，少一点繁缛的规范，多一些野性的创见。

三、直白的文风

所谓直白的文风，是说当村治研究有所发现的时候，不应让表达成为问题。本来，写作只是表达自己想法的工具，对于一个学者来讲，写作就是研究成果的表述，这种表述理应是一件轻松愉悦的事情，这是直白文风的第一层意思。但近些年来，学术界受学术规范形式化的影响，在研究成果的表述上越来越烦琐，也越来越复杂，表述者本人也越来越将写作看成一件痛苦的事情，毫无激情可言。直白的文风，就是要从当前社会科学研究的表述困难中摆脱出来，用最明白的文字直接表述自己的想法，让自己的发现过程见诸读者，让表述背后的研究过程暴露在读者面前，从而使学术论文的写作成为一个愉悦的过程，也使读者的阅读在一种逻辑推导和具象思维中轻松展开。

我们讨论认为，尤其是在乡村治理这样一个需要田野灵感、野性思维、多学科知识背景且具有强烈现实关怀的研究领域，没有直白的文风，而是有意设置学科壁垒，这样的研究表述就不会有足够的读者，也不会有足够的生命力。从研究者本人来讲，当他的研究结束之后，不是将这个研究结果清楚地表述出来，而是过于讲究规范包装和文辞修饰，这样的研究就会暮气沉沉、没有希望。我们希望村治研究将主要精力集中在研究中，而不是放在表述上。如何表述这个原本不成问题的问题，不应成为当前村治研究的障碍。一篇论文是为了说明自己研究中的一个发现，这个发现的前因后果，以及自己对这个发现所抱有的期待，这个发现可能具有的学术价值。当一篇学术论文的基本意思说清楚之后，没有必要纠缠于文字表述和篇章结构。

直白文风的第二层意思是，村治研究不仅是一个实践性很强的研究领域，而且是一个多学科的研究领域，直白的文风不仅易于与现实沟通，而且易于让多学科研究者共享研究成果。

直白的文风当然不反对研究者的学科背景及村治研究的概念化。从某种意义上，我们认为，村治研究的深入正是凭借不同学者的不同学科背景的对话，来达成对当前村治实践和研究的概念化。这种概念化，可以为村治研究提供扎实的学术平台。这个学术平台是当前村治研究所应追求的目标，这是一个可以达到却难以完善的目标。

四、平和的心态

学术研究是一项需要积累与耐心的事业，虽然中国农村的现代化实践迫切需要村治研究的进展，但是，研究的热情并不代表研究成果的科学性，更不用说研究中急功近利心态对村治研究的破坏性了。

我们之所以将平和的心态这样一个几乎所有科学研究必须遵循的前提单独提出来，是因为当前村治研究中乃至整个中国社会科学研究中，浮躁之气弥漫，学界缺乏对学术研究中清贫和寂寞的足够心理准备。在市场经济和发达媒体的情况下，一些人的研究过多过快地与市场和媒体挂起钩来，成为名符其实的市场学者或媒体学者。在缺乏足够研究而又有过多市场或媒体因素介入到学术界中来的时候，学术研究本身就不仅是浅薄毕现，而且会有害于中国现代化实践了。

平和的心态是指村治研究者既要认识村治研究对于中国现代化所具有的关键意义，又要相对脱离实践中热火朝天或喧闹不已的现实，将学术研究当作一项寂寞的事业，在获得田野的灵感的同时，让学术研究远离现实。村治研究需要有足够长时间的理论阅读、农村调查、假设求证。要让这些足够长的时间度过去，就必须有平和的心态，冷寂的等待，点滴的积累，以及对已有研究结论的质疑。学术研究的目的首先是求真，没有真正的发现，学者就不能实现他所期待的于中国农村现代化有益这个善。同时，学者也没有权力宣布说只有自己发现了“真”，并要求实践者照自己的发现去改造现实。也就是说，学者的职责更重要的在于发现，政治家的职能则在于实践。学者的发现不是由某一个或某一群学者所可以垄断的，政治家在实践中有权力判断哪一些学者的研究更近于他认为的“真”，从而选择这个“真”的发现去实现中国现代化的“善”。

我们认为，村治研究在摆正学者与普通人、政治家的位置之后，就应践行他的学术职责，以低调处理与媒体的关系，以冷静应对喧闹的实践，以缓慢适应变动太快的社会，以理智抗拒有时是疯狂的现实。村治研究者应有足够的耐心读书调查和思考，而不是去做社会活动家和政治家的事情。他们是那种具有强烈责任感，但并不时时表述自己这种责任感的人。

平和的心态并不反对村治研究者希望为中国的现代化建设做出巨大贡

献。事实上，没有为中国现代化建设作出巨大贡献的期待，村治研究者就没有理由也不大可能在市场经济条件下保持住平和心态。也正因为村治研究对当前中国现代化的重大作用，使得以平和心态进行的村治研究成果可以大有作为。

平和的心态也不反对村治研究者在村治研究方面发表作品和发表言论，只是在发表作品和言论时，仅仅将自己作为一家之言，而不是作为真理的化身。学术研究的深刻性总是伴生有学术研究的片面性，没有一个村治研究者敢说自己的研究才是最正确的研究，也不会存在最正确的研究。当一个村治研究者只是将他的研究成果作为一家之言拿出来发表和宣讲时，我们没有理由要求研究者的作品中没有错误，而要看他的作品中有多少具启示性的东西，众多村治研究成果的比较和竞争，最终构成了村治研究的学术平台。

五、深刻的片面

前述田野的灵感、野性的思维、直白的文风，并不构成所有社会科学研究的方法，而之所以我们以此作为村治研究的共识，不仅与当前村治这个实践性很强的研究领域的特点有关系，而且与我们对当前中国社会科学研究的普遍状况和处境的理解有关系。

我们认为，现实是无比复杂的，而逻辑总是（也只能）以相对简化的形式对现实进行把握，这种以简化的逻辑来把握现实的状况，构成了思维本身的脆弱性。所谓思维的脆弱性，是指人们在现实中并不能真正自由地理解现实，而总是受到已有逻辑框架、理论预设、意识形态判断的影响甚至决定。有时看起来是从现实中提炼出来也自以为对现实具有解释力的思维成果，事实上却离现实太远。看看过去社会科学研究的结论，也的确没有也不可能有人发现过终极真理，对社会本身的认识正是在这种一波一波推翻前人结论的基础上进步的。这种思维的脆弱性不仅提示我们，当前社会科学研究的结论与共识并不是终极结论与共识，也提醒我们，我们的村治研究以及前述三点共识，并非终极结论与共识。我们在对整个社会科学保持怀疑的前提下，也对我们自己的村治研究保持怀疑。

但是，我们仍然坚持关于村治研究的前述三点共识，其原因在于：既然所有社会科学的研究事实上都是对现实片面的、不完全真实的反映，或说所有社会科学研究都是带着有色眼镜来看现实世界的，因而看到的现实就不是完全真实的现实，我们的村治研究也就不去追求完全真实的现实，也就并不期望通过我们发现的一套逻辑体系（或概念体系）来不偏不倚地反映出现实世界，而是希望通过我们村治研究形成的概念体系，做成一个不同于其他有色眼镜的具有“深刻的片面”特征的有色眼镜。在村治研究中乃至在整个中国社会科学研究中，关键不在于是否带有有色眼镜，而是是否带有不同颜色的有色眼镜，从而可以从不同的侧面和方向来把握现实，来构成争论，来搭建关于改造现实世界的学术平台。

说中国社会科学研究越来越多地戴上同一副有色眼镜，是指西方社会科学尤其是美国社会科学越来越成为中国社会科学研究唯一的榜样。尤其是当前中国的社会科学研究，正通过对西方社会科学的大量引入，挤压着本来就不多的另外一些不同的声音，强大西方社会科学的有色眼镜，正在遮蔽着另一些越来越暗淡眼镜里透出的光彩。从学术体制上看，中国学术界形成独立思想的时候，就是学习英美语言、文化和社会科学知识的时候，这种学术体制对于个人的高峰是在西方获得博士学位，一旦博士学位获得到手，其学术思维定势也就形成了，或说他们富于西方社会科学特征的有色眼镜便戴上了。此后，这个留学博士当然还要做很多研究，学很多知识，却只有很少的人可以改变已经形成的思维定势，他今后的研究本质上多是一些知识的积累，而不是对方法和视野的改变（改善?）。

这个世界上的学术体制，不仅通过个人来挤压不同的声音，而且通过学术体制来挤压不同声音。一个在西方获得博士学位的中国人，比较容易获得西方主流社会科学界的承认，也比较容易获得中国学术体制乃至政府和民间的承认。这个留学博士以自已的思维定势来写文章做研究，他还可能在西方学术刊物上发表论文，在西方权威出版社出版著作，这样的国际级论文与著作，便构成了国内学者（那些本土博士、硕士以及所有做研究的人）的榜样和必读书，这些走向世界的学术研究成果就成为国内学者与之对话的目标，成为国内学者急于向其就范的范本。通过这种传递机制，来自西方的学术标准和学术问题占据了所有的中国社会科学研究领域。越来越多留学的博士回来了，越来越多的本土博士可以找到学习范本，其结果是不同的声音越来越小，而有色眼镜的颜色也越来越同一了。

试图以前述三点共识来建构的对村治的理解，只是一副有色眼镜所能看到的东西。这副有色眼镜之所以重要，可能不在于它看到的现实更为清晰，而在于它可以看到西方社会科学领域的有色眼镜所看不到的一些东西，并可以在此基础上与其竞争。相互竞争的诸多有色眼镜才更容易看清村治的本来面目。

六、分步的策略

显然，我们期待以前述三点共识，来形成自己的学术特色，这种学术特色的保持，特别是在西方社会科学的强力挤压下，越来越不可能仅仅依靠个人的努力，而需要形成一个研究群体，这个研究群体事实上就是要形成一个关于村治研究的有特别方法和概念体系的学派。我们期待通过若干年的努力，可以形成一个具有独特眼光和对现实解释能力的村治学派。在此基础上，我们还期待这个村治学派不只是对村治研究，而且对中国整个社会科学研究具有启发意义，能将中国的社会科学改造成对中国现代化建设有益的、避免了片面性的那种深刻的科学。

具体来说，我们希望通过以下几个步骤来达到自己的目的：

第一，通过前述三点共识形成一套源自田野、富于解释力的村治概念体系，这套概念体系是中国本土的，是从中国现代化建设的实际需要中产生出来的，因而应该是有生命力的；这套概念体系是相互竞争的产物，是一些致力于用田野调查灵感和野性思维方式所形成的概念之间竞争融合的产物，是我们这个群体所有人通力合作研究的产物，因而应该是经得住推敲的；这套概念体系是从所有社会科学知识中吸取精髓的结果。在保持对西方社会科学警惕的前提下，以中国农村现实作为研究的出发点，大量阅读和借鉴西方社会科学理论中有用的知识和方法，使村治概念体系的建立既有中国农村主体的视角，又有西方社会科学知识与方法的有用成分。

一套独特的关于村治的概念体系，就形成了一个学派的理论内核。我们期望通过五年至十年时间，以前述三点共识为工具，来建构起这样一套独特的构成理论内核的概念体系。我们并不期待这套概念体系最能够反映出中国村治的真实，而期待这套概念体系可以构成对村治现实的一种崭新的适宜的解释。

第二，建构关于村治概念体系的工作，因为村治本身的实践性和复杂性，而需要有多学科背景和众人的努力。一旦可以建构出这样一套关于村治的概念体系，形成关于村治的理论内核，这个理论内核反过来就会有助于理解和解释村治实践。村治实践是极其丰富的，涉及中国8亿农民和中国现代化整体的大事业，以村治核心理论来理解和解释（当然还有改造的企图）如此复杂的村治实践，就需要将村治研究分门别类，作专门性的研究。这种专门性的研究，就是在构成村治理论内核的概念体系与某一类村治实践之间建立起专门的研究领域，事实上就是形成村治研究的二级学科。众多村治研究二级学科的建立，不仅可以提高对村治实践的理解、解释和改造能力，而且可以修正村治核心理论的一些错误的或相互矛盾的部分，从而构成村治核心理论的保护地带与应用地带。

二级学科的建立，可以让村治研究这个与中国现代化关系重大的研究领域容纳众多的研究人员，众多的研究与独特的村治核心理论的结合，就产生了一个戴着中国本土颜色眼镜的学派。这个学派的重要并不在于其研究本身的无缺陷、无矛盾、无片面，而在于其独特的视野。

第三，一旦村治学派可以建立起来，这个学派就必然会全方位参与到对乡村治理诸项政策研究及政策实践的争论之中。与其他学派或观点展开竞争，这种竞争是学术竞争，这种竞争的大多数时候不是你死我活不相两立的竞争，而是通过竞争来发现相互之间的片面，增进关于村治政策研究的共识，从而为村治政策研究提供一个广泛、深刻且具有可选择性的学术平台。中国过去的现代化政策的问题之一，正是过于缺乏学术支撑，特别是缺乏真正有深度的不同学派之间的竞争之后形成共识的那种学术支撑。

不仅如此，我们期待建立的村治研究学派，因为一开始就以农村为主体来展开自己的研究，这种研究的问题意识来自农村实践，这种研究始终不变的关切焦点是为政策研究提供学术支撑，因此，这种研究就具有优于那些西化的研究，这种优势使得以前述三点共识为基础建立起来的村治研究学派不仅仅有了一副不同于西化理论的有色眼镜，而且有了一副较那些西化理论更为适宜、深刻、有用的眼镜。

第四，当村治研究学派可以在与西化理论的竞争中占据优势地位的时候，这种正在处于边缘、被那些西化理论挤压的研究，就可能被国家、被社会上的有识之士、被中国的各方面力量所发现和推崇，一些意料不到的学术支持和学术资源源源不断地到来。而在村治以外的与中国现代化实践有密切联系的学术研究领域，越来越多的人会自觉寻找他们与西化学术不同的研究共识，越来越多与中国本土实践密切相关的研究领域建立起来，越来越多本土化的学派开始形成。最终，中国的社会科学研究真正言之有物，成了一门于中国现代化实践有益的学问。

换句话说，以前述三点共识为基础的村治研究或许会改造中国社会科学的品性。

2001. 9. 25

村治研究的路径与主体*

——兼答应星先生的批评

近读《社会学研究》2005年第1期应星撰《评村民自治研究的新取向》一文，应文以仝志辉著《选举事件与村庄政治》一书为靶的，展开对他所称“华中乡土派”的学术批评。我们欢迎如应星这样的批评性文字，因为它们能推动村治研究的深入。怀着同样的想法，我们对应文作一回应，并进一步梳理我们关于村治研究的学术理路与主张。

一

应文认为，华中乡土派将村民自治的研究重心从民主问题转向治理问题，从村庄自治的外生价值转向内生机制，进而在村民自治的框架内讨论村庄治理。这是其首肯之处，同时也是质疑我们的开端。然而，我们认为，无论首肯还是置疑，其实在很大程度上都是对问题本身的一种严重误判，为了消除误判，首先对我们这个群体的学术发展理路进行梳理就十分

* 本篇回应由本人撰写初稿，吴毅修改，吴毅、贺雪峰、罗兴佐、董磊明、吴理财讨论定稿。

必要，随着梳理的展开，对这一问题的回应也就自融其中了。①

依应文的说法，我们这些人构成当下中国农村政治与社会研究的“乡土派”，而依我们自己看，还是在做村治研究。村治即乡村治理，而非村民自治，我们试图以乡村治理为平台和主线，通过阅读和理解转型期乡村社会的治理变化及特质，研究自上而下的政策、法律和制度在农村实施的过程、机制和结果来理解中国农村，由此为中国农村及中国整体的现代化提出理论说明和实践方案。

不过，追根溯源，我们这个研究群体的形成倒的确与村民自治研究有着密不可分的联系。早在1980年代，老一辈从事政治学和社会学研究的学者如张厚安、辛秋水先生就转变研究取向，深入农村调研，在国内最早开始当时尚不为人所关注的基层草根性民主的村民自治研究，并参与村民自治制度有关法律文件的起草，由此形成日后国内村民自治研究之滥觞。从1990年代中期开始，徐勇、项继权等又承接张厚安先生的研究，并加以拓展，将村民自治研究扩展为村级治理研究。② 可以说，正是张、徐等人的研究直接构成我们这个群体进入农村研究的前提与基础，我们也的确是沿着张、徐等人的研究道路走过来的。由此，应文所言的在村民自治框架内讨论村庄治理问题，的确是看到了我们研究的逻辑和历史起点，但是，却可能受制于某种知识和价值取向的“区隔”，未能充分注意到这之后我们研究的转向。

---

① 应星的批评从大的方面看涉及两个层面，一是对仝志辉著作的具体批评，二是对仝所在的我们这个学术共同体的共同批评，后者又主要涉及农村政治的基本研究框架、如何对待理论传统和西方理论这样三个问题（应星，2005），本文的回应主要围绕这三个问题展开，而将对仝著的具体批评留给仝本人去作答。

② 参见张厚安、徐勇、项继权等人的相关论著（张厚安、徐勇、项继权，2000，导论部分）。

研究论域的重构发生在1997—1999年，其间又大体形成两个既有联系又存在张力的路向：一是由湖北"黄梅实验"的刺激而引发的吴毅等人的研究方向的整体转移，二是贺雪峰、仝志辉等人通过村委会选举观察而开始的对转型期乡村社会性质的透视。

"黄梅实验"是华中师范大学农村问题研究中心在湖北省政府支持下在湖北省黄梅县小池镇水月庵村进行的一场村治改革的社会实验，其目的是力图将当时我们关于村民自治的知识和理论运用于实际，以实践由张厚安所倡导的"理论务农"和"理论支农"的主张，实验持续两年之久（1996—1998）。客观地讲，这场实验未达到它的预期目标，在今天看来，也存在一些不切实际之处。但是，它却给每一个亲历这场实验的人以深刻启发，吴毅等人正是通过这场实验，认识到村民自治作为一种外生性制度与中国乡土社会存在着隔膜，农村研究者对农村也存在知识的欠缺，他们也正是因此种意识的萌生而开始有意识地告别那种后来被概括为"泛意识形态的农村政治研究"（吴毅，2005），逐步转向对村庄政治与治理的理解和阐释（吴毅，2002，第十四章结语部分）。

与此大体同一时期，1998年《村民委员会组织法》正式颁布实施，1999年全国大规模开展的村委会选举则为研究者提供了从事选举实地观察和体验农村政治的机会，日后构成我们这个群体的几乎所有研究者此时都参与了村委会选举的观察，我们先后在数十个村观察选举，驻村时间长则一月，短则一周，足迹遍布湖北、湖南、江西、江苏、浙江、安徽、四川、内蒙古等省区。为了理解村委会选举，我们对一些村庄做了多次回访调查。在此基础上，我们发表和出版了一批论著。

在这些著述中，我们不约而同地偏爱"遭遇"一词。的确如应星所言，"村民自治虽然最初源于个别村庄自身的创造，但它由于种种原因迅速被体制所接纳后，是自上而下地由政府将其赋予大多数村庄的，因此它基本上可以说是乡土社会中的一个外生变量。”（应星，2005，第210页）因此，选举之于村庄和村庄之于选举就相当于两个独立之物的相互碰撞和遭遇。一方面，选举之于绝大多数中国农村无异于一枚石子投入平静的湖面，它所激起的波澜势必搅动原有的村庄日常政治逻辑，从而依选举事件的展开而激活和扯带出日常乡村生活中长期层累的种种关系和矛盾，让人们有幸清晰地观察到在平淡无奇的乡村生活中难以集中展现出来的戏剧性乡村政治场景，并依此路径去进一步探讨村庄政治的隐秘机制以及其背后呈现出来的流动的社会关系。① 而另一方面，选举制度之进入村庄场域也同样面临着另外一种情景的遭遇，它使观察者不仅有机会体验新制度必然要发生的理论与经验的互融问题，而且也能体验同一制度在不同乡村场域中的各种演绎历程，以及由此所再生产的既不同于原有乡村政治游戏规则也不同于选举规程的新乡村政治机制。也正是通过这种双向遭遇，作为一种集体性自觉，我们意识到了村民自治的理念和结构作为一种建构之物在体现知识分子的价值关怀之时却可能无法容纳村庄内生发展的复杂需求，从而在连接宏观政治的需求机制时与微观的村庄发展形成两张皮。因此，但凡真正有村委会选举观察经历的研究者，都难免不去思考这一问题，并力图寻找解决这一困惑的路径，即通过对村委会选举及村民自治的祛民主化想象而进入到对乡村社会本身的理解之中，力图寻找村民自治在村庄社会内部生存和发展的依据；也都难免不仅想知道村委会选举在乡村社会如何展开，更希望理解村委会选举为何会这样地而不是那样地在乡村社会展开。由此，村委会换届选举观察就历史地成为中国政治学界一批村民自治研究者改变研究视域，进入一个更为宽广的乡村社会研究领域的切口、路径和策略。

① 参见孙立平在过程与事件中分析社会关系的论述。（孙立平，2000）

正是沿寻这样一个方向的发展，才最终有了2001年我们与中国社会科学杂志社在湖北荆门联合举办的“转型期乡村社会性质研究学术研讨会”。在这次会议上，我们提出了由农村政治性焦点事件的关注转向对非仪式化的平静乡村日常生活情态的理解，而从企业改制、宗族文化、村政兴衰等角度讨论村庄治理等内容，也取代村民自治成为这一时期我们新的研究主题，[①] 这次会议的综述最终以“阅读和理解转型期中国乡村社会”为题，发表在2002年第1期的《社会学研究》上。应该说，我们的这一转向与孙立平在此前后提出以“事件—过程”视角研究国家与农民关系的主张是互为呼应的，尽管我们主要是通过具体研究的“实践”，而非方法的“解说”来践履自己的主张。也正是在此前后，我们开始将村民自治简称“村治”，并赋予“乡村治理”的新意，并将“村治研究”称作“转型期乡村社会性质研究”，我们试图通过对全国不同区域农村进行深入调研，理解当前中国乡村社会的状况及其区域性差异，从而理解诸如村民自治制度进入不同乡村社会的过程、机制及其后果。[②] 随后，诸如农民负担、农村组织、乡村财政、税费改革、乡村历史及由此构成的乡村类型等一系列更为广泛的内容都在此一时期被纳入研究视野。这一系列转向标志着我们研究重心的转移和研究框架的再造，正是这种转向和再造，才产生了吴毅《村治变迁中的权威与秩序》和贺雪峰《乡村治理的社会基础》两书，而仝志辉所著《选举事件与村庄政治》一书虽然仍取材于村民自治问题，但从研究目的到叙事策略则自觉地区别于此前的同类著作。

在此种转换中，吴毅等人试图对村庄社会变迁进行深度理解，而贺雪峰等人试图将“转型期乡村社会性质研究”进一步转向“农村政策基础

---

① 参见吴毅、董磊明、罗兴佐、吴理财等人提交湖北荆门“转型期乡村社会性质研究学术研讨会”的论文。(2001)

② 参见冯小双关于“转型期乡村社会性质研究学术研讨会”的综述。(冯小双，2002)

研究”。吴毅等人所遵循的是吉尔兹倡导的“深描”的人类学取向，其研究旨趣着意于理解与阐释影响、支配中国乡村政治与社会运行及其深层机制的“地方性知识”，重新发现和认识中国乡土社会的经验，并力图以这种经验来丰富和重构中国基层政治的图像，最终为学理性操作提供较为可靠的经验平台。贺雪峰等人在大量的农村调研中，则逐步感到“转型期乡村社会性质研究”的提法作为一项操作方案的模糊性，于是，进一步提出“农村政策基础研究”的切入路径，力图透过自上而下、自外向内的政策、法律和制度进入乡村社会的差异来理解乡村社会本身，并进而探讨政策制定的问题，即“这一新的研究领域的研究重点是中国农村是什么及不同的政策在不同类型农村如何实践”这一问题（贺雪峰，2004，第321页）。2003年7月，我们在湖北京山农村举办首届农村研究方法高级研讨班，同年12月，在湖北荆门农村召开小型研讨会，专门研讨农村政策基础研究的可能性。2004年9月，我们又举办第二届农村研究方法高级研讨班，邀请人类学、社会学、历史学、法学和政治学等不同学科的知名学者探讨多学科理解农村的可能性及必要性。服务于这一研究转向，自2003年开始，我们逐步分区域、分专题展开调研，研究专题涉及乡村水利、农村调解、农村医疗、农村老年人保障、乡镇体制等诸多领域，同时将调研区域主要集中在农村人口密集的中西部地区，试图以此来理解“80%农村的80%现象”。

可见历史地看，最初作为政治问题研习者的我们的确是由村民自治进入村庄政治研究领域的，这是由改革开放以来中国政治社会发展和政治社会学的发展路径所决定的，而非可以人为预设的，也非如应星所说的那样，简单化的“从传统功能主义的角度来看待村民自治与村庄治理之间的关联”（应星，2005，第215页）。回顾20世纪80年代末90年代初的政治学术状况，在当时那种既缺乏深厚学理积淀，又缺乏足够真问题意识的情况下，村民自治作为继土地的家庭联产承包责任制之后的又一农村制度创新，无论其是肇端于底层草根社会，还是得益于上层体制或知识界的推进，它至少为学界提供了一个学术重心下沉，将研究视角瞄准现实社会世界的机会。因此，我们认为，对于村民自治的探讨，本身并不是一个假问题（当然，一厢情愿地去阐释和建构村民自治与中国政治发展的路径关系则是另一码事），也绝非应星所暗示的那样是对村庄政治的误读和对村庄治理研究的局限，而是在别离了理想主义的启蒙高歌之后一种朴实的问题回归。正是在这样一种问题回归中，人们才有可能进一步去感悟、发掘和建构解释和包容能力都更强的村庄治理的问题性场域，也才有可能像某些学者所期待的那样去寻求与20世纪上半叶中国乡村研究和海外中国乡村研究传统的接续，“沐浴”其所提供的“更高妙的灵感”。（应星，2005，第218页）从这个意义上讲，就并不存在应星所说的究竟应该是在村民自治的框架内讨论村庄治理问题，还是在村庄治理的框架内讨论村民自治问题这一结构主义的二元分立，毋宁说，正是通过村民自治研究的实践，政治学术界才得以“重新发现”农村，并逐步完成当下呈现在我们面前的农村政治研究场域的构造。因此，我们也以为，应星在批评我们的研究定位和研究框架时，本来应该多一些对于学术史和行动过程本身的考察，而少一些非此即彼的，局外的“应然”苛责才好。

二

有了以上对我们这个研究群体学术进路的自我陈述，就可以比较有针对性地回应应星接下来对我们的批评了。

1. 研究视角与研究框架

应文认为仝著“只把选举放回到了村庄的关系网络中去，却并没有显现出选举对村庄政治的内在意义。作者只告诉了我们谁来治理的问题，却没有告诉我们治理什么及如何来治理的问题。”（应星，2005，第214页）应星问道，“如果脱离了村庄面临的治理目标去关注选举，那作者如何能够真正体现出乡土派的学术转向?”（应星，2005，第214页）这是对仝志辉本人的批评，我们不再在本文展开讨论。不过，应文转而指出：“这并不意味着我就同意乡土派那种坚持要在村民自治的框架内来讨论村庄治理问题的逻辑”（应星，2005，第215页），他还说，不应该像乡土派那样“在预设了村民自治的合理性和重要性的前提下来讨论村庄治理问题，而应该是在村庄治理的框架内来面对村民自治问题的复杂性。”（应星，2005，第216页）这就是我们必须要正视并且不得不回答的问题了。

有了前文的铺垫，人们不难发现应星对我们的批评完全失准。的确，诚如应文注解中指出，早在1999年，贺雪峰就认为，“关于乡村政治讨论的主题不应该是是否实行村民自治，而应该是如何实行村民自治。”（贺雪峰，1999）但这句话本身有一定语境和针对性，在这篇文章的开头，贺雪峰即说：“开宗明义，针对当前出现的对村民自治的疑虑，笔者试图指出，在国家已经过十年试行而正式颁布实施《村委会组织法》的现在，最为重要的争论不再应该集中于是否实行村民自治这一政策判断上（当然，这并非说不能再就此一政策发表不同甚至截然相反的意见），而应集中注意在村民自治的框架上，针对中国农村的村庄实际，设计出富于政治技巧的村治装置。”（贺雪峰，1999）显然，贺文在这里所针对的是政策争论，而非学术讨论，因而，贺文以及我们这个学术群体此后也并没有“坚持要在村民自治的框架内来讨论村庄治理问题”，更未“预设了村民自治的合理性和重要性”来讨论乡村治理问题，而是以为必须深入到乡村社会内部，考察包括村民自治在内的各种制度的实践，借此去理解制度的运作机制与绩效，同时认识乡土中国。举例来说，吴毅1998年用半年时间考察川东双村一百年政治的变迁，目的之一就是希望通过对村庄政治史的考察，来理解当前村庄政治运作的基础，或者说将村民自治安放到整个20世纪中国村治历程中去定位与认识。正因为如此，他才可能看到村民自治的一系列制度设计其实主要只是反映了自上而下的民政部门的政策追求，而非其他部门的追求，而且各个权力部门的政策追求也存在张力，从而得出“总体上的国家与村庄关系和中国传统的村治逻辑在更多的时候和更宏观的层面上决定和左右了村治的常态特征，这是我们在评价村民自治的制度绩效时必须考虑的一个大的问题”的结论。（吴毅，2002，第218页）董磊明2001年通过对苏北农村的调查，也认为村民自治本质上不过是浮在乡村关系水面上的一层油。（董磊明，2004）贺雪峰在2002年则指出：“在低度社会关联村庄的民主化村级治理，竟然可能出现的一种理论上的结果，是村庄治理陷于瘫痪状态与赢利经纪的交替循环。细心观察当前中国农村的村级治理，若干地区已有了这种循环的苗头。”（贺雪峰，2003，第212页）

可见，我们研究的重点并非是选举及村民自治制度文本，而是乡村治理的日常过程，更不是要在村民自治的框架内去讨论乡村治理，恰好相反，当我们在讨论村民自治时，正是如应星本人所提倡的那样，“是在村庄治理的框架内来面对村民自治问题的复杂性”。因此，贺雪峰和仝志辉才会意识到，“低度的村庄社会关联使国家为让乡村社会渡过难关所设计的政策安排落了空，……相反，在村庄社会关联度较高的村庄，尽管国家的政策安排中存在着大量让乡村干部以短期行为来谋取私利的机会，具有高社会关联度的村庄却可能以一致行动进行有力抵制。”“虽然当前的村民自治制度是为了获得村庄秩序而安排的，但村庄秩序的保持事实上与民主的关系不是很大，反而是与村庄社会关联度这一村庄内在的性质关系很大。”（贺雪峰、仝志辉，2002）

关于村民自治的绩效，我们有着比应星更为清醒的认识。通过对村民自治制度实践的考察，我们认为，村民自治在很多地区其实都无法实现政策预定的治理目标，在有些地方，它的作用甚至反而如一根插入水中的棍子，将旧有的村庄矛盾搅动起来，造成新的严重问题。村民自治的目的本来在于提供新的村庄秩序，解决村庄公共品供给问题，但是，我们同样清楚地看到，在相当一部分村庄，它可能反而破坏了既有的村庄秩序，并使公共品的供给陷入困境。以至于在我们的内部讨论中，一种意见甚至认为，在宏观和中观治理体制不变的情况下，目前普遍性的村治秩序之所以得以维持，也许不在于村民自治制度文本的不到位，而恰恰可能在于它的到位，因为它的到位可能引发乡村关系的矛盾，从而可能影响国家目标的达成。以上认识并非要从价值层面和政治操作上否定村民自治，而是注意到任何制度都存在与上下左右各种既定制度与关系的接洽，其绩效不可能孤立地评判。我们力图通过整体的观察与研究，揭示村民自治制度运作与村庄社会内部性质之间的相互关系，只有这样，才有助于全面准确地评价乡村治理下的村民自治制度，也才有可能真正帮助这一制度的完善。

十分可惜的是，应星自始至终都没有注意到我们已公开发表过的大量学术言论，对此，我们除了表示遗憾之外，还能说什么呢？

2.“反西方”与“反理论”问题

应星认为，乡土派“本能地拒绝西方理论，希望直接面向田野创造出自己的一套理论体系。细究起来，他们所倡导的野性的思维表现了反西化和反理论两种既有联系又有区别的趋向”。（应星，2005，第218页）针对反西化，应星接下来说，“我们要立足中国社会本身来理解中国社会，要实现‘中国中心观’的范式转移，这是毫无疑义的。问题的关键是我们能否尽抛西方的有色眼镜来铸造自己的眼镜？”（应星，2005，第218页）针对反理论，应星又说，中国社会理论建设“更大的阻碍更可能来自另一个因素：朴素的经验主义”“我这里说的朴素的经验主义，是指那种以为进入田野可以不受多少理论传统的熏陶，以为经验直觉可以无须与任何理论传统辩驳、融汇就可以直接上升为新理论的思维取向。”（应星，2005，第219页）因此，他暗示乡土派所谓“野性的思维”有落入朴素经验主义陷阱的危险，并进而一锤定音：“社会现象不是自在的，而是被呈现、被建构出来的。没有人独特的感知，没有敏锐的问题意识，社会实在纵然如神祇般矗立在山顶，人也可能视而不见”（应星，2005，第220页），因此，“野性的思维”会严重妨碍社会事实的观察和分析，就至此盖棺定论了。应星的这些思想非常精彩，语言更是充满了文学之美与理性之力，[①] 但是否有针对性，还不能在匆忙之间就下结论。

我们究竟是怎样做的，田野研究的作品早已经摆在那里，相信批评者在展开批评之前应该了然于胸，否则批评将失去依凭，这里还是来看看我们到底是如何陈述自己理论主张的。就是在应星所引《村治研究的共识与策略》一文中，我们说，“当前中国社会科学界深受并且越来越受到西方学术话语的支配。……强调村治研究中野性的思维，就是要在借鉴西方社会科学精华的同时，刻意注意突破西方社会科学对村治研究的局限，不受西方社会科学知识的限制，更不受西方社会科学已经形成的带有霸权色彩的学术教条的限制，而大胆提出关于村治的新见解。”我们指出，“在中国社会科学研究整体水平很低的情况下，引进西方社会科学理论不仅必要，而且必须。……问题并不在于要不要引进西方社会科学，要不要戴上来自西方的有色眼镜，而在于不能让来自西方社会科学的一般预设垄断了对中国现实的解释。”“试图以前述三点共识来建构的对村治的理解，只是一副有色眼镜所能看到的东西。这副有色眼镜之所以重要，可能不在于它看到

① 虽然不是没有毛病，例如没有区分“西化”与“西方”的语义，以至于我们本可以据此反诘是否而且也应该反“西化”。

的现实更为清晰，而在于它可以看到当前越来越具有优势地位的来自西方社会科学领域的有色眼镜所看不到的一些东西，并可以在此基础上与其竞争。相互竞争的诸多有色眼镜较为容易看清村治的本来面貌。”“我们必须承认，所有的社会科学研究都戴着有色眼镜，村治研究的问题不在于都戴着有色眼镜，而在于不能戴上同一幅有色眼镜。”（徐勇等，2001）

话本身说得并不模糊，我们并非要尽抛西方的有色眼镜来铸造自己的眼镜，甚至不认为西方的有色眼镜不能观察中国的乡村社会，而是说不能只用西方的有色眼镜来看中国的乡村社会。我们有志立足于中国现实，在吸取西方的和中国乡土研究经典的基础之上打造我们自己的有色眼镜，这也许会被视为轻狂或无视学术传统，也许会因为能力和精力（当然也不排除偏好）的原因而有意无意地遗漏诸多西学文献（例如被认为遗漏了或不懂福柯），但这难道不是每一个学人所怀抱的梦想以及难逃的困境？因此，反西学的帽子也就权当只是一个友善的警醒。试想，如果有谁敢于尽抛一百多年来西学东渐的文化积累，包括在它的影响和改造下所形成的中国新传统文化，又何以进行哪怕是最为基本的生活呢，更不要说思考和写作了。这是一个常理，无需在此不证自明的问题上多费唇舌。

既有理论是前进的阶梯，根本不存在应星所说的我们“基本上只是想要自己的理论”的“反理论”倾向。（应星，2005，第219页）在2004年9月我们举办的第二届农村研究方法高级研讨班上，吴毅在总结乡村政治研究的发展时，坦承“通过借鉴社会学的视野和方法，不仅丰富了政治学者对于中国乡村政治的想象力，也丰富了他们的表达语汇，扩大了他们的研究视角，对政治的社会基础的重视，本身就促成了政治社会学的成熟。又如，通过借助于人类学，政治学者不仅学会了农村研究的主位关怀，更为重要的还掌握了一种新的研究文本的表达方式，……一些学者正是通过拟人类学的田野研究，寻找和构筑起与后现代中国学术的关系。而通过借鉴历史学，也正在使当代乡村政治的研究显示出更加纵深的视野。”（吴毅，2005）吴理财在发言中则指出：“以中国农村为主位的研究并不排斥西方社会科学某些有用的概念和理论范式，只要它对中国农村富有解释力，拿来一用是没有什么问题的。同时，需要强调的是，它又极力反对那种表面上似乎在研究中国农村问题，实则意欲与西方进行对话”“对于中国农村的研究，光从哪一个学科进行研究是不够的，它需要多学科的共同参与、协作研究”（吴理财，2005）。

列举以上我们公开发表的文字是想表明，我们并非反西方，更无应星所说的反理论倾向，而是认为应该以中国及中国农村为主位，来借鉴与吸收西方社会科学（包括已有的中国学术知识）。我们必须而且不得不学习西方社会科学，但我们并不因此就认定西方社会科学是放之四海而皆准的普遍真理，也不认为只有西方的学术才是理论，而是要在保持对既有学术充分警惕和反思的立场上，借以用作铸造我们眼镜的材料。正是因为“社会现象不是自在的，而是被呈现、被建构出来的”，我们才愈加留心那些用来发现、整合与评判经验的知识的来源和对症性。田野研究不在于是否需要“社会学的想象力”，而在于这种想象力究竟从何而来，是将现存的话语嵌入灰色、朦胧的经验现象而使之适合于某种学术秩序的整合，以称作知识和发现，并作为标尺去剪裁新的观察对象，还是在生活本身所呈现出来的义理逻辑之中（这本身就意味着已经存在着一定的先在之理）去寻找对于现存理论的碰撞和激荡，以建构出那再无需以诸如“封建社会”和“市民社会”之类的传统和现代表述来呈现的“中国经验”，这的确会考量每一个中国学人“社会学的想象力”之优劣。

这种观点其实早已经不是应星给我们定义的那种反西方和反理论的“野性的思维”，而是一种相当西化甚至于后现代意义上的“野性的思维”（非欲一定要搭上后现代这班车，实在是不敢再被视为反西方甚至是反理论，不得不寻找中式思维的西式表达)，即如布迪厄得之于阿尔及利亚田野考察那样一类有悖于“文明社会”理论预设的观物方式，反观性地运用于法国这样一类发达社会那样的“野性的思维”。（朱国华，2004，第22页）毕竟，正是西方理论大家告诉我们，西方理论也仍然是一种需要做出自省和反观的“地方性知识”，否则，它何至于也需要通过“远方的他乡”来寻求自身的定位和排序？正是在这样一种语境下，贺雪峰才忧思“以学术关怀作为切入点的中国农村田野研究，因为中国社会科学本身的不成熟，而不能不以西方社会科学作为研究的范式基础和对话目标，其结果，以学术关怀为切入点的中国农村田野研究，因为缺乏整体关怀，在强势的西方话语下就很难不消融（失）入西方社会科学的范式中”。因此，“如何在中国经验的基础上，建立起对于理解中国社会有益的社会科学，或者说如何在西方社会科学的一般理论与中国社会现实之间建立起对应关系，让西方社会科学有助于理解中国语境下的问题，的确不是那些以追求中国之物对应西方之词的田野研究所可以完成的任务”。（贺雪峰，2005）也因此，“野性的思维”就不失为一副疗病的方剂，并且与“社会学的想象力”似无矛盾。试想，如果只允许人们遵循某种既定的学术传统和知识等级秩序，而不得另辟新径，缺少了对于冲击既存理论规范的野性燥动，“社会学的想象力”是否会始终思如泉涌？而如马克思、韦伯和福柯等社会学大师又何以诞生？而反观当下中国学术界相对于西方的整体性失语，除了其自身建构不足外，是否也与野性思维之缺失有关？

当然，因时间、精力与视野的局限，我们将主要精力置于理解当下中国农村，从而决定了我们的基本学术指向可能更多是实践与行动的，而非单纯对话或知识生产性质的。当我们在调查中发现了一些需要概括的现象，或可以建立的判断，我们就“大胆假设”，有些假设可能错了，或失之于浅薄，被人指正，这是好事而非坏事。我们也意识到，由于我们将主要的精力放在整体性地阅读和理解中国乡村，而非整体性地研习西学，因此，当我们在陶醉于自己对中国乡村的体悟时，完全可能对已经相当成熟与博大的西学（甚至中学）出现片断和破碎式理解，甚至于孤陋寡闻，出现某种“朴素经验主义”倾向，但那毕竟是一个能力与程度的问题，也是学术发展中难以避免的不足，而非价值与立场的问题，更不会因为一旦“落入”陷阱就永远不再重新爬起来。

不过，透过应星率性的批评，倒的确让我们不得不担心另一个问题，即在当下中国的学术生态下立基于本土的学术研究可能遭遇的生存困境。随着改革开放背景下中西学术的重新贯通，西风再起，大量西学经典被引介到国内，同时，“海归”学者也逐渐在中国一流高校和科研机构占据愈益强势的核心地位，这种核心地位不仅表现为他们通过著述和授课引进西学，浇灌久已干涸的中国学术园地，成为传播真经的新唐僧，更为重要的还在于他们在将西方学术规范与评价机制移植国内，为提升和改造中国社会科学所做的贡献。正是在这一过程之中，“海归”和精通西学者获得了越来越多的承认，形成了越来越大的影响，掌握了确立学术话语、建构学术问题、制定学术规范和裁判学术作品的文化权力（或曰文化资本）。一般地讲，这种现象的出现是好事而非坏事。问题只是在于，当学界不是在某一具体的学术活动中对“中学”的落后做实证和知识社会学的辨析，而是将其上升为一种具有意识形态色彩的思维和等级评价定势，未经阅读就做出评判时，事情就会向相反的方向发展，对本土研究潜意识的价值和知识屏蔽就是这种反向发展的典型表现。于是，我们看到，一些富有智慧的大脑主要在思索一些看似“中土”实则“西域”的问题，其阅读旨趣基本指向他们心目中的“想象的异邦”，连最为经验化的中国农村研究，所引调查文献也大多来自海外学者的中国田野作业（因为据说比国内学者做得更深入、更准确）。如果这仅仅只是一种个人偏好，似无问题，毕竟在中国学术环境越来越宽松的情况下，学术研究中的主体选择性将愈益被突出，然而在学术研究的话语、问题、规范和评价机制都越来越强调与国际学术（西方学术）接轨的大背景下，精英的偏好势必容易导致在知识界编织出一张影响力越来越大、具有特殊筛选功能的知识过滤之网，这样一张过滤网在尽可能多（有时甚至是良莠不辨）地吸纳西方知识的同时，却又十分易于将那些立基于本土的研究本能性地淘汰出局，使其成为不入学术规范和传统法眼的“存在之无”，进而，关于什么是学术和什么是理论这一系列次级问题便都依此证成自身的存在逻辑。本土研究不仅会因为自身的不成熟，也有可能因为知识的权力化过滤而被逐出理论殿堂与阅读视界。于是，一些以上视下的评论性文字便以此逻辑而产生，呜乎！

于是，关于反西化、反理论以及经验现象与理论的关系这样几个应星向我们提出的十分严肃、事关中国学术发展的根本问题，经过思考之后所得出的结论，连我们自己都惊诧不已。

三

前文是我们对应星批评的回应，接下来，我们将进一步正面阐述我们关于当下中国农村研究的基本理论主张，算是对上述讨论的一个推进。

人的时间和精力有限，因此学者的研究必有偏好，这种偏好或指向学科，或指向问题，从社会科学的价值定位来看，又或指向理解，或指向行动。在我们内部，这两种偏好都有反映，并且彼此之间构成一定张力，一些人偏重于理解和解释，似乎对纯粹的社会改造“缺少兴趣”，而另一些人更侧重于行动，甚至还亲自操作社会实验，然而，在试图理解当下的中国农村“是什么”和“为什么”这一点上，我们却又形成“合谋”，并因此形成共同的话语场域，这种话语场域主要不是通过追求对话以寻求价值，而是偏重以经验研究来激发理论；主要不是通过学科建构寻求发展；而是着意于问题透视以理解社会；主要不是以追赶世界先进学术为指归，而是以服务中国建设为目的。因此，在研究上，我们主张以田野调查为基础，以“三农”问题为指向，以乡村治理为内容，以农村发展为目的。或者说，我们是问题主位，村治主位，中国主位。这便是我们与社会学或政治学领域的其他学术共同体可能存在的一个区别，也是我们向一切学科的一切知识敞开怀抱的原因。

既然构成特定的话语场域，就一定或者说不得不以该话语场域所标定的主导语词为框架，引入其他学科的知识，并以此种话语构成与其他学科和学术群体沟通与交流的平台，这样一来，韦伯也好，福柯也好，都只是工具性语词，而非中心性霸权话语。知识在任何人那里都有等级秩序，因此不能避免被有意无意地选择，在我们这里也一样，排除对错与解释力大小等因素，知识的等级秩序直接与使用者的价值关怀和研究旨趣相关，所以，知识的级序标准本身就是多元而非一元的。以我们所追求的研究目的来看，如果因为种种原因只能要求我们对不同知识做出一种二难取舍，那我们可以旗帜鲜明，并且非常极端地说，宁可不要福柯，却不能不要梁漱溟，宁可不知道一个海外学者的中国乡村研究，却不能不去认真对待李昌平关于中国农村现状的分析。这可能是我们的短处，但是，既然我们想要得到整体性地体悟当下中国农村的长处，也就只能去承受由此而生的短处，这就好像专事西学者在得其精髓的同时，却不能不使自己关于当下中国农村的知识处于相对破碎和片断化一样。学术必有短处，否则何以专业？问题是我们一定要清楚自己的长处是什么，该占领话语高地的时候就当仁不让地占领话语高地，该管好自己嘴巴的时候就管好自己的嘴巴。我们不在乎无知，却非常在乎以为自己什么都懂，不在乎讨论福柯时失语，却非常在乎以为自己什么都敢说且什么都能说对（尤其在政治与社会问题这样一类专业门槛不甚明显的公共领域）。因此，重要的不是知道多少，而是对中国农村知道多深，不是到处都敢发言，而是在农村研究这一话语领地之中能够发言，不是到处都不犯错误，而是在理解中国农村的过程中尽可能少犯常识性错误，并因此而形成我们的话语特权和对外交流的资格。正是在这个意义上，我们也许不是“理论的上家”（供给方），而是“理论的下家”（接受方），是一群以对中国农村的整体性理解为追求的“实用主义者”。

如此定位的一个重要原因在于，当下一部分相当精到的以中国农村经验研究为基础的学理性研究，往往自觉不自觉地将中国乡村的经验研究破碎性地嵌入到具有相对完整性因而也就具有强势整合性的纯学理研究之中（如以西方学术为规范和市场的海外中国农村研究），这在丰富和再生产学理知识的同时，却也有可能使时下以解读“三农”问题为导向的研究陷入相对的知识贫乏，虽然学术的原始起点源自现实，但一经发展和积累便必然形成自身的路径依赖和话语沉积，从而相对地疏离于现实需要。因此，人们就比较不容易看到上述学术生产与解决中国农村现实问题之间的结合点——相对现实化的问题还得依靠相对现实化的研究去构筑理论的基石，这不知道是否是宏大关怀与现实需要的脱节，但至少是学术研究与政策科学的分离。反观我们的政策研究（以政治学为例），实在不敢恭维，它们或者是建立在那些早就应该割除，但却仍然未被割除的理想主义泛意识形态基础之上，其研究特征是连“是什么”和“为什么”这类最基本问题都还未搞清楚，却已经开出了“怎么办”的药方，以至于陷入一种不断制造“假问题”的链条之中（关于中国民主化自下而上的路径依赖设计可算是一个例证）；或者为既存的行政话语支配，以至于只能在既定框架之内寻求头痛医头脚痛医脚方案的匠人式疗救。上述状况造成从学理研究到政策研究的连接缺位，即在学术知识生产和行政话语支配的应用性政策研究之间存在着很大一块被人为遗漏的学术空间（或者也可以视为学术与政策转换的桥梁）。当人们尚未能够就此自觉之时，就诚如应星所言，社会需要"纵然如神祇般矗立在山顶，人也可能视而不见"。而如吾辈，一方面身居京城"学术中央"的边陲地带（地理和学术级序上的），另一方面却又随时在贴近体察转型期社会中的种种"三农"阵痛（这两者是否构成一种权力关系和我们在后一场域中转弱为强的相对优势?），空间的劣优转换赋予我们机遇，因此，我们给自己确立了去"抢夺"这块中间地带的学术使命（社会科学界最优秀的头脑不去"抢夺"，或者说他们只是以另外一种方式言说），并因此而构筑起我们的学术话语权。中国是一个有9亿农民的大国，由此决定了这一中间地带的宽广度与学术话语的优势度。9亿农民居住在经济发展水平、地方文化传统、聚居结构、种植结构、生态环境及气候条件均差异极大的非均衡的中国农村，农民问题和农村问题构成中国现代化的基本问题。如何理解当前中国农民和农村的处境，进而如何理解不同区域自上而下、自外而内实践着的农村政策、法律和制度，以更好地服务于农村的社会大转型，就具有十分重要的意义，并且能够形成相对独立（当然也是绝对开放）的学术传统和问题性场域。

以理解中国农村为目标的研究需要大量学者的投入，也因此足以形成一个开放的学术共同体，在这个共同体中，原始问题应该主要是来自中国乡村的——即由理论与经验所碰撞出来的"田野的灵感"，而非大洋彼岸的——包括以其理论裁剪出来的"中国经验"；知识的终极产品主要是内销的，而不是为出口而出口的。因此，在这里，言说可以相对独立地被言说，话语可以相对独立地被理解、沟通和转换，学术语词的能指与所指则在实践中相延成习，并由此形成它们的关系结构、行动逻辑与技术路线。学术共同体的形成与壮大无疑有助于降低信息沟通成本，形成学术积累机制，影响学术评价机制，占领公共话语高地。故而，我们自觉地充当瞄准这一学术机遇的“机会主义者”。我们的目标十分明确，在对上和对外吸收知识的同时，又形成对政策研究的学理输出，为乡村建设寻找出路。在这个意义上，我们无疑是介于当下学术和政策研究领域之间的一个学术共同体，如果可以称派，此为“立派”之基。

关怀决定方法与表述。在加深理解中国农村政治社会的运作特征及其机制上，我们赞同应星有关质性研究中深度阐释优先的主张，也赞赏他本人的实践，然而，如果我们转换研究目的，欲将纯粹的质性理解上升为概率性归纳，并直接为政策输出服务，我们还能够轻易否认千村万户式调查的意义吗？设想，如果没有大量的村庄调查，如何在不同区域和类型的村庄中寻求到关于村庄同质性与异质性的认识？又怎样去把握转型期乡村社会的发展特性？不从方法论上分析，仅就操作的可行性看，绝大多数研究者也更有条件和机会进行从数量中积累质性认识的村庄观察，而不那么有机会（包括运气）像应星那样对某一个足够完整和复杂的事件进行从历史到现实的全程研究，况且，考虑到研究目的差异，也未必一定有必要都这样做。所以，仅仅就质性研究而言，也不宜轻易否定以量为基础的田野调查，而是要形式服从内容，类型学的优劣取决于不同的研究目的。心平气和地讲，20年来村庄量化调查对于理解村庄仍然有着很大的意义（对你没有意义并不等于对其他人没有意义），学术研究的价值和意义本身就是一个需要讨论的问题，如果只承认一种路径与标准，拒斥其他，就等于是拒斥学术本身。总之，理解中国农村的目标决定了研究方式、调查样本数量的选择以及文本表述方式的多元化，我们不仅需要深度质性调查，也坚持继续探索自己的道路，将“田野的灵感”建立在一定量化调查的基础之上。我们认为，如果没有一定调查数量的积累和对不同区域农村的观察体验，不可能认识中国这样一个超大国家农村社会的多种复杂面相，也更无以完成衔接学术与政策研究的使命。

作为“实用主义”和“机会主义”者的我们有自己的话语空间，也因此而形成一定的话语屏障，也因此，当我们在选择、吮吸和筛选其他话语的同时，也为其他话语所选择和筛选（如果也有可能被吮吸的话），我们在误读其他话语的同时也为其他话语所误读。这是一种无法完全避免的现实，却不应该成为彼此之间拒绝沟通和批评的理由，因此，我们十分感谢应星，他给我们提供了一个借他者之言去清理和反观自身的机会，也有幸让我们遭遇了一次不同话语的碰撞，只不过，我们希望这也仍然是双向而非单向的。

参考文献

董磊明，《传统与嬗变：苏南乡镇企业改制后的村级治理》，湖北荆门：《转型期乡村社会性质研究学术研讨会会议论文集》，2001。

董磊明，《乡村关系、税费改革与村民自治——来自苏北地区的调查》，王庆五、董磊明，《治理方式的变革与江苏农村现代化》，北京：中国人民大学出版社，2004。

冯小双，《阅读和理解转型期中国乡村社会》，《社会学研究》第1期，2002。

贺雪峰，《村民自治的功能及其合理性》，《社会主义研究》第6期，1999。

贺雪峰，《论农村政策基础研究》，《学习与探索》第5期，又见《乡村研究的国情意识》，武汉：湖北人民出版社，2004。

贺雪峰、仝志辉，《论村庄社会关联》，《中国社会科学》第3期，2002。

贺雪峰，《乡村治理的社会基础》，北京：中国社会科学出版社，2003。

贺雪峰，《中国农村研究的主位视角》，《开放时代》第2期，2005。

罗兴佐，《论村庄治理资源：江西龙村调查》，湖北荆门：《转型期乡村社会性质研究学术研讨会会议论文集》，2001。

孙立平，《“过程—事件分析”与当代中国国家—农民关系的实践形态》，《清华社会学评论》第1辑，厦门：鹭江出版社，2000。

仝志辉，《选举事件与村庄政治》，北京：中国社会科学出版社，2004。

吴理财，《村政的兴衰》，湖北荆门：《转型期乡村社会性质研究学术研讨会会议论文集》，2001。

吴理财，《中国农村研究：主体意识与具体进路》，《开放时代》第2期，2005。

吴毅，《不同语境下的乡村关系》，《探索与争鸣》第9期，2004。

吴毅，《村治变迁中的权威与秩序——20世纪川东双村的表达》，北京：中国社会科学出版社，2002。

吴毅，《农村政治研究：缘自何方，前路何在》，《开放时代》第2期，2005。

吴毅，《去政治化的村庄生活：对川东肖村的观察》，湖北荆门：《转型期乡村社会性质研究学术研讨会会议论文集》，2001。

徐勇、吴毅、贺雪峰、仝志辉、董磊明，《村治研究的共识与策略》，《浙江学刊》第1期，2001。

应星，《大河移民上访的故事》，北京：生活·读书·新知三联书店，2001。

应星，《评村民自治研究的新取向》，《社会学研究》第1期，2005。

张厚安、徐勇、项继权等，《中国农村村级治理——22个村的调查与比较》，武汉：华中师范大学出版社，2000。

朱国华，《权力的文化逻辑》，上海：上海三联书店，2004。

第三编

学生培养

大学文科教育的关键在于解放学生

基础教育重在传授已有确定的知识，让学生掌握学科基础知识和基本技能。与基础教育这个特点有关，小学和中学教育主要通过课堂教学来实现知识传授，学生学习学校安排的课程，且几乎所有时间都被课堂占据，所有学习都以课堂教学为主导。现在基础教育中也有对单纯传授知识的教学方法的反思，认为应当避免课堂教学中的满堂灌、填鸭式，而应多采用启发式教学，认为学生应当改变死记硬背的学习方法，有更多学习积极性与主动性。这些反思显然没有否定基础教育中以老师教授为主学生学习为辅，老师教学生学，老师是教学关系中的主体和主动方，而学生是客体和被动方的本质。因此，包括高中在内的基础教育，重点在于通过课程设置和课堂教学，由老师向学生教授知识，学生通过学习来获得学科基础知识。

与基础教育不同，大学教育的重点不再是向学生传授基础知识，而是要培养创造性人才。大学教育当然也有不同阶段，比如本科和研究生教育，研究生教育又细分为硕士研究生和博士研究生教育。大学教育还有学科的差异，大的差异如文科和理工科，进一步细分如人文学科和社会科学，理科和工科。不同学科大学教育的侧重点也有差异，比如理科更多重视原理的发现，需要培养更多想象力；工科则重在原理运用，需要有更强的动手能力和实验技巧。

相对来讲，理工科的研究对象是客观的自然界，自然界具有不以个人意志为转移的客观规律。理工科知识具有很强的确定性。人文社会科学的研究对象是人类社会自身，因为人本身具有很强的主观能动性和高度复杂性，人文社会科学知识也就具有很强的主观性和不确定性。因此，同样是在大学培养创造性人才，理工科与人文社会科学的培养模式很可能是不同的。因为理工科知识更客观和确定，理工科人才培养就可能更加依赖课堂教学和文献阅读。人文社会科学则可能要更多依靠学生的自主学习和个人体悟。

如果说大学教育的本质是培养创造性人才的话，那么，大学文科教育的关键则应当是解放学生，确立学生的主体性和主动性，让学生在大学进行以自我探索为主的创造性学习。以此来检视当前大学文科教育，就有很多值得讨论的地方。

一、大学文科教育的两种模式

与高中教育不同，当前大学教育虽然仍然强调课堂教学，却是以学分制为基础来要求学生的。大学课程分为必修课和选修课，必修课是必须修满学分的，因为这些课程教授专业基础，选修课可以自由选择，给予学生一定的自主性。总学分达到毕业要求学生就可以毕业了。大学学分主要通过课堂教学完成。与高中不同，大学课程相对较少，课堂教学要求相对松散，大学生课余时间比较多，有着远比高中生多的自由支配时间和选择空间。如何支配课余时间成为决定大学教育成败的重要方面甚至根本方面。

高中教育绝大多数时间都被课程和课堂所支配，学生学习主体性和选择空间几乎不存在。大学教育中，修满学分的课程时间可能只占全部学习时间的三分之二甚至二分之一，也就是说，有接近一半时间是学生可以自由支配的。在缺少指导的情况下，学生课余时间的安排往往很不合理，没有充分利用大学环境增长知识和提高能力，大学的自由状态变成了散漫或者忙乱。自由与散漫、忙乱不同，自由的状态应当是利用大学环境充分成长，散漫则是无谓地浪费自由时间，忙乱则是在并不重要的选项上花费太多时间与精力。

为了让学生有更好的大学学习，大学采取的一个主要办法是提高对学生的学习要求，比如更严格的课堂管理，更严格的课程考核，甚至更高的学分要求。为了让学生在课余时间有所收获，大学也提供丰富的创新创业活动、志愿服务活动，这些活动计入到大学生成绩，形成绩点，成为评优保研和就业面试时的加分项。还有很多学生工作、学生活动也进行考评加分，学生干部身份往往也是加分项目。在评优保研的导向下，大学教育似乎做到了“学生忙起来，教师强起来，管理严起来”，然而，学生真正自由的学习时间反而不多了。他们仅剩下被切割了的细碎时间，也就难以进行创造性的自主学习。

通过更加严格的制度性要求让学生忙起来，学习更多知识、更多技能，显然比散漫状态要好很多。问题是，通过制度规定让学生忙起来，以及通过各种严格制度规定将学生自主时间切割了，学生就只能被动适应，被动应付，就很可能丧失学习主动性。某种意义上就是将大学教育回归到了高中以老师为主、以课程和课堂为主的教育，不同之处仅在于有更多课余复习课堂知识的时间。一旦学生失去自由，没有了个性发展，没有了创造性，也就丧失了大学教育的本质。大学教育变成了职业教育。实际上，当前中国大学正在形成这样一种主导的文科教育模式，这种主导模式包括以下诸方面内容：

高度重视课堂和课程，高度重视老师教学，高度注重考核和考试，高度注重知识传授和知识点疏理。课程越来越多，课堂越来越严，考核越来越细，讲授越来越知识点化。结果课堂变成老师满堂灌，学生被动听，课后应付作业与考核，考试前死记硬背教材和教学知识点。学生成为教学关系中的客体。

纪律要求越来越严格，对学生上课、参加活动都有打卡要求，每门课程都要有若干次的考核，学生每天都要完成课程老师布置的作业任务，自由时间被大量挤占。

各种学生工作、社团活动进一步挤占学生的自由时间。学生工作和社团活动大都是自上而下安排的形式多于内容的活动，不参加就要扣分受处分。因为是被动参加，活动是走过场，学生不能从中锻炼能力。

因为对未来缺乏信心，大学生通过考证、修双学位、出国访学或参加社会实践刷履历等等，以增加表面实力却无法真正提升个人专业能力，更无法培养创新能力。

所有这些加起来，就造成了学生学习时间的碎片化，主体性的丧失，学生成为大学制度所管束的客体，学习的积极性与主动性就不可能充分发挥出来，对学习的兴趣也难以保持。学生学习时要么消极，要么浮躁，很功利，大概率成为精致的利己主义者。

与强调严格管理大学教育模式相对的还有一种大学文科教育模式，就是尽可能将大学自由时间交给学生，让他们自己主动探索，有主体性地学习。这种教育模式并不是说要取消课堂和老师，而是让课堂和老师服务于学生自己的学习，让学生成为自己学习的主体。学生自己安排时间、自主学习，大学、老师、课程、课堂以及纪律都服务于学生的学习和成长。大学将学生从严格的纪律要求和细密的时间安排中解放出来，让学生成为大学教学的主体，老师通过包括课堂在内的各种形式“传道授业解惑”，培养学生成为具有自主学习能力、自主探索欲的能动主体。大学当然要有纪律要求，要有课堂，以及要有学分要求，要进行考核考试，只是这些要求以外，还应该给学生更多自由时间让他们自主支配，大学为学生自由时间的支配提供指导。学生不是因为被管起来了所以认真学习，而是他们有了主体性，认真探索，他们就将时间充分有效地利用了起来。他们在主动探索过程中遇到问题再向大学、院系、老师以及同学求助，大学为学生提供针对性的指导。

也就是说，如何建设更好的大学，让学生在大学期间获得更好成长，有两种不同模式：一种模式是通过体制将学生的自由时间控制起来，通过制度安排让学生忙起来。显然，这里学生忙起来是很被动的，是受约束的，是不自由的。这种大学教育模式的关键词是束缚。

另一种模式是真正将时间还给学生，这个模式的关键词是激发。这种模式当然也要让学生忙起来，让他们充分利用大学自由时间成长自己，办法却是以他们为主体，让他们自己选择，自我成长。学生自己选择自我成长，必然会出现走弯路的情况，那就让学生走弯路，因为只有走过弯路才会增长智慧。大学教育要的就是允许学生走弯路，让他们在走弯路中真正探索出自我与未来。

将时间还给学生，就不应该通过特别严格的纪律以及大量严格规定的课堂时间来限制学生的自由选择，就不应将所有学生的时间都用制度来规定规范，而是让学生可以自主安排自己时间去学习、探索，他们在学习探索的过程中出现了问题，大学和老师再来为他们提供指导和帮助。

在将时间还给学生上面，本科和研究生当然也有不同。本科阶段课堂教学还是很重要的，研究生阶段课堂教学可能就不一定有那么重要了，给学生的自主性应当更大。

我们可以将以上两种不同的教育模式核心特征列表对照比较如下：

比照项目	大学教育的核心特征	
	束缚型	激发型
关于课程	强调课程	强调自学
课堂纪律	严格	灵活
学习重点	知识	能力
考核方式	烦琐	简单
时间管理	制度分割时间	自主掌握时间
学习导向	课程	兴趣
教师作用	传授知识	答疑解惑
学习地点	教室	图书馆
教学活动	教材	经典原著
时间安排	时间被严重分割	有连续整块时间
约束方式	外在纪律约束	内在动力约束
教育理念	相信老师	相信学生
制度特征	强调正式制度	注重非正式制度
教学主体	教师	学生
管理理念	将师生当作管束对象	将师生当作朋友
活动考勤	严格	宽松
教书育人	重教书	重育人
教育思想	传授知识	启发思维

显然，大学最为重要的并不只是将学生当作受教育的客体，而是通过激发和调动，让学生真正具有学习的主体性和主动性，服务和服从于学生有主体性地学习与成长，让学生的主体性能落到实处。

二、当前大学文科教育中存在的问题

当前大学教育存在的一个显著问题是学生比较浮躁，难以沉下心来认真学习探索，将宝贵学习时间浪费在并不重要的外在符号追求上，或是过于懒散而白白浪费了大学时光。结果就是大学难以培养出真正创新型人才。

更加让人忧虑的是，当前大学教育中，越来越通过上述的严格课堂纪律、细致课程考核、大量学生活动，将学生自由时间切割成碎片，学生成了大学制度的管束对象，成了教学关系中的被动客体。学生探索性学习的积极性、主动性难以焕发，学习成为应付，成长也就变得困难，创造性人才的培养也就没有可能。

具体而言，当前中国大学文科教育存在以下诸问题：

第一，普遍学风浮躁，学习散漫。因为缺少严格的标准，文科教育课程大都是比较软的知识，缺少严格考核标准，学生学习不够投入，大量大学时间没有用在学习成长上。

第二，学生注重课堂知识，注重专业知识，不注重基础训练，更缺少能力训练，其中最典型的是大学普遍开设双学位课程，学生将几乎所有时间用于课程学习。

第三，因为课程学习任务比较轻，为应对将来职业需要，学生普遍注重外在符号，试图通过参加各种活动和考取各种资格来增加自己的外在符号。

第四，大学越来越重视课堂教学，重视学业考核，重视纪律要求，这对于防止大学散漫学风有好处，却进一步切割了学生自主时间。越是严格的教学安排越是可能将学生变成受教育客体，而难以激发产生出学生学习的主体性，就越是造成学生主体性的丧失和积极主动性的丧失。

第五，重结果不重过程。大学往往只注重学生学习的最终结果，注重死记硬背的知识点，不注重学习过程，忽视了只有经历自主学习才能训练学习能力的重要性。

第六，为了防止老师学生偷懒作弊，像对待管束对象一样设置重重的监督考核程序，比如课堂点名，考试必须有多套试卷，必须至少有三次平时成绩，毕业论文必须有开题答辩、预答辩、校级评审、匿名评审、修改论文、最终答辩等越来越繁复的程序，程序越多越减少了学生的自主学习时间，越限制了学生的自主创新空间。制度越严密，程序越烦琐，师生就越是丧失了主体性，就越是没有了主动性和创造性。

第七，为了调动学生学习积极性，当前大学教育采取了各种制度，除课程和考试纪律等要求以外，还有保研评优等制度，这些制度不仅与课程成绩挂钩，而且与各种学生活动挂钩。为保研评优，优秀学生将几乎所有时间都用在追求制度规定的加分项上，学生学习主体性被制度加分项目所瓦解。更糟糕的是，加分项往往只是为了管理学生而不是激发学生内在主动性，所以这些活动往往徒有形式，不能增加学生的能力，甚至不能增加学生的知识。以学工系统为主导的保研评优制度是当前大学学风浮躁的一个重要根源。学生干部常是学风浮躁的典型，学生工作中的形式主义已严重影响了大学沉静的学习风气。

事实上，在不断减少学生自由时间，压缩学生自主探索空间下，大学教育逐步陷入到“越管越死”的困境中。如何走出当前大学文科教育的这一困境？这需要从根本上探讨大学教育的方向。

三、激发还是束缚：大学教育的方向

大学从高中填鸭式教育中解放出来，如何让学生有效利用大学时间提高能力，前述束缚的模式和激发的模式是两种完全不同的思路。表面上看，对于大学来讲，两种模式结果都是学生认真学习，都不虚度大学时光，内在机制却完全不同。前者强调，大学生是受教育的对象，大学主要通过正式制度将大学时间格式化，由老师向学生传输知识。后者强调，学生是大学的主体，他们在大学环境中充分利用大学资源进行学习，不断成长自己。

究竟应该采用哪一种思路与大学本身的性质和阶段也有关系。一般来讲，职业教育、理工科等科学教育，更有效的办法可能是前一种思路，人文社会科学等科学性不是很强、需要有更多探索性的学科，后一种思路可能更好。这就是为什么理工科为主的清华大学、上海交通大学和华中科技大学的本科教育更加强调纪律，而北京大学、复旦大学、武汉大学等综合性大学更强调自由的一个重要原因。相对来讲，本科教育更注重基础知识教育，研究生阶段更重探索性研究，因此，本科教育更强调纪律，研究生教育更强调自由。当前大学本科课堂管理往往更为严格就与此有关。

正如前述指出的，通过外在学校纪律要求的教育，关键词是束缚，通过内在学生动力形成的教育，关键词是激发。束缚和激发并非只有两个极端，而是一个连续谱，强调纪律的大学并非就不要求激发学生内在动力，激发学生内在动力的大学也并非就不要求有任何学校纪律。但在不同的教育思路下，大学教育将呈现出完全不同培养效果。

从根本上来说，大学教育最重要最关键的仍然是激发和调动学生学习探索的主体性和内在积极性。好的大学文科教育，最重要的是要将时间还给学生，要相信学生，解放学生，同时又要充分激发学生主动性，调动学生积极性，形成他们的主体性。首先要解决的问题就是，必须确立学生具有主体性的观念，只有学生有了学习的目标和动力，他们自己去探索去学习，外在的学习环境和条件才能起作用。一旦学生有了学习的主体性，大学就应当为学生提供成长的宽松条件和相对完整的时间安排，将时间还给学生。

也就是说，大学文科教育要培养出创造性的人才，应当具备三个条件：

第一，必须真正确立学生在大学中的主体性。

第二，必须将时间还给学生。任何试图通过外在强制让学生忙起来的制度，都不过是将学生的时间切割从而使学生主体性丧失的制度，因此不是好制度。大学的本质是自由，这一点同样适用于大学教育。

第三，学生主体性的建立需要有一个动员、激发和调动的过程。好的大学应当有足够能力激发出大学生学习的强烈热情、探索的强烈欲望，应当能建立起学生的主体性。

大学要解放学生，同时又给他们提供引导、指导，帮助学生建立起学习主体性，为他们学习提供帮助和支持，答疑解惑。学校的强有力支持转化为学生有主体性成长的营养。在内在积极性被充分调动起来的情况下面，文科大学生就可以爆发出巨大的成长能量，并可能培养出大量优秀的人才。以大学之自由氛围为基础，老师引领学生自主，真正培养具有学习与探索能力的创新人才，这就是大学最美的风景，也是最好的大学教育。

四、四个例子

笔者从事教育30年时间，在如何解放学生方面有些探索，下面举4个培养学生的例子，抛砖引玉，希望能对进一步完善我国文科大学教学做点贡献。

1. 研究生读书会

2002年以来笔者一直主持研究生读书会，最早是在华中师范大学政治学研究院主持政治学专业研究生读书会，2005年开始在华中科技大学中国乡村治理研究中心主持社会学专业为主的研究生读书会，2018年开始在武汉大学社会学院组织本科生和研究生利用课余时间读书，都很成功。读书会最重要的是真正调动了学生的学习热情，以至于研究生自己号称

“8107”制，即在无课的情况下，每天早八晚十、每周七天泡图书馆读学科经典著作，从而真正解决了当前全国大学文科教育中普遍存在的两个固疾：一是学生不读经典，二是学风浮躁，坐不下来。我在三所大学主持学生读书，几乎所有研究生以及大部分本科生都可以将绝大多数课余时间自觉用在泡图书馆读学科经典上，这说明学生已经建立了自己的学习主体性，具有强烈的学习内在动力。

读书会的成功，关键就在于向学生讲清楚读经典对于他们未来成长的重要性，并通过不断动员鼓励，答疑解惑，让他们克服读经典的最初困难，然后将他们读书的获得感变成后续读书的动力。学生自己读书，老师在一边鼓励加油，答疑解惑。老师很重要，学生是主体。这样一种关系就使得学生通过几年时间的刻苦阅读经典达到相当的专业高度。

2. 第三学期

2019 年武汉大学在全校推行第三学期，时间为一个月，主要是安排了各种第三学期课程。武汉大学社会学院依据本院特点制定了独具特色的第三学期，主要有三点：一是第三学期时间比学校长 20 天，达到 50 天；二是第三学期不安排具体课程，只为每个年级同学提供一份推荐书单，让学生自己选择读书。对于本科生一般要求难读的硬书与好读的软书夹杂着读，研究生则要求进行体系化的经典阅读；第三，每周由班主任召集本年级同学进行读书交流，主要交流读书状态，答疑解惑。另外按每 5 个本科生 +2 个研究生的搭配组成“5 +2 学习小组”，每周“5 +2”交流一次，内容不限。社会学院第三学期实施后，几乎所有本科生和研究生都高度好评第三学期，原因有三：第一，从来没有过如此长且完整纯粹的时间自己读书，第一次有了一个自己规划自己时间的机会；第二，长时间不被打扰不受干扰读经典，静下心来的纯粹状态，远比有上课任务的学期要好得多。读经典必须要有大块时间，大块时间阅读所形成的肉眼可见的进步又进一步激励了学生的阅读积极性。几乎所有本科生都在第三学期结束后感慨说，没有想到自己泡图书馆可以坚持那么久，以及自己可以读那么多艰涩的学科经典著作；第三，第三学期结束后，学生上课学习积极性大为增强，上课学习更主动更认真。同时他们也都深感整块时间的难得，利用课余时间泡图书馆读经典就很难再达到第三学期的纯粹状态。这一方面造成他们对第三学期的怀念，另一方面又正是第三学期的纯粹状态与获得感让他们有了参照系，他们试图在上课的学期也能得到整块读书学习时间。真正是食髓知味，余音绕梁。

武汉大学社会学院 2019 年暑假第三学期将几乎两个月的时间交给学生，只对学生进行最有限的引导、指导、答疑解惑，就让学生达到了全身心投入到创造性学习中的最佳状态，这中间值得总结的地方还有很多。

3. 与学生“面对面”

2018 年开始，武汉大学社会学院创设院长与学生面对面交流制度，由学院院长和主要领导每个月分别与各个本科和硕士年级同学面对面交流一次，主要交流课外学习情况，包括课外阅读、身体锻炼和作息情况。每个年级“面对面”时间一般为 4 个小时，主要交流方式是由每个学生报告一个月的个人情况，尤其是课外阅读情况，也包括他们一个月学习状态的自我努力程度评价，学习中遇到的问题、困惑。等等，每个同学发言时间 5 分钟左右。再由院长对每个同学报告的阅读、锻炼、作息情况进行点评，点评一般不涉及阅读著作的具体内容，主要对同学的学习状态进行评价，回答同学们的困惑，解决他们在学习中遇到的问题，并对同学们进行鼓励。“面对面”中，每个年级的每个同学都汇报了情况，提出了问题，问题也都得到了回应。一个年级所有同学都汇报了情况，提出了问题，每个同学的问题都得到了回应，一场“面对面”下来，每个同学都可以获得他们在一个月学习中所遇到的问题、困难和认识障碍的解决方案，也会更加了解同年级同学学习状况，他们也就一定会在接下来的时间更加努力学习。并且，同学们会越来越在正确的方向上努力学习，因为每次“面对面”都会对同学们努力的方向进行正向调整。同年级同学学习生活在一起，大家彼此熟悉，面对面的汇报就不可能有同学说假话，每个同学的状况又给其他同学以最好的同辈群体参考。每月一次的“面对面”都会营造出一种积极向上、努力学习的氛围，都可以为同学们自主学习扫除认识障碍，提供正确导向。“面对面”既是对过去一个月的学习总结，又是对未来一个月的学习规划。通过答疑解惑，鼓励加油，“面对面”成为同学们学习的加油站，每月加油一次，状态越来越好。即使还有少数学习落后分子，在大环境下面很快就发生了改变。结果，仅仅半年时间，武汉大学社会学院的学风就大为改变，学生几乎将所有课余时间都泡在图书馆了。武汉大学图书馆生均入馆次数，社会学院遥遥领先。

4. 暑假研究生读书班

针对当前国内大学生几乎不读学科经典的问题，最近十年笔者一直要求当年考取研究生的学生提前在暑假到校读学科经典著作，组成暑假研究生读书班，时间大概两个月，每届读书班约有二三十人，同学们学习条件一般比较艰苦：因为还没有开学，所以无法入住研究生宿舍，只能租房居住；没有借书证只能找已入学高年级师兄师姐借用；武汉夏天天气炎热，等等。尽管有诸多不便，暑假研究生读书班却取得了相当好的成效，其中最典型的是，几乎所有参加读书班的同学都可以做到“8107”，真正以读书为业。也是因此，他们中的多数人两个月所读学科经典比大学本科四年所读都多。读书班结束后，参加读书班的同学都对自己两个月的读书状态和成效相当肯定。

更重要的是，笔者组织的暑假研究生读书班是没有指导老师的。二三十名准研究生中会有几个本科读书较多的同学负责组织，笔者只为同学们提供一个初步的读书书单，由同学们自己泡图书馆硬读，读硬书。

因为大部分同学之前基本没有读过经典的经历，在阅读硬书（经典）时就会有畏难情绪，就存在各种现实的阅读困难。不过，同学们既然已经来到武汉参加了读书班，除了每天早八晚十上图书馆，哪里也去不了，他们就不得不泡在图书馆。从认字开始读书，开始读硬书的艰苦探索。遇到问题可以与读书班同学相互交流，也可以向同样暑假留校读书的师兄师姐请教。时间稍长，同学们就从认字变得能读一些段落、章节，能有更多读懂的段落、章节，竟然一本书读完了，一个月读了四五本，两个月读了上十本经典，两个月所读经典竟然比本科四年读的还多。这样一来，两个月的读书体验就相当刻骨铭心。这个自己探索的内化于身体的阅读体验和培养起来的自信就会激励他们在结束读书班后继续阅读。逐步地，阅读成了一种习惯。阅读并非为了考试，也不是为了学习具体知识，而是在阅读过程中训练自己的思维，形成专注的能力。当然，越读就越懂，懂多了就会通，有了贯通的对经典的理解，就可以运用到分析经验和理论研究中去。

暑假研究生（准研究生）读书班中，最重要的是相信学生，让他们自己去学习探索。只要给他们创造出环境，使之鼓足了干劲，具备了信心，并且讲清楚每个人都必然有从不懂到懂、由懂到通的艰难过程，同学们就可以爆发出不可思议的力量，创造出他们自己的卓越。

2020.1.25

关于社会学研究生培养的几点思考

一、“钱学森之问”

如何培养出高水平的人文社会科学的研究生，这是一个很值得讨论的问题。“钱学森之问”主要是针对自然科学的，即“为什么我们的学校总是培养不出杰出人才？”实际上当前中国人文社会科学也是适合“钱学森之问”的。当前中国培养出的数量极为庞大的人文社会科学博士中，真正具有原创研究能力的杰出人才却很少，应用性的政策研究水平也很低，甚至连实践中的基本情况也不了解。最近几年大学智库建设投入很大，智库成果不接地气，不知所云，政策部门对大学智库也大失所望。

总体来讲，人文社会科学介于科学与艺术之间。科学知识是很确定的知识，具有严密的逻辑，可以证伪。艺术则主要依靠想象力。相对来讲，人文科学偏向艺术，社会科学偏向科学。仅就社会科学来讲，不同学科差异也很大，相对来讲，当前经济学倾向计量研究，试图通过数学建模来变成科学。遗憾的是，经济学研究对象还是过于复杂，就使其科学性要大打折扣。社会学、政治学、法学的研究对象具有很强的地域性、历史性、民族特性，全世界适用的社会科学也确实是很罕见的。如何培养出杰出的中国社会学研究人才，是当前中国大学社会学教育中必须面对的重大问题。

当前社会学研究生教育存在的一个具有相当普遍性的问题是研究生理

论训练不足，不读书，尤其是不读经典，成为严重问题。与之相应的是，几乎所有社会学研究生导师都认识到研究生读书尤其是读社会学经典著作的重要性，并开列了各种社会学经典著作书单，组织了各种读书会，可惜效果都很不好。之所以效果不好，一个重要原因是社会风气太浮躁，学生成了精致的利己主义者，读大学期间将主要精力用于追求外在符号，而不愿意真正投入到能力提升上来。在我看来，除了学生方面存在问题以外，社会学界对如何培养研究生的方式方法、课程安排、教学模式、研究生学制诸方面都存在问题。最严重最根本的问题则是对研究生教育目标及研究生教育方式的认识上存在问题。从小处讲就是研究生教育到底是要以课堂为中心还是以读经典为中心，从大处讲则是能否真正将研究生作为教育的主体，能否真正以研究生为中心开展研究生教育。所有人都同意，要培养出大批杰出人才，研究生阶段必须要进行严格的学术训练，问题是如何理解严格的学术训练，什么才是严格的社会学学术训练，以及怎样进行严格的社会学学术训练。

二、当前研究生培养中的主流方法

怎样对研究生进行严格学术训练？当前中国大学主导的方法是通过“课堂讲授+课后文献阅读”（后面一律简称“课程+文献”）来完成，课程同时又是修满学分的必要条件。三年学制研究生，有一年半以上时间主要是围绕修满学分的课程教学，课程主要由老师课堂讲授和学生课外文献阅读构成。修满学分后，硕士学位论文开题，撰写论文，答辩毕业，获得学位。

与大学本科略有不同，研究生课程学习中，优秀的老师会要求研究生在课外有更多专业文献阅读，并且研究生课堂规模一般较本科小得多，研究生课堂就有更多自由讨论，这种自由讨论也变成对研究生课余文献阅读的检验。相对于本科更多基础性课程，研究生课程中有更多专题性、前沿研究性课程。

应该说，对于那些科学性强、知识体系成熟、师资优秀且本科基础好的大学学科，“课程+文献”的研究生培养可能会比较有效。比如理工科乃至心理学，科学性比较强，知识体系比较成熟，优秀老师通过课堂讲授+课外文献阅读，可以用较短时间向研究生传授学科前沿知识，为研究生提供扎实而优越的学术训练。

仅就社会学来讲，当前社会学科知识的科学性其实是不强的，很多研究要靠研究者感悟，社会学知识体系性也存在一定问题。尤其重要的是，大学本科社会学教育往往只学习了教材知识，这种知识是填鸭灌输的知识，是死记硬背的知识，是主要由课堂教学获得的知识，这种知识多是结论且十分表面，缺少知识从何处来以及是如何推导出来的讨论。因此，社会学研究生教育采取课堂教学+课外文献阅读的办法，效果可能是不好的。当然，更糟糕的是，当前中国大学社会学师资总体来讲不强，这就更加影响了社会学研究生培养的质量，要培养出杰出社会学学者自然就难乎其难了。

当前培养社会学研究生有三种代表性实践，分别是北大、清华和中国人民大学。这三所大学社会学研究生培养无一例外都是“课程+文献”的模式。

仅就北大、清华、人大三校社会学研究生培养来讲，三校都有很强的师资，较高水平的课堂教学，较高质量的课外文献阅读。这是三校相对一致且对全国其他高校具有优势的地方。三校又各有不同，其中北京大学崇尚自由，清华大学强调纪律，因此，北京大学社会学系允许研究生更多主体性，允许研究生个性化的发展。清华大学社会学系每年招收社会学硕士生规模比较小，在社会学研究生培养特色方面表现不显著。与北大整体崇尚自由相比，清华大学更强调严谨，强调纪律，清华大学研究生因此就较少主体性和较少个性化发展的可能，清华的严谨（或纪律）与北大的自由，与清华以理工为主而北大人文社会科学占有重要地位有关。越是理工等科学性强的学科，越强调严谨与纪律，越是人文社会科学学科，越需要有自由发挥的空间。

崇尚自由的北大给了研究生（以及本科生）更多自由选择的空间，就为少数具有极强主体性的学生提供了自由成长的机会，这些同学在北大自由空气中其主体性得以成长，各种天才、怪才都有机会充分释放，而不是被埋没变得平庸。不过，这种自由也很容易变成散漫，相当一部分学生在自由空气中消磨了意志，浪费了时光，成为了大学教育的次品。强调纪律的清华严格要求“课程+文献”，限制了学生的自由成长空间，却也防止了学生的散漫，从而让所有学生获得了基础性的训练。相对于北大，清华培养出来的学生，天才、怪才较少，庸才也较少，中等人才比较多。

与北大、清华三年学制不同，中国人民大学一直坚持研究生两年学制。显然，按现在中国研究生培养要求，两年学制是不太够的。中国人民大学社会学师资是比较强的，两年学制，第一学年主要安排课程，第二学年则是写毕业论文兼找工作。人大社会学第一学年课程中，绝大多数课程都是“课程+文献”。密集的课程使得中国人民大学社会学研究生第一学年几乎没有可以自由支配的时间，全部精力用于上课和修学分。第一学年结束，修满学分，立即就要完成硕士论文和毕业就业。研究生期间学生主要是被动地学习和接受知识。

从全国大学社会学研究生培养来看，学分制+学位论文的模式，使得几乎所有大学社会学科都是以课堂教学为主，辅之以文献阅读来完成研究生培养。相对于北大、清华、人大这些中国最好的大学，其他大学社会学师资、研究生基础训练都更差，很多大学社会学研究生培养仅仅变成课堂教学，课外文献阅读也没有了，研究生课堂教学的组织严格程度往往不及本科课堂，由此造成研究生教育中普遍的“放羊”状态，研究生三年学习下来，训练很少，收获很小。“混”了一个社会学硕士学位是常见情况。

社会学研究生教育中，除了课程体系（课堂教学 + 文献阅读）以外，还普遍采取了导师制，由导师指导研究生的学位论文。一般来讲，研究生学位论文的选题都是在导师指导下选定的，且往往与导师研究方向一致。从研究生学位论文来看，有的导师（以及有的学校）特别重视学位论文，有的导师不是太重视学位论文。研究生学位论文水平参差不齐。仅靠学位论文来训练研究生显然是不够的。

为了提高研究生培养质量，全国一流大学社会学研究生导师普遍采取的一个办法是组织研究生读书会，指导研究生读书。读书会的一般组织模式是研究生导师指导门下研究生，一般每周或每月召开一次读书会。读书内容一般有三种：一是阅读社会学经典著作，二是专题文献阅读，三是阅读导师的主要作品。三种读书都强调知识的学习。组织读书会的最大困难是不同学生阅读进度不同、积极性不同、基础不同，同步阅读尤其是指定阅读书目的阅读难以适应不同学生的个性发展，这种差异最终会挫伤读书会同学的积极性，并挫伤指导老师的积极性。有指导老师每届都组织读书会，组织的每届读书会却都半途而废。以至于有导师认为现在的研究生“又懒又笨”，太过浮躁，无法教育。

三、“课程 + 文献”的培养模式存在问题

“课程 + 文献”培养模式的最大问题是忽视了研究生学习的主体性和主动性，在研究生培养中仍然是以课堂为主，以老师为主，以知识传授

（灌输）为主。严格的“课程＋文献”培养模式对研究生学习的主体性形成了干扰与时间切割，或者说，这种培养模式造成了研究生学习时间的碎片化，造成研究生主体性学习的困境，主体性被体制安排所冲击，学习的主动性与积极性就丧失了。一旦学习主动性丧失，学习只是被动地接受知识，这样的学习就无法充分调动学生探索的欲望，调动同学们强烈求知欲，调动同学们自主安排时间去创造学习的奇迹，也就使得培养出杰出学者的可能性大幅度降低。

具体来讲，有以下几对关系需要讨论。

首先需要讨论的问题是研究生在教育中的位置，研究生教育中，研究生到底是主动的主体还是被动的客体。

总体来讲，当前中国教育体制中，从小学到高中都是以严格的课堂教学和知识灌输为主要特征的，强调考试的知识、标准化的知识和死记硬背的知识。在高考一考定终生的情况下，小学到高中的课堂教育本质上都是填鸭式、灌输式的知识性教育。这种教育的好处是让接受教育的学生掌握了基本知识和具备了基础性能力，成为了健全的公民。缺点是缺少充分发挥个性的教育。大学本科教育则同时存在两个倾向：一是依然以课堂教学为主，二是有大量课余可以自由支配时间。大学本科教育的好处是让学生充分接触到各门专业课程知识，自由支配时间参加各种大学社团、文体活动，弥补了大学前应试教育的不足。在本科教育中，除了课堂教学以外，绝大多数学生缺乏更加深刻的专业教育，以至于进入研究生学习时，仍然是通过应试进入研究生，缺少对专业的深刻理解。以社会学为例，大多数考取研究生的学生在本科阶段阅读经典著作数量极少，对经典社会学家的了解仅限于二手作品（主要是教材）的介绍。

实际上，当前中国大学的研究生教育仍然是以课堂教学为中心的，课堂教学的组织者指定文献和需要讨论的问题，研究生学习考试获得分数与学分。这样一种学习中，研究生是被动的客体，他们缺少真正主动性的学习，更缺乏主体性的学习。很多大学在博士研究生阶段仍然重复硕士研究生阶段的“课程+文献”的课堂教学模式，研究生与本科生一样被动接受知识的灌输，缺少主动地主体性的学习。

我们认为，研究生阶段，最为重要的是不再继续按“课程+文献”的方式进行以老师为主体的教学活动，这样的活动应当在大学本科及以前的基础教育中完成。研究生阶段必须要给研究生自主的时间进行有主体性的探索。

研究生阶段继续学习专业知识固然重要，学会学习以及训练基本能力则更为关键。将研究生当作学习的主体，他们自己去学习去探索，课任教师及指导老师主要为他们提供方向、方法的指导，他们就可会有更大的收获，尤其是能力训练的收获。

所以第二个问题是，研究生阶段的学习主要是学习知识还是要训练能力。有了知识就可以运用知识去解决现实问题。不过社会学的理论知识要应用到实践中，必须要有将书本知识与实践勾连起来的能力，否则就会成为“教条主义”“本本主义”，只会纸上谈兵。因此，研究生阶段就不仅要知道社会学的知识是什么，还需要知道为什么，不仅要知其然而且要知其所以然。

最为关键的是，研究生教育中，只学习知识显然是不够的，还应当重点培养研究生的学习能力、理解能力、独立思考能力、逻辑思维能力和批判思维能力。能力训练远比知识学习要重要。缺少学习的主体性，被动接收知识，是当前中国教育的大弊，研究生教育也存在这个大弊端，这是中国教育很难培养出杰出的创新型人才的主要原因。“课堂教学+文献阅读”注重了知识传授，却很难起到能力训练的作用。

以课程为基础的研究生专业训练（“课程+文献”）看起来在专业化

方面具有优势，问题是，当前中国大学社会学研究生缺少社会学基本理论与方法的训练，缺少“知其所以然”所必须的对社会学经典著作的系统化阅读。直接进入专业化的文献阅读缺少了基础训练环节，而这个环节又是整个研究生教育的精髓。

全面地体系化地掌握社会学基本理论与方法，尤其是通过阅读社会学经典著作来既学习知识又潜移默化地获得社会学研究能力，是进行创造性研究的前提。全面地而不是片面地掌握的社会学理论知识，比碎片化的社会学知识要重要太多。当前中国大学社会学教育中的“课程 + 文献”，知识是专业的且总体来讲是碎片化的。严格的学术训练首先要有对学科基础知识的系统掌握，同时要“知其所以然”，要形成社会学的思维，要有运用社会学理论的能力。

当前中国大学的社会学研究生教育，基本上延续了本科教育模式，而本科教育与基础教育阶段的填鸭式教育没有本质差异，表现在师生关系上就是研究生教育仍然以老师为主体，研究生只有被动的学习，因此，研究生学习积极性不高，甚至十分消极，所获得的只有过于专业且碎片化的知识，这些知识往往是“不知其所以然”的。这样的研究生教育显然不可能培养出创新型社会学人才。

更糟糕的是，除极少数最好的大学以外，绝大多数中国大学社会学专业的师资是比较弱的，课堂教学水平不高，甚至研究生课堂教学还不如本科课堂认真负责，课外文献阅读很随意，这样培养出来的社会学研究生水平与能力就可想而知了。

中国大学社会学研究生教育中如何充分发挥研究生的主体性，调动他们的主动性与积极性，让研究生进行探索性学习，使之在学习过程中不仅获得知识，而且提高独立思考的能力，训练思辨能力，是能否培养出杰出社会学学者的关键。

四、体系化的经典阅读

与“课程＋文献”不同，我们探索了另外一种“严格学术训练”的路径，就是体系化阅读社会学及其他社会科学经典作家著作的路子，这个路子的关键有三条：

第一，真正确立研究生教育中研究生的主体性，让研究生回到教育的中心，一切教学活动及其他活动都服务于研究生学习的需要，而不是反过来让研究生服务于学制和教学的要求。将时间还给研究生，将主动性还给研究生。只有当研究真正有了主体性，他们才能爆发出不可思议的精神力量，才能发掘自己全部的潜能，才能获得持续而迅猛的成长。

第二，体系化的经典阅读。中国传统文人思维最缺乏的是科学思维，缺少严密的逻辑推理，往往是情怀加上大概的判断，这种文人思维是不可能产生出社会科学来的。相反，主要来自欧洲的社会学自 19 世纪产生以来，就形成了相对严密的概念体系和逻辑体系。体系化阅读社会经典著作不仅可以系统掌握社会科学的基本理论，而且可以通过阅读原著学会社会学的分析与逻辑推理。从社会学初创时的经典作家如涂尔干、孔德开始，再到韦伯、马克思、齐美尔，再到过渡时期的众多社会学经典作家的经典著作（如帕森斯、默顿、曼海姆、戈夫曼等），再到现当代的经典作家如福柯、吉登斯、布迪厄、哈贝马斯等等一路读下来，就可以比较完整地掌握社会学的理论脉落，在阅读经典作家著作时学会社会学分析方法，为之后的社会学研究奠定坚实基础。

之所以要体系化阅读，是因为社会学理论是相互联系的。当前被纳入到社会学创始学者的经典作家如涂尔干、韦伯、马克思，都是人类思想和思维的高峰，他们开创的丰富多彩的社会学分析方法对后来的社会学家有巨大启示。也正因为后来的社会学家从古典经典作家那里吸取了理论与方法的营养，这些古典作家才成为了社会学经典作家，其作品才成为经典著作。体系化阅读，一字一字地读，从古典开始读起，读下来就一定可以贯通社会学理论，掌握社会学基本分析方法。

第三，连续两年不间断的经典阅读。之所以要连续不间断，一个原因是体系化阅读经典著作需要高度的专注。因为本科教育一般都缺少对原著的阅读，研究生系统读经典作家的经典著作是有难度的。经典著作是“硬书”，刚开始时读不懂就要硬读。用硬读的办法来读硬书，进入很不容易，出来却很容易，因此，要读好书就必须要有意志力，要有相对安静的环境条件。连续不间接的阅读才容易读进去，才容易读懂读通，才能够真正掌握社会学理论与方法的精髓，才可以说受到了严格的社会学学术训练。这样一个读硬书、硬读书的过程，这样一个不受干扰的两年时间，极为重要，这个重要不仅在于知识积累上，更在各种能力尤其是思维能力的训练上。这个过程我们称之为“深山老林好练功”。大学是象牙塔，很纯粹，正是可以练功的深山老林，也正是读书的好地方。

不受干扰地硬读书，读硬书，一天 10 个小时坐在图书馆阅读，这样一个阅读的 10 个小时也就是绞尽脑汁进行思考的过程，就是想方设法读懂读通的过程，就是要将理论运用理解实践的思维过程。

硬读书，读硬书，必须要有主动性和主体性。要全身投入，要绞尽脑汁地思考：读懂或读通。这样一天主动读书 10 个小时，就是积极主动、绞尽脑汁思考 10 个小时，这种主动地长时间连续思考，在知识获得和思维能力训练上可以达到很高的强度，这种训练的效果远比一周时间被动上课所学到的碎片化知识重要得多，也多得多，这种多的关键不在数量而在质量。

这里就有一个极为重要的不等式：一天主动的经典阅读，在研究生能力训练上要强过一周被动的课堂学习。这个不等式是进行严格学术训练最为重要的秘密。两年时间不间断的体系化经典阅读，即可以完成社会学或社会科学的思维训练以及知识积累。

让研究生有主体性地体系化阅读社会学经典著作，要很好地处理自由与纪律的关系。一方面，必须给研究生大块的自由读书时间，让他们按自己的进度与方法读书，自由探索。这个探索本身就是能力训练必不可少的部分，同时，研究生个人读书自由很容易造成迷失，自由变成了散漫，所以在研究生读书过程中，大学老师要给予强有力的指导，是研究生读书有了问题才指导。这个指导主要包括答疑解惑，鼓足动力。要解决读书学习的方向问题、方法问题，同时保持读书的开放性，让不同研究生一起读书，分享交流，避免走火入魔。这也就是与自由不完全一样的纪律。纪律的目的不是限制研究生的自主学习，而是让研究生在正确方向、成熟方法指导下面学习，让他们有自信有动力有热情硬读书、读硬书，大块时间用于潜心读书思考，而不是散漫无措。

小结起来就是，研究生自己读书学习，他们在读书学习中有了问题，老师再来帮他们解决之，这样持续两年的硬读书和读硬书，就可以在硕士研究生阶段完成高强度的社会学理论与方法训练。这样一种训练达到的效果要远远超过“课程＋文献”。

五、几个问题的探讨

体系化阅读社会学经典作家的经典著作，是社会学专业培养杰出研究人才的根本之道，也是社会学研究生教育最重要的抓手。与此有关的若干问题我们再来辨析一下。

1. 作为训练的阅读

有人认为，现在的社会是学习型社会，阅读是一辈子的事情，读书是一种高雅的情趣。这样一种认识就将作为训练的体系化经典阅读庸俗化了。有三种完全不同的阅读：一是消遣性阅读，二是知识性阅读，三是训练性阅读。前两者可以说是一辈子的事情，作为训练的体系化经典阅读则是在特定时期用有限时间来完成的事情。之所以要在特定时期，有两个原因：第一，接受了基本教育，进入社会学专业训练时期，这个时期大体在本科生和研究生期间，第二，也只有大学期间才会有完整的以读书学习为业的时间。相对宽松的时间安排及以学习为中心的体制是保证完成高强度训练的关键。

正因为是能力训练，体系化阅读就不会也不必是一辈子的事情，而是要在一个有限的时间最有效地完成训练。依据我们的经验，两年时间全身心投入到社会学经典的体系化阅读中，就可以在大致阅读主要社会学家经典著作的基础上，潜移默化地掌握社会学的主要理论与方法。读经典的过程也就是一个不断地思考、内化的过程，是在读中学，边读边思考边提升思考能力，在知其然的同时知其所以然。读懂读通，然后有运用的能力。

训练的阅读是有期限的，阅读所训练出来的学习能力则为之后的知识性阅读提供了条件。体系化经典阅读训练是当前中国大学研究生培养最为缺少的一个环节，这个课一定得补。

2. 体系化阅读的方法、重点、数量

体系化的社会学经典阅读，必须面对的一个问题是用什么方法去读。从大的方面讲，要循序渐进，一家一家地读，一个学科一个学科地读，读经典作家的经典著作。从小的方面讲，要逐字逐句阅读，要从认字开始，先读懂再弄通，而读懂需要一个比较长的过程，需要有一个很长时期读不懂或半懂不懂、似懂非懂的阶段。为了读懂读通，就必须要长时间地钻研、琢磨，就要硬读书，这样一种“硬读”是体系化经典阅读中最为重要的部分。读经典没有巧办法，只能用笨功夫。正是在用笨功夫的过程中逐渐将学习的理论与方法内化为个人学术能力、思考能力、分析能力。用笨功夫过程中所获得的能力训练远比获得的知识重要。正是这个意义上，体系化经典阅读不需要借助导读、参考书以及高水平的专业老师，而要靠个人的探索、摸索。探索、摸索过程中训练才是本，知识则是末。靠指导读出来的经典，即使掌握的知识再精准也是有缺憾的。

读经典著作必须全身心投入，三心二意是读不好经典的，总是受到干扰也读不好经典。经典很难进入，却很容易从中出来。读经典的过程中，每每受到干扰都会出来，再进入到经典的语境就很难，多次反复，经典就读不下去了。

刚开始读经典，因为读不懂，所以速度是不快的，读到一定程度，有三五个月坚持不懈的阅读，读书速度就可以大幅度提高。再到一定程度，不仅读懂，而且有通的感觉了，就有了更多思考的余地，读书速度就应当再放慢，以有更多思考。刚开始读书时读不懂或不全懂只读懂了很少一部分，怎么办？继续读下去。读到一定程度就自然懂了。读经典的过程看似读后就忘记了，只要真正用心读过都会留下思考的痕迹，在后续阅读中，这些痕迹都会泛起，成为后续阅读的基础，通过后续阅读也理解了之前未能理解的知识。我们有一个说法是，到了小学五年级，一年级的算术自然就不是问题了。这里面一个关键点在于，体系化阅读的社会学经典，循序渐进，古典部分被列为社会学经典著作的都是后来经典作家作为研究基础的著作，所以古典社会学经典作家是那些在当前社会学研究中仍然具有奠基作用的作家。他们的著作在此后的经典著作中会被不断地讨论。只要体系化阅读，就可以体系化地掌握社会学基础理论与方法，以及更重要的是在艰苦的长时期（两年）阅读中潜移默化地形成社会学思维能力、分析能力。

正常情况下，两年时间全身心经典阅读，可以将社会学主要经典作家的主要著作系统阅读一遍，并且还可以多出一个学期旁及其他学科比如经济学、政治学、人类学。这些不同学科在研究能力训练上是等价的，且其研究方法和基本理论是相通的，因为都是对近现代社会的研究成果。

3. 阅读经典与理论研究

前面已述，阅读经典的目的是训练能力。从另外一个方面讲，阅读经典的目的不是为了将来专门去研究西方社会学史，也不是为了研究西方社会学经典作家，而是要从体系化的西方社会学经典阅读中获得能力训练，尤其是逻辑思维能力和分析能力的训练，这种能力是当前中国学者所缺乏的，也是中国传统文人所缺乏的，更是当前社会所普遍缺少的。

阅读经典所获得的能力只有与14亿中国人民的伟大实践结合起来，才能产生出真正有中国主体性的社会科学。中国社会学理论研究完全不等于西方社会学史或西方社会学经典作家的研究，而是中国经验基础上的理论研究。

只有当经典阅读形成的能力与对中国伟大实践的研究结合起来，才能产生出伟大的社会学理论，才会培养出杰出的社会学人才。

因此，我们还有一个主张，就是博士生要大量从事经验研究，要进行饱和经验训练。“经典+经验”的“两经”训练基础上再专业化，才能做出一流的学术研究。

4. 读翻译作品行不行

经常有人问，读社会学经典著作，读翻译作品行不行？要是翻译作品译错了怎么办？

当然可以读翻译作品，而且我们培养学生都是用翻译作品。改革开放以来，中国学界的一大贡献就是将西方主要社会学及其他学科经典作家的著作都翻译过来了，这就为中国普及社会学经典作家的阅读提供了最好条件。触手可及的翻译作品是中国吸取西方社会学理论服务中国社会实践的一个基础条件。

总体来讲，社会学经典著作翻译作品的质量还是不错的，问题是万一翻译错了怎么办？翻译错了也不要紧，因为对经典作家的理解要靠语境，虽然读书是一字一句读的，理解却是总体进行的。因此，即使翻译作品次一点，有错误，也并不影响我们的阅读训练。

5. 体系化经典阅读的其他作用

体系化经典阅读不只是可以系统掌握社会学知识，内化社会学理论与方法，而且两年潜心苦读还可以磨砺心性，提高专注力，形成专心致志、聚精会神的品质。两年潜心苦读还会产生学术自信，从而产生学术兴趣。这些都为将来在学术研究上取得杰出成就提供了基础。

当然，体系化阅读并不只是为了培养杰出的学者，这样一种阅读所内化形成的立场观点方法，形成的逻辑思维能力和独立分析能力一定会有助于个人职业生涯。

最后说一点，美国社会学训练实际上是缺少对经典的体系化阅读的，而是在研究生阶段以课堂为主进行体系化的专业文献阅读。因为缺少对社会学经典的体系化掌握，专业文献阅读的结果是头脑很快被格式化，这种研究生教育可以训练出专家，却很难真正培养具有原创力的杰出社会学家来。

如何培养出杰出人才的“钱学森之问”，在社会学界也应当破题。本文抛砖引玉，希望通过对研究生教育模式的讨论，进一步引发关于如何培养社会学一流研究人才的大讨论。

2018. 11. 11

社会科学研究生培养中的两个不等式

一、引　　论

2019年4月27日中国人民大学社会与人口学院与华中师范大学社会学院联合召开“社会学人才培养与学科建设论坛”，国内主要社会学院系代表参加论坛，重点讨论了如何养出一流社会学研究人才的问题。从论坛发言来看，当前中国社会学界普遍的一个认识是培养创新型研究人才很困难。复旦大学社会学系系主任李煜教授在介绍复旦大学社会学研究生培养中的一个困扰就是“要培养一个好的学习者问题不大”，而“要培养一个好的研究者问题很大”。复旦大学社会学系为此采取了很多办法，效果却仍然不佳。李煜教授的问题显然在中国社会学界具有普遍性。实际上，不仅社会学界，几乎整个中国社会科学领域都存在“培养学习者易，培养研究者难”的困扰。更不用说钱学森所提出的“为什么我们的学校总是培养不出杰出人才”的“钱学森之问”了。

之所以很难培养出优秀的社会科学创新型人才，一个可能原因是当前社会科学研究生培养模式出了问题，培养模式出问题又与对社会科学的认识及对社会科学教学中主要矛盾的认识存在问题有关。简单地说，社会科学既不同于自然科学，又与人文艺术学科有差异。自然科学是比较纯粹的科学，具有相对的客观性和相对的公理性和唯一性，对错之间有着明确界限，科学革命往往以新替旧，新的正确理论代替旧的错误理论。人文艺术学科则具有很强的主观性和相对性。尤其是艺术往往无对错之分，而是在客观事实上的想象甚至是脱离客观事实的想象。不同艺术之间不存在对错却可能存在雅俗，而雅俗又是与人的主观体验联系在一起的，不同人的主观体验是不同的，就造成艺术本身的多样性。艺术不存在对错，甚至不存在深浅，而只存在于人的主观性之中。社会科学介于自然科学和人文艺术学科之间，因为社会科学所研究的社会事实要依托于极为复杂具有认识自己能力的人，社会科学很难像自然科学那样做到完全客观，同时又不像人文艺术学科那样主观。当然，社会科学的不同学科也有差异，比如经济学有越来越科学化的趋势，社会学的科学化进展则比经济学缓慢得多。

当前中国大学社会科学培养模式中出现的一个严重问题是过于注重教学生正确知识和具体技术，而缺少对学生的基础教育、能力教育，在教学关系中过于注重教而忽视了学，在师生关系中过于强调教师的重要性而忽视学生的主体性。结果就是，学生在大学阶段仍然延续了高中阶段的填鸭式、灌输式学习，学习了很多具体知识与技术，背了很多结论，却缺少对是什么之前的为什么的提问，学习到了知识，却没有在学习知识过程中获得分析能力、逻辑推理能力和独立思考能力的提升。从教学上看，当前中国大学中不仅本科阶段仍然强调课堂教学，而且硕士、博士阶段往往也安排了大量课程，研究生首先需要通过选修课程来修满学分，再开始做硕士、博士论文。因为课程本身设置不合理（往往是本科课程的简易版本），以及研究生认为只要修满学分就可以自然获得研究生的水平与能力，研究生学习阶段重点就在被动学习，这样的被动学习自然就只可能在课堂上获得一些结论，一些具体知识，自然就只可能是知其然而不知其所以然，也就很难做出好的硕士、博士论文，很难成为一个好的研究者，更不可能成为一个优秀的创新型人才。

社会科学研究生培养中，如何培养出具有创造力的研究者，关键就在于研究生培养中能否让他们掌握理论和了解实践，从而将理论运用到对经验的理解中，形成基于经验的理论性认识。

以下通过比较建立两个社会科学研究者掌握理论和了解实践的不等式，再讨论其原理。

第一个不等式：一天阅读经典著作所获得的能力训练大于一周上课所得。

第二个不等式：一天实地调研所获得的经验训练大于10天阅读二手文献所得。

先讨论第一个不等式。

二、上课与阅读

一般来讲，学习有两种主要途径：一种是以老师课堂讲授为主，以学生自学为辅，学生自然围绕课堂教学，通过老师讲授来掌握知识技能。这种办法的好处是因为有老师系统教学，学生比较容易学习到专业知识与技能。这种办法的缺点则是，因为注重课堂和老师，老师成为师生关系中的主体方面，学生学习比较被动，课堂教学以教为主，以学为辅，就容易出现教学中的灌输式和填鸭式问题。即使采用所谓启发式教学，学生学习也是相对被动的。这样一种学习方法容易造成的问题是，学生学习主动性不强，积极性不高，在学习时间中真正思考时间并不多。

这种模式在讲授比较成熟的知识和方法时比较有效果，比如知识性和技巧性强的课程，对学生十分重要。数学、自然科学等科学性强、学科成熟的知识尤其需要课堂讲授，包括采用启发式教学的讲授。相对来讲，人文艺术学科往往需要有艺术想象力，对知识的确定性反而较少要求，人文艺术学科的课堂不能仅靠课堂教学，而需要大量课外阅读，以及有主体性的模仿（比如写真）。介于自然科学和人文艺术学科之间的社会科学训练，到了研究生阶段，很重要的就不再是学习具体知识，而是要在学习过程中学会思考，提高分析能力，形成严密的逻辑推理能力。

因此，到了研究生阶段，社会科学教育就可以有两种不同的模式，一种是继续以灌输式、填鸭式教学为主，以课堂老师教学为主，以在课堂上修满学分为主。另外一种则是主要由研究生自己阅读社会科学经典著作，并且是依照老师指导进行体系化的经典阅读。研究生根据个人情况制定读书规划，自己到图书馆读书，读书中出现了问题再求助同学和老师，无论是知识性的问题还是方法的问题，乃至阅读技巧的问题，都通过研究生个人主体阅读和老师辅助指导来解决。这样一种以学生为主体的学习方法，主要时间都是学生在学习，学生按自己的状态和节奏来读书，通过读经典著作来逐步理解社会科学的知识，学习知识过程中即在竭尽全力地读懂读通的过程中，提高个人理解能力、分析能力和逻辑思维能力。因为是个人阅读经典，缺少老师专门定制的讲授，阅读肯定会有困难甚至失败。为了能读懂和理解经典著作中的问题，就需要一边阅读一边绞尽脑汁地思考，阅读经典的过程就是绞尽脑汁思考的过程，就是竭尽全力读懂读通的过程。结果，为了读懂，就要不间断地思考，一本经典读下来从头到尾对经典进行了思考，一天读十个小时的经典就要思考十个小时时间。读完一本经典、读懂一本经典以及读通一本经典的过程就是思考的过程。读懂读通所获得的是知识性的方面，阅读过程中的思考则留下了真正理解能力、分析能力和逻辑思维能力的训练。全身心地投入到阅读经典，读懂读通经典的过程也就是思考的过程，就是全身心投入到经典作家的思考的过程，也是通过阅读来训练自己内化自己的过程。深刻的甚至痛苦的长时间经典阅读训练，学到的是读懂读通的理论知识，最重要的是潜移默化中学会了经典作家的思考模式、分析方法，提高了分析思考能力。在读懂读通经典过程中获得的一般能力提升才是研究生训练中最为重要也最为关键的能力。这种能力通过课堂教学是很难获得的。

研究生阶段不仅仅读一个经典作家的著作，而且读很多经典作家的很多著作，不仅读一个学科的著作，而且读多个学科的经典著作，阅读学习过程中最不重要的是经典作家在著作中得出来的结论，重要的是结论如何来，最为重要的是通过学习习得了经典作家的思考模式，提升了自己的分析能力。

以研究生为主体的经典阅读训练，必须要有几个重要前提，第一个就是阅读方法本身必须科学。阅读经典著作显然不能随心所欲，漫无边际，而必须纳入到严格的学术训练中来。在我看来，严格的学术训练主要是体系化的经典阅读。体系化阅读要循序渐进，要一家一家地读，一门学科一门学科地读。要有长时间高强度的阅读训练。第二，研究生学习要有规划，这个规划以研究生个人为主，导师提供参考意见。规划可以不断调整，大方向则要明确。第三，阅读要能坚持到底，必须要有一个强有力的指导者在阅读过程中提供随时随地的指导。这种指导包括方向、方法的指导，也包括过程的指导，还包括具体知识的指导。不过，具体知识指导是最不重要的，因为通过自己阅读经典作家著作可以获取研究生对经典著作的个人理解，很大程度上，这种理解的关键不在于对错而在于深浅。导师指导研究生主要是为他们解决阅读方向问题、方法问题和动力问题，而不是要解决他们阅读中遇到的具体知识问题。阅读经典中有些问题不理解不要紧，理解错了也不要紧，只要方向正确方法正确，读得越多，时间越长，研究生自然而然可以读懂读通，较为深刻地理解经典，最为关键的是在这个过程中提高自己的思维能力。老师不能代替学生思考，而要鼓励学生思考，防止学生在读书中丧失自信或走火入魔。好老师是鼓励学生去探索，去读经典，读硬书乃至硬读书，而不是代替学生去读书。读书本身就是训练，为了读懂的思考是训练的关键。知识体系和结论本身反而不是那么重要的。

社会科学研究生训练的重点和关键就应该在图书馆，就应该以研究生体系化的经典阅读为主，就必须要以学生为主体，就要真正调动研究生读经典的积极性和主动性。

三、实地调查与阅读二手文献

社会学是一门实践性很强的学科，主要研究实践或经验。也可以认为社会科学就是研究人类实践经验的科学。没有对经验的敏锐把握能力，没有“想事”的能力，仅仅靠概念进行思考，显然是不靠谱的。做出好的社会科学研究，必须要有丰富的经验性认识或者说要有经验质感。有了经验质感，研究才能有想事的能力，才能有将概念还原到经验的能力，在经验研究中才不会一触即跳，在经验研究中也不会发生能指与所指的错乱。正是经验与实践本身的极度复杂性，如果缺少对经验的深刻理解，没有“想事”的能力，不懂经验与实践的逻辑，社会科学的“词”（概念）与实践中的“事”就无法对应，实践本身的逻辑被浮于表层的想当然所代替，理论研究变成脱离经验的概念的胡乱运动，而无法做到真正深入到经验与实践本质层面进行讨论，也因此既无法解释经验与实践，更无法预测或改造经验与实践。

获得经验质感或进行经验训练大体有两个路径：一是田野调查的路径，二是阅读文献的路径。社会学和人类学研究倾向通过田野调查来获得经验质感，因为社会学和人类学的研究对象往往是现实。相对来讲，历史学研究的往往是过去的时代，过去时代的人物已经逝去，历史学就只可能通过二手文献来进行研究，通过阅读“故纸堆”的资料来获得经验质感。

无论是“田野现场”，还是“故纸堆”的二手文献，都是真正的经验。不同之处是，“田野现场”是正在发生着的经验，而“故纸堆”是已经逝去的经验。逝去的经验是过去的现实，“田野现场”是未来的历史。无论“田野现场”还是“故纸堆”的二手文献，因为都是或曾是活生生的人类生活实践，而与作为抽象逻辑体系的理论是完全不同的。通过“田野现场”和阅读二手文献，都可以获得关于实践与经验的知识，都可以形成“经验质感”。因为人类经验与实践古今相通，对当前实践的通透认识必定有助于对历史实践的认识，所谓“一切历史都是当代史”，人类总是从当代人类实践中去理解历史，反过来，通过“故纸堆”的二手文献阅读所获得的历史感也会极大地增长对现实的认识，所谓“读史使人明智”。有趣的是，当前中国学界中出现了“走进田野”的历史学，典型如“华南学派”的研究，而社会学界也出现了“历史社会学的兴起”。

不过，虽然通过“田野现场”和阅读二手文献可以获得等值的经验训练，而从训练研究者的经验能力、形成经验质感来讲，进入“田野现场”与阅读二手文献却有着相当巨大的差异，具体来讲就是，因为“田野现场”是活着的历史，现场有着极为丰富的、相互联系的经验整体，研究者通过“田野现场”来训练经验能力会相对比较容易，如果有正确的方法和保持相对的强度，两年时间即可以完成“饱和经验训练”，形成经验质感。相对来讲，二手文献是逝去的实践，二手文献中的经验往往支离破碎，缺少联系。一个研究者要通过阅读二手文献来训练经验能力，形成经验质感，往往需要花费比“田野现场”多得多的时间与精力，“板凳要坐十年冷”很适合描绘通过二手文献来完成经验训练的情况。

之所以“田野现场”可以较二手文献更容易完成经验训练，形成经验质感，是因为“田野现场”本身的丰富性和完整性。任何一个“田野现场”都具有全息的特征，而且“田野现场”中的当事人是活生生地经历实践的人，进入“田野现场”的研究者可以通过半结构访谈，在有限时间掌握远远超过阅读二手文献可能掌握的有效信息，从而可以很快建立起对经验与实践的总体性认识。当然，进行经验训练的研究者与“田野现场”的互动并非一次完成，而是在不断地互动中，通过总体进入、具体把握，不断地深化对经验各个层面的认识，最后形成经验质感。研究者与“田野现场”的互动大致过程，我曾有过描写：任何一个研究者在特定时期都会有特定关怀，带着关怀A进入田野，很快就会发现要深刻理解A，必须要关注B，然后再进入对B的关注，却发现还必须关注C，由A→B→C，一直到了Z，沿着经验本身的逻辑向前走，一层一层将抽象的经验变得具体，并形成对整体经验的结构性认识。研究者反复进入田野现场并与经验形成互动，逐步形成对经验整体性和复杂性认识的过程，就是最好的经验训练，也最容易形成经验质感。一方面，经过从A→B→C一直到Z的深化，再回到对A的认识上，对A的认识就由表面进入相对本质的层面，A就不再只是一个没有具体的抽象，没有结构的整体，而具有了丰富性和复杂性。同时，研究者也从中获得经验训练，若干经验训练就形成了经验质感。

之所以“田野现场”具有远优于“二手文献”的经验训练效果，除“田野现场”有活着的实践者和完整的现场关系以外，“田野现场”本身的信息丰富性也是“二手文献”所完全不可比拟的，比如“田野现场”可以通过对话来轻松获得研究者希望获得的大量有用信息，且田野现场可以采用各种调研手段，可以通过访谈、观察、搜集文献甚至通过实验来获得大量高质量的田野资料，在高度丰富的厚重可靠信息基础上进行高质量的思考。反过来“二手文献”往往是碎片化信息，是过去的实践，研究者也不再可以对当事者进行访谈。阅读的文献到处存在断裂，文献所提供的有效信息相对有限。信息越少，思考就越发容易脱离经验本身，意识形态、情绪以及理论本身的逻辑就越强大，结果就很难做到在阅读文献中形成对经验逻辑的深刻把握，历史变成了任人打扮的小姑娘。

因此，从训练经验形成经验质感来讲，我们可以得到这样一个不等式：一天田野调查所获得的饱和经验训练大于十天阅读二手文献的所得。

正是这个意义上讲，当前社会科学研究十分需要真正进入到田野现场进行深入广泛持续的饱和经验训练，从而为真正社会科学创新研究提供经验基础。

遗憾的是，当前中国社会学界甚至社会科学界不太重视田野调查，甚至缺少对经验训练的基本认识，缺少对“经验质感”的基本认识。没有经验训练，对中国历史与现实缺少“经验质感”，生硬使用定量研究方法，以及强调对话式的从理论到经验再到理论的研究，就会得出各种缺少经验的幼稚结论，得出各种常识性的所谓“科学结论”，以及造成理论对经验本身的切割，经验只是一些碎片，理论当然也完全无法解释中国5000年文明和14亿中国人民的丰富实践，更难为中国人民的现代化提供理论指导。这些年来，难道中国社会科学不正是存在着这样的弊病吗？

尤其奇怪的是，本来社会学通过田野现场可以最为有效地进行经验训练形成经验质感，当前中国社会学界的田野经验越来越弱势的同时，却形成或正被倡导兴起以阅读二手文献为主要经验训练的历史社会学，这个历史社会学被包装得很高大上，在中国社会学界有着很强号召力。

当前中国大学中，除极少数学科（比如人类学）以外的社会科学学科，研究生训练中（尤其是博士生），几乎不再有真正到田野现场的经历，几乎没有进行经验训练，更缺少通过经验训练来形成经验质感。唯一可能有的关系就是在已经确立博士论文题目完成文献阅读和理论综述，再到田野中找对应经验，结果就一定是用既定理论裁剪经验，而不可能从田野经验中生长出理论。以理论来裁剪经验的结果必然是博士论文理论与经验两张皮。

更糟糕的是，当前中国绝大多数社会科学研究生根本就没有进行基本的经验训练，因此完全没有形成经验质感。缺少经验质感，就缺少了“想事”的能力，就无法将理论和概念还原到经验中，在对经验现象的理解中就容易表面化，就会以理论去套经验现象，甚至以意识形态或情绪来取舍经验切割经验，这样的研究当然就会浮于表面。

中国社会科学研究生培养不出好的研究者，更难培养出创新型人才，重要原因是缺少真正的经验训练。在理论的汪洋大海中，没有经验质感的社会科学研究者就像盲人摸象一样，让理论的大词乱飞，概念和理论都失去具体性和科学性，概念无所不指，理论十分盲目，经验中一头雾水，实践中独自暴走。

四、研究生培养中的13对关系

以上所讲的研究生培养中的两个不等式是培养出一流社会科学研究者的重要认识前提。在具体的研究生培养中必须正确处理以下13对关系，才能有效保证研究生培养中两个不等式落到实处。

1. 师生关系

在老师和学生之间，要以学生为中心。学生的主体性能否建立起来，主动性、积极性能否调动起来，是研究生教育中的全部关键。只有调动起学生的积极性和主动性，真正建立了学生的主体性，才可能培养出一流的研究生。

当前教育中，从大学本科到硕士研究生博士研究生，十多年时间，学生绝大多数时间都被老师安排，学生成为被动安排的客体，研究生在学习中的主体性和积极性无法调动起来，表现出来的就是现在大学普遍存在的研究生学习消极、不努力、变得“又懒又蠢”。

研究生教育不同于本科生教育，因为本科生阶段大多已经接受了大学基本知识的教育。研究生阶段就应该重点培养他们的独立思考能力，应该让他们自己去学习。要对研究生的学习放手，而不是用课堂教学切割研究生自主的学习安排。

研究生教育中，一定要相信学生，要对学生放手。老师的责任是激发研究生学习和探索热情，调动研究生的主动性，而不是要用各种复杂制度来限制约束研究生。最好的师生关系就是研究生积极主动地学习和探索，他们在学习探索过程中遇到问题，老师为他们答疑解惑。研究生主体性一旦建立起来，他们就会爆发出巨大热情和惊人创造力。

2. 教学关系

在教与学之间，要以学为中心。课堂教学中教师往往是中心，学生大多只是被动地学习。要以学生的学习为中心，课堂教学的重点就不在于具体知识的教学，而是启发式教学，尤其是要教授给学生学习的能力和学习的方法。方向正确、方法正确，努力才有成效。

3. 学习知识与能力训练的关系

在学习知识与训练能力之间，要以训练能力为主。知识是具体的，是可以遗忘的，也可能将来用不上，在学习知识的过程中所训练出来的能力则是一般化的能力，是终生的能力。研究生期间能力训练是关键。当前大学教育中，过于重视知识学习而较为忽视能力训练的状况必须改变。

4. 上课与读书的关系

在上课与读书之间，要以读书为中心。上课一般都是被动的学习，读书则是主动学习。上课时，老师往往针对学生的学习状况，准备了比较充分的能让学生听得懂的教案，上课时，学生只要认真听就可以听懂老师讲课，获得所学知识。问题是，上课的主体是老师，且老师往往只可能针对一部分学生的状况尤其是针对学习比较困难学生的状况进行教学，因此，大部分学生听课时就容易分心走神，就不需要动脑筋。

读书则有所不同，因为读书是比较个人的活动，研究生可以自己安排阅读内容、顺序、时间、节奏，依据自己的特点和状态来安排读书计划。

读书最重要的一点是研究生可以按自己的节奏来学习，从而有充分的时间进行思考。

5. 读教材与读原著的关系

在读教材与读原著之间，要以读社会科学经典作家的原著为主。社会科学教材存在的最大问题是只有是什么不问为什么，只知其然不知其所以然，只有结论没有也不可能有论证的过程。仅仅是学教材，所获得的都是死知识，是教条，是不形成一般性能力的知识。读经典作家的原著，不仅有助于理解知识的来源和形成过程，而且有助于训练能力。

6. 兴趣性阅读与训练性阅读的关系

研究生期间，在兴趣性阅读与训练性阅读之间，要以训练性阅读为主。兴趣阅读只是增加了自己已经具备的能力和强化了自己已经有的兴趣，训练性阅读则是增加自己新能力与拓展自己新的兴趣。

训练性阅读的一个关键是体系化阅读，尤其到了研究生阶段需要循序渐进，一家一家地阅读，一个学科一个学科地阅读。所谓循序渐进的阅读，就是可以按照学科发展历史进行阅读。一般来讲，被称为经典作家的经典著作都是后来对学科发展起到了关键作用的著作，这些著作在之后的学科发展中还会不断被回溯，不断被对话，读了前面的经典作家的著作，就为后续阅读提供了基础，而在读后续著作时会不断回溯前面作家的著作，就可以深化对之前阅读的理解。一家一家地阅读，就是尽可能集中时间将一个经典作家所有著作读完。经典作家不同著作之间都是相关联系的，相互承接，互为因果。读一个经典作家所有著作，就可能在短期内全面理解经典作家的学术脉络思想方法，吸取其学术营养。一个学科一个学科地阅读，是指虽然不同学科之间的概念和方法上存在巨大差异，但是，所有社会科学学科终究都是研究人类社会实践的，所有学科也因此存在相通之处。一个学科的系统阅读可以为另外一个学科系统阅读提供巨大帮助。体系化阅读第一个学科可能比较费时间，阅读第二个时就可能相对容易。

体系化经典阅读社会科学研究生必须接受的严格学术训练。这种训练性阅读与兴趣性阅读是完全不同的。

7. 消遣性阅读和读硬书的关系

在读消遣性著作与读硬书之间，要以读硬书为主。读硬书、硬读书，是训练理解能力、分析能力和逻辑思维能力最关键的方法。读硬书就是读有难度的经典作家所写经典著作，这些经典著作不容易读懂，就需要硬读。所谓硬读，就是硬着头皮读。刚开始读，字都认识，就是不懂意思。坚持读下去，就可以逐步懂一些，再由读懂到读通，再到联系现实进行思考，到可以运用。

读硬书和硬读书，很重要的一个方面是通过读懂读通来获得思维能力的训练。读硬书和硬读书需要强大意志力，必须真正坐得下来静得下心。经典著作读进去不容易，稍有干扰就会出来。要能读好硬书，就必须要有大块时间，要集中全部注意力，要聚精会神全神贯注。两年读硬书，就需要在这两年集中全部注意力静心读书，也就形成了坐得下来静得下来的品质。

这种读硬书就好比磨刀，磨刀的目的不是磨刀石，而是将刀磨锋利。将来读经典所获得的知识可以忘记或者没有用上，所获得的一般性能力与品质则是人生中最大财富。

8. 读书与读文献的关系

在读书和读文献之间，要以读书为主。社会科学不同于自然科学，就是社会科学没有最后的正确结论，新理论与旧理论之间不是替代式的关系，新理论并不否定或者推翻旧理论。最新研究文献也因此不能代替对社会科学经典著作的阅读。自然科学尤其是工程科学，最新文献很重要，因为最新文献往往可以推翻旧说。社会科学训练则需要将主要时间集中到对各个经典作家的经典著作的阅读中来。

9. 体系化经典阅读与课程性经典阅读的关系

掌握理论是一个艰苦的过程，必须要有研究生刻苦的理论阅读，不仅掌握专业技能，而且要通过理论阅读形成社会科学的思维方式，具备分析能力和逻辑思维。社会科学不同于自然科学，仅仅通过教材学习不可能真正获得社会科学思维能力，而必须要花费大量时间阅读社会科学经典作家撰写的社会科学经典著作，只有在长时间大量阅读中才能掌握社会科学的精髓，内化形成社会科学的思维方式，悟到社会科学分析的精巧之处，也才能具备成为一个好的研究者的基础。

问题是，当前大学研究生中，真正阅读社会科学经典著作的同学很少，同学们不愿读经典，读不懂经典。之所以研究生不读经典，其中一个重要原因是当前研究生培养模式所致。所有阅读只是为了完成课业，获得学分，研究生学习的目的性就很强，完成任务就可以。他们读经典的主动性也就不足，积极性就不高。

更糟糕的是，不同课程所要求的不同阅读往往使得研究生的经典阅读变得支离破碎，很难形成体系化的阅读。形成系统社会科学思维最为重要的是体系化的经典阅读，这种体系化经典阅读才是真正严格的学术训练。研究生学习就变成了以修学分为主，经典阅读只是完成课程以修满学分的手段。

10. 田野调查与二手文献的关系

在田野调查与二手文献之间，以田野调查为主。在不具备田野条件的情况下，靠二手文献来训练经验质感是迫不得已的办法。只要具备田野条件就应该毫不犹豫地进入田野训练。当前学界有一个奇怪的现象，就是好像做田野不上档次，没有学术品位，只有做理论或者至少看二手档案文献才是真正的学术训练，这真是一个有趣的误会。

11. 打基础与做研究的关系

在打基础和做研究之间，要以打基础为主。基础不牢，地动山摇。当前研究生培养中存在的一个严重问题就是缺少基础训练。读经典和做调查都是基础训练，只有有了充分厚重的基础训练，才可能更具备研究能力，才能做出好的研究，做研究才有后劲，才有兴趣，才有动力。

12. 研究积累与论文发表的关系

在研究积累和发表论文之间，要以做研究积累为中心。发表论文是研究积累自然而然的析出。论文不是写出来的，而是研究自然而然的结果。

13. 研究过程与研究结果关系

在过程与结果之间，以过程为重。没有艰苦卓绝的学习与研究的过程，就不可能有真正重要的发现。指望不经过个人努力，不需要时间磨砺，就可以一举成功，这是投机取巧，急功近利。世界上没有人可以随随便便成功。

五、小　结

社会科学研究生培养中，如何以阅读经典和训练经验的“两经”为主，来改革研究生教育，培养出大批优秀社会科学研究者，是当前社会科学研究生教育中需要讨论的重大问题。

社会科学研究生培养的根本问题是能否将研究生当作主体，调动研究生学习和探索的积极性与主动性。只要研究生教育中仍然以课堂为中心、以修满学分为前提、以老师为主体的格局不改变，研究生教育仍然以课堂填鸭式知识传授为重点的模式不改变，中国大学要培养出大批一流的社会科学研究者就不大可能。

社会科学研究生培养必须要相信学生，相信他们的学习能力，相信他们的学习自觉性，相信他们的悟性，而不能总是想着限制研究生，不应该试图通过越来越严格的制度约束他们。一旦研究生的学习主体性建立起来，学习热情被激发出来，他们就会爆发出惊人的能量，当然也就可以培养出大批一流的社会科学研究者。

2019. 6. 18

研究生培养中的集体读书与集体调研

一、引　　论

社会科学研究生如何培养，这是一个相当困扰大学教授的问题。按当前中国大学学制，学术型硕士研究生和博士研究生学制大多为三年，很多大学已将博士学制改为四年。不过令人遗憾的是，即使将博士学制改为四年，仍然有大量博士生不能按期毕业，而且博士论文质量也不乐观。大学毕业，20 岁出头，经过硕士博士学习就到了 30 岁，到了而立之年，可见研究生阶段是人生最好年华，是完成学习训练、形成“三观”、为未来人生打下坚实基础的关键阶段。如何让社会科学研究生获得最好训练，成为国家栋梁之才，有很多需要研究的地方。

从我有限接触来看，全国社会科学研究生培养真正成功的大学不多。表现出来的不仅是博士生毕业困难，研究生对学术没有兴趣，学习态度消极，而且研究生普遍不读学科经典著作，不愿做艰苦的田野工作。研究生导师普遍对自己指导的研究生失望，认为当前研究生“又懒又蠢”不可教。

自 2001 年进入大学教书以来，有了近 20 年培养研究生的体验。我将自己培养研究生的体验总体为四个字“两经一专”，所谓“两经”，即经典和经验。“一专”是指“专业化”，重点是“两经”，具体则是要求硕士研究生体系化阅读学科经典著作，博士阶段进行饱和经验训练。“两经”训练构成了我所说严格的学术训练。用“严格学术训练”这个很严厉的词，是因为我指导的研究生在读研期间基本上都能做到将全部时间投入到“两经”训练上来。从硕士期间读书来看，绝大多数同学都可以保证体系化阅读学科经典120部以上，时间安排上可以做到每天八点上图书馆，晚上十点回宿舍，每周七天天天如此，甚至不放暑假。从博士期间饱和调研来看，每个博士生有三分之一以上时间浸泡在田野，基本上都可以有400天以上田野经历，再加上阅读文献和撰写调研报告，博士生很少有空闲时间去做其他事情。这个意义上讲，“两经”训练是很严格的，当然也是学术训练。经过“两经”训练，我们指导的研究生一般都会有较为优秀的职业学术表现：一方面他们热爱学术，一方面他们在专业研究方面大都有所成就，因此，我在研究生培养中几乎没有发生研究生消极的情况。在研究生成长的关键时期，他们没有一分钟的耽搁，受到了该受到的训练，经历了该经历的成长。

近20年我指导的研究生获得相对良好的成长，并与国内大部分高校社会科学研究生培养形成鲜明差异，其中一个重要原因是，我指导研究生强调“集体读书”和“集体调研”，“集体”是我指导研究生的一个关键词。

二、集体读书

首先讨论硕士研究生时期的集体读书。

几乎所有社会科学研究生导师和研究生都同意，研究生期间应当大量阅读本学科经典著作，不然就似乎对不起研究生这个称呼了。并且，几乎所有导师都会组织研究生读书会，以此指导研究生阅读本学科的经典著作。然而实际上，当前中国大学研究生不读经典已是常态。为什么会出现如此情况？如何改变？

造成研究生不读学科经典的一个重要体制原因是学分制。前面已详述过。

除学分制以外，当前社会科学研究生不读经典的原因还与研究生导师对读经典的认识有关。绝大部分研究生导师之所以要求研究生读经典，是为了让研究生通过学习经典来掌握社会科学知识。若研究生读经典的主要目的是掌握知识，则有两个更易掌握社会科学知识的要点：一是可以通过好的教材来代替阅读经典著作，二是可以通过好的老师指导来更精准便利地读懂经典。因此，如果只是为了获取知识，好老师和好教材比读经典更重要。

与此相关就是研究生导师组织研究生读书的重点几乎都是由门下研究生集中阅读某一本经典著作，就经典著作的内容进行讨论。因为研究生阅读进展不同，理解程度不同，读书会讨论就必须要照顾阅读速度慢及理解能力差的研究生，这样就造成两个后果：第一，阅读经典效率低，速度慢；第二，阅读经典比较快理解比较好的同学感觉读书会成为拖累，参加读书会的积极性越来越缺少。当读书会的重点是交流读书知识时，关于知识细节的讨论就成为读书会的重点，导师在读书会上就同学们关于具体知识讨论的判断就十分重要。结果就是，读书会变成了另外一种课堂。

也正是因此原因，有社会科学研究生导师认为，读经典必须要精细，有导师指导自己研究生一年只读一部经典著作的，也有导师指导自己研究生“每月读一部经典著作就已经相当不错了”，每月读四五部经典著作普遍被认为是不可能的，是“胡闹”。

最近 20 年，我指导研究生集体读书，读经典，恰恰就属于这些被指责的“胡闹”。问题是，20 年来，我指导的几乎所有研究生都可以在硕士读书期间保持每月5部以上经典著作的阅读量，基本上可以读遍本学科甚至相邻学科的经典著作。很多学科基础比较差的同学也通过两年多时间艰苦的经典阅读，而读懂读通了经典著作，由之前对学科不自信到自信，由对学科不感兴趣到感兴趣，最终大多数参与读书会的同学选择了考博，选择了学术事业，其中关键也许就在于我主持的研究生读书会与其他研究生导师组织的读书会是不同的。

我主持研究生读书会全称是“研究生读书检查汇报会”，按年级组成，每个年级一个读书会，每个年级每月召开一次，主要是由参加读书会的同学依次报告当月读书书单，所读经典主要内容，以及一个月读书感受、问题、困惑以及自我努力程度评价，由我对每一个汇报同学读书情况进行检查与点评，也同时回应同学们在读书中遇到各种困惑和问题。

我指导的研究生一般都参加，每个年级有三五个，其他则是由武汉高校相近专业同年级研究生自愿参加，每届研究生读书会成员一般保持在20人左右，专业主要有社会学、法学、政治学、公共管理、经济学和新闻传播等，以华中科技大学中国乡村研究中心研究生为主。读书会并不刻意挑选研究生，基本上凡是愿意参加的同学都可以参加，也可以自愿退出。凡是参加读书会的研究生就必须每月参加读书检查汇报会，也必须按读书会要求将绝大多数时间用于图书馆读学科经典。无法保持充足时间读经典或不能保证每次参加读书检查汇报的研究生必须退出读书会。一般情况下，每一届读书会最多时有30多人，能坚持两年以上读经典的大概有20人左右。

因为读书会每个同学专业不尽相当，基础也不相同，读书会并不强制所有同学读同样的书，而只是有一个大致的经典著作清单，比如社会学经典著作大致包括三个部分，一是古典四大家（涂尔干、韦伯、马克思、齐美尔），过渡时期经典作家（曼海姆、帕森斯、默顿等），新四大家（布迪厄、福柯、吉登斯、哈贝马斯），大概100部著作，同学们按自己规划进行阅读，顺序可以不同，读书速度也不是相同，读书会一般要求每个研究生以一个学科为主进行体系化阅读，然后对其他相关学科（一般一两个学科）进行有重点的选择性经典阅读。

如前已述，每月一次读书检查汇报会，由每个读书会同学进行10分钟左右汇报，汇报包括书单、读书内容、感想及问题。指导老师（20年来一直是由我主持）对每个同学读书情况进行点评。点评不涉及所读经典的具体知识，而集中在对同学们读书状态的评价（努力程度够不够，读书态度是否端正等），读书方法的指导（如何做读书笔记，读得快还是慢等），读书困惑的解答（读不懂怎么办，合上书就忘记是不适合读书吗？读书与上课的关系、与生活的关系等），读书信心的鼓励等等，因为已经主持近20年，几乎所有同学提出的问题我都可以很好地解答。结果就是，即使有同学在一个月读书过程中曾产生问题却忘记提出，或感觉存在问题但一时提不出来，其他同学总有人会提出来，并获得回应，这样，一次读书会下来，几乎所有读经典过程中积累的认识问题（比如怀疑自己笨读不懂经典，或怀疑读经典的作用等），方法问题和方向问题，都可以在每月一次读书会中得到解决，从而就可以对前一个月的读书进行总结，为未来一个月的读书提供方法、方向与动力。一次读书会足足可以保证每个同学月复一月动力十足地在图书馆读经典。

每月一次读书会并不解决具体经典著作的知识问题，而是提供读书动力，形成整体的读经典的昂扬氛围。随着读书时间延长，就会有越来越多同学由刚开始读经典时的认字变成可以读懂一部分，可以懂更多，可以读得懂，最终可以读通与运用了。读书时间越长，同学们驾驭经典的能力越强，读书的获得感越强，自信心也越强，读经典进入良性循环，结果是，经过两年多时间，几乎没有研究生不能读通经典的。一般情况下，每一届研究生读书会要召开大约20次检查汇报会。或者说，只要召开大约20次读书检查汇报会（每次半天），就可以保证读书会二三十名同学用两年高质量图书馆读懂读通本学科经典。

读书检查汇报会虽然不解决具体学科知识问题，但为读书会同学阅读经典提供了方向和方法指导，以及提供了读书会同学比学赶帮超的氛围，构造了一个整体的靠研究生自己去读书的学习模式。老师只花费较少时间（每月半天）就可以推动二三十名研究生一个月进行8107式经典阅读，教师有成就感，研究生有获得感，教师很满意，研究生很感恩。与主要讨论具体知识的读书会不同，读书检查汇报会的研究生人数越多越好，因为可以共享更多问题困惑和方法。以交流具体知识为主的读书会，参加人员稍多就毫无效率可言。

华中科技大学中国乡村治理中心读书会的主体部分当然是读经典。此外也有密集交流，他们甚至会组织起来一起上图书馆，一起吃饭，一起运动，每两周召开一次双周论坛，主要交流读书中的具体知识问题。这样一种亲密的近距离组织，使读书会同学有足够机会就读书情况进行交流，既包括方法，又包括具体经典作家的思想，还包括相互鼓励。总之，现在研究生通过读书会组织起来了，每个读书会同学都在读书会中找到了参照系，找到了每月努力可以达到的最终读懂读通的目标，读书会的每个同学的重点就是争分夺秒在图书馆读好每一天的书。全神贯注聚精会神读经典，心无旁骛读经典。

读书会集体读书，常讲的一句话是："一个人走得快，一群人走得远"，没有读书会这个参照系，一个人读书很容易读偏，及缺少足够读书动力。读书会同学长期保持"8107"，仅仅是一个人读书，几乎是完全不可能想象的。之所以几乎所有同学都可以坚持两年多时间经典阅读，离开了集体读书，离开了研究生自身主体性和读书会的主体性，是不可想象的。

三、集体调研

社会科学研究必须研究经验，这应该是有一定共识的。社会科学的博士论文绝大多数也是研究经验，并从经验中提炼形成独立的观点或理论。不过，正如前述，当前中国社会科学博士论文存在的最大问题普遍是理论与经验两张皮，即论文的观点勿需经验也能成立，经验材料仅仅成为无用点缀，并不能为论文观点提供有用的证明，论文的观点更不可能从经验中长出来。造成这种“两张皮”的原因就是博士生普遍缺少经验训练，没有经验质感，有限的支离破碎经验材料根本不可能支撑起有分量的理论论证。

具体地，社会科学博士论文中的经验往往只是他们进行文献阅读时梳理出来的问题意识的对应产物，因为有了问题，而到经验中搜集素材，或设计问卷来获得数据，这样的经验就缺少思考纵深，经验不过是一系列偶然遇到的现象，或问题之对应物，当然也就不可能为深刻的理论思考提供有用的帮助。

我们对博士生培养的要求首先是让他们走向田野，通过大概400天的田野工作，形成对经验的整体把握，即我们所讲“经验质感”，再从经验中提出问题，回到文献中寻找对此类问题的研究进展。因为有了从经验中提出的问题，再阅读相关文献，就会有个人独特体会和对话点，相关研究也会围绕自己问题凝结。同时，因为经受了长期饱和经验训练，提出问题的整个经验就为进一步理论思考提供了经验纵深，理论与经验之间的关系就变成相互促进、互相不可缺少的关系。

当前博士生培养中存在着普遍的对经验的误读。举例来讲，田野调查的重点并不是搜集资料，而是形成对田野经验的完整认识。因此，田野调查必须是开放的，而不能过于封闭。对于博士生来讲，他们通过调查来形成对经验的理解能力或经验质感，是比通过调查来搜集资料重要得多的事情。没有对经验的整体把握能力，以为所有看到的和听到的都是真的，就是经验的全部，这显然对经验存在误会。在田野现场，我们听到和看到的往往取决于我们**想**听到的和想看到的，取决于我们如何提出问题，关切什么问题。因此，田野工作的重点并不在于精准记录，而在于通过反复进入田野，形成对经验的完整认识，形成一个又一个看待经验现象的视角。一个新的视角会激活之前积累下来的全部经验，并因此可以在新的层次提出新问题，看到新现象。不断地到经验现场，进行饱和经验训练，从而不断地激活研究者对经验的认识，不断地丰富和深化对经验的认识，最终造就出一个合格的具有经验质感的社会科学研究者，唯如此才能写出好的博士论文。

因此，呼啸进入田野本身是社会科学博士生所必须的基本功课，没有真正的经验训练，仅仅依靠有限的经验资料来做研究，即使这些经验资料看起来是自己搜集的，也是绝对不可能做出好的研究的。没有经验训练的经验研究，不是经验研究，经验研究不仅是用经验来做研究，也不仅仅是研究经验，而是有经验的人来做经验研究。也只有经验质感的人才可能做得好经验研究。

2006 年我开始指导博士研究生以来一直强调学生的经验训练，目前，我要求以前的华中科技大学中国乡村治理研究中心博士生在读期间，每人必须要有 400 天驻村调研。400 天驻村调研，按每个村调研 20 天计算，可以在全国十多个省市自治区调研 20 个不同类型村庄，从而可以获得大量经验资料，形成大量经验比较，从而可以在长期经验浸泡中形成对经验的深刻理解，形成经验质感。

400天调研是一个方面。另外一个方面是，我们一直倡导集体调研，因为正是集体调研可以为经验训练提供最好的形式。

集体调研一般三五个人一组，白天访谈，晚上讨论。访谈可以分开进行，也可以集中在一起，由一个人主访。访谈话题是开放的，半结构性的，访谈对象也是开放的，一般上午、下午各访谈3个小时，通过访谈，对村庄（如果是在村庄调查的话）的整体情况，农民生产生活状况，村级治理情况，以及村庄政治、社会、历史、文化、宗教、家庭诸方面信息，有比较详尽的了解。然后，到了晚上进行集体讨论，不同的人会有不同的对信息的解读，或不同的看问题提问题的角度。正是通过讨论激发每个调研者的灵感，启发每个调研者看问题的角度，丰富每个调研者对经验的认识。调研讨论不是终结了知识，而是启发了知识，是视角的相互启发和激活。当然晚上讨论开启出来的问题，通过第二天继续访谈来得到回应，再继续开启开放式讨论。结果，20天的集体调研变成20天现场研讨，在现场研讨与现场访谈之间形成强有力的良性互动，20天集体调研就不只是深入了解了一个村庄的整体，而是清理了所有参加集体调研者的问题意识，更新了所有参加调研者对经验的感知能力。

一次集体调研就可以通过相当厚重的现场经验来更新调研者对经验的感知能力，两次三次乃至十次二十次集体调研，就可以形成对经验的丰富复杂认识，也就很容易形成经验质感。

集体调研的重点不在于搜集资料，而在于形成多角度看问题的视野，在于真正丰富调研者对经验的认识能力。或者说，集体调研的重点不仅在于发现经验，更在于塑造参加调研的研究者。

集体调研的一个好处是，因为有集体讨论，几乎所有访谈信息都可以在集体讨论中进行讨论。一次访谈中所获灵感触动了过去积累的所有经验，一地访谈所获经验可以与其他地方的经验进行对照。访谈中的发现，讨论中的灵感，可以极大地刺激访谈者，让访谈者对田野保持强烈的兴趣。我们组织的博士集体调研，几乎每次集体调研之后，每个参加调研博士生都会产生十多个甚至数十个新的想法，加深他们对经验的认识。他们每次调研后也都可以写出5～10万字的综合性调研报告。读博士期间，400天驻村，撰写了100多万字调研报告，在这个基础上再来写博士论文，就一定可以从经验中长出问题长出理论来，也当然可以避免两张皮的问题。

四、关于集体

毫无疑问，学术创新是十分个人化的事业，只有个人主体性形成，个人积极性调动起来，一个人才有可能做出创新性的研究。问题是，当前学界往往将个人主动性与集体对立起来，以为集体会压抑个人主体性。其实不然。

仅仅从学术创新上看，离开面对面的学术讨论与批评，离开亲密的地域学术共同体，是很难产生由高密度互动所形成的学派的学术创新的。关于学术共同体的讨论，此处不展开。

仅从研究生培养来看，无论是指导硕士研究生通过体系化阅读经典来打下理论基础，还是要求博士生深入田野形成贯通经验，集体都是极为重要的，因为正是集体为每个研究生提供了参照，提供了激励，提供了互动的条件，从而保证了“一个人走得快，一群人走得远”。集体不是压制了个人主体性，而是为个人主体性提供了发动起来的场所、空间与动力。

当前中国大学研究生培养中，缺少对研究生集体建设的重视，缺少基于研究生主体性基础上的读书会和集体调研，而由课堂和老师继续充当研究生培养的主角，这是一个问题。

2019.8.13

饱和经验与正向学习法

一、饱和经验

在进行真正田野调查之前，我没有接受过任何正规的田野调研训练，也完全没有社会调查与社会学调查存在差别的意识。这与我研究生学习政治学有关。政治学研究国家权力，因此对制度问题比较关心，也关心制度背后的人性与哲学问题，即使关注经验也往往是宏大经验，很少做具体田野调查。在读研究生期间所学习的知识也都是理论知识，几乎没有进行过田野调查。

研究生毕业后回到家乡的荆门市委党校工作，有比较便利的调研条件，加上我毕业的华中师范大学政治学研究院正开展乡村政治研究，因此我开始在荆门农村调研，主要关心村委会选举、农村经济和农民负担问题，还系统访谈过30名村支书，了解他们当村干部的酸甜苦辣、主要工作内容以及工作体悟，先后观察数十个村的村委会换届选举。对我来讲，农村是什么这个问题很重要。我发现自己确实不了解农村，特别是后来到外省调查时发现，中国之大无奇不有，不同地区情况差别很大。就以村委会选举来讲，有的地方村委会选举竞争很激烈，选举充分表现了村民的意志，而有的地方村委会选举却被大姓操纵，还有地方村委会选举与村庄精英合纵连横密切相关。同样的问题存在于诸如农民负担、群体上访上面。

我很快就明白了，自上而下的制度实践中，制度不仅是面对农民或面对个人，而且是面对用不同方式组织起来的个人。中国南方宗族村庄、华北小亲族村庄与长江流域普遍存在的原子化村庄，构成了自上而下制度实践的不同社会结构基础。

刚开始调查时缺少经验，什么也不懂，因此什么都好奇。为了不错过访谈中的有效信息，访谈时都录了音，调查结束后再将录音整理出来。整理录音极耗时间，一个小时的录音大概要用九个小时整理。调研时不仅要录音，而且还会尽可能将调研地方的文字档案资料复印回来研究，每到一个地方调研都会复印一箱档案文件。调研经验稍微丰富之后就发现，虽然整理录音在细节上对于理解调研对象有帮助，但所费时间与获得帮助却太不成正比，复印回来的档案文件当然也是有效调研信息，不过，一旦脱离了现场，如此之多的档案资料势必要花费巨大时间才能梳理清楚，而调研现场了解情况似乎更主动更有效也更清晰。既然可以随时下到村庄进行调研，与其花功夫整理录音和阅读档案，不如将更多时间放到田野上，通过与调研对象的互动来形成对调研对象的认识，形成对经验的感知能力。因此，在接下来的调研中，我不再录音，也一般不再复印档案资料，而将主要功夫用在不断地下到田野，不断提高自己对经验的感知和认识能力上来。我发现，任何一种田野方法都不可能一次性理解田野经验，因为本来就不存在一个客观的经验。只有当调研者有了自己的问题意识，他们才能真正理解属于自己的经验。所有调研者都是在调研中形成以及建构自己对经验的理解。这样的理解不一定可以客观，却可以避免肤浅。

自 1998 年开始至今持续20 多年田野调研，不断扩展我对经验的理解，形成了若干认识性判断。我们强调田野调查必须重视田野的灵感，特别关注意外的经验。每一次调研都会深化之前的认识，也会拓展新的问题。持续下来就逐步形成了对中国农村这个抽象整体的具体认识，中国农村成为一个有结构的整体、有具体的抽象。在田野调查中，经验本身是有内在逻辑的或逻辑自洽的，通过相互联系的经验来反观自己认识上存在的悖论就可以深化自己的认识。更重要的是，因为长期进入田野，不断地在田野中拓展问题，而形成了对经验的敏感性与整体把握能力。

不是用一种万能的田野方法去做田野，而是不断到田野中提出问题，拓展问题，形成对田野经验的总体认识和总体判断，在具体经验与经验总体的认识中不断穿梭往复，就可以避免被表面现象所误导。长期持续田野工作所形成对经验本身的敏感性与判断能力，就是我们所讲的经验质感，逐步形成经验质感的不二法门就是饱和经验训练。

饱和经验训练当然是要带着问题意识进入田野，不过这个问题意识是一个大致的方向，是相对灵活的，从而允许经验的意外，允许调研中问题意识的不断拓展，这种不断拓展就会逐步由浅入深，由表及里，形成对经验的深刻认识。

由此看来，田野调研查其实没有什么秘籍和诀窍，关键在于持续进入到经验中，既深入理解经验，又持续提高调研者对经验的认识能力，这个过程中逐步形成若干中层判断，从而达到对经验的理论性认识。

二、饱和阅读

与饱和经验相类似，读书也有一个饱和的过程。俗话说“书读百遍其义自见”，这是一种饱和阅读。过去多年我指导研究生读书，强调体系化的学科经典阅读，效果比较好。我本人非科班出身，本科学习生物学，也爱好社会科学，读了《资本论》等著作，也阅读了不少政治学著作，读研究生期间重点阅读了各种经济学著作。因为缺乏指导，阅读不够体系，不能算是受到了严格的学术训练。不过，自主阅读并且坚持下来有个好处，就是积累了知识、开阔了视野及尤其重要的是训练了思维。当时读书并没有全部读懂，更没能全部记住，却因为是认认真真一字一句读下来的，这种阅读过程中的思考就变成了自己的分析能力和逻辑思维能力，也就是形成了进行社会科学研究的能力。正是在日常的每时每刻读懂读通社会科学著作的过程中潜移默化自然而然地形成了社会科学思维模式。与那些只背教材，或轻松通过老师课堂教学获得的社会科学知识不同，通过自己每天阅读思考获得知识的同时也形成了相应的具体问题具体分析的能力，这种能力完全不是通过背诵社会科学结论可以获得的。

因此，读书训练的关键就不在于如何快速获得具体知识，而在于要有一个时期专心致志静下心来一字一句地读社会科学经典著作的原著，这个过程中主要不是靠老师教，而是靠自己读自己思考。吉林大学著名哲学家高清海教授曾对他的学生要求读书必须“笨读笨思”，正是这个意思。读书过程中有些问题没有理解或理解错了也不要紧，因为随着阅读的积累，那些没有完全理解甚至理解错了的内容就会逐步理解，这种经过自己艰苦思考和深思熟虑的理解，就不再只是外来的知识，而是融入到自己知识体系和思维体系中的有机知识，就成为自己的知识进而成为自己的能力。

进一步说，读书的关键不仅不在于具体知识，而且不特别关心哪一种知识，而是在于读书的过程、状态和方法。保持“笨读笨思”，每天专心致志读书，借经典书籍来保持思考状态，每天十个小时绞尽脑汁对经典进行一字一句的理解、琢磨、思考，这个时候，经典著作就好比磨刀石，绞尽脑汁读书的读书人就好比要磨的刀。磨刀目的是将刀磨快，而不是将磨石刀磨凹。读经典的主要目的不是为了将来去研究经典作家及他们的时代，而是要从理解经典著作中提高读书人的知识、思维和智慧。读书的目的是让读书人具有智慧、善于思维。既然如此，读什么样的经典就不那么重要，社会科学经典在训练人上面都是相通的。通过读经典可以获得两种东西，一是具体知识，二是一般能力。前者是显性的，后者是隐性的，前者看起来很重要，实际上不重要，后者看不见却是全部的关键所在。读书人将来参加工作开始做研究，很可能会跨领域，这个时候具体知识就不重要，一般性能力则很关键。反过来，如果只注重具体知识，甚至主要是通过课堂灌溉靠死记硬背来记住了很多结论，这些结论没有融入到自己的知识体系与思维体系中，更没有变成一般能力，那么这些看起来掌握了很多知识的读书人却无法运用知识，在具体知识运用中很快就变成教条主义。这也是当前大学教育中存在的最麻烦的问题，就是大学过于强调发挥老师教具体知识的作用，完全没有形成以学生为主体让学生自己阅读思考消化的机制。

按我的经验，通过读经典训练一般能力，专心致志每天十个小时读经典，大概需要两年时间，经过两年时间积累，基本上可以完成一般化能力训练。

虽然持续读任何社会科学经典都可以训练一般化能力，但社会科学毕竟还是分学科的，因此，一个办法是选定一个学科，从学科最初的经典作家经典著作开始阅读，循序渐进。之所以从最初的经典作家与经典著作读起，是因为它们之所以仍然被作为经典，原因在于当前的学科仍然要讨论当时提出的问题，最初经典著作提出和讨论的问题会被后来的作家反复讨论。循序渐进阅读，一方面可以找到知识源头，一方面又通过后来作家的反复强调形成更加清晰的讨论问题的认识。学科之间是相通的，一个学科读通了，另外一个学科也很容易读通。我一般强调阅读四个学科的经典：社会学、经济学、政治学和人类学。

三、饱和学习的关键在于过程

饱和经验和饱和阅读都是饱和学习的办法。饱和学习的关键在于重视学习过程，而不很重视结果。

一般情况下，学习的过程往往会被忽略，结果却被重视，因为结果是考试成绩，是完成任务。只要能有好结果，过程就是不重要的，甚至是可以忽略的。对于学习来讲，就是听课得高分修满学分毕业拿到学位，对于调研来讲，就是拿到调研资料，完成调研任务。之所以要去调研及之所以要阅读，是为了获得调研资料和完成学习任务。如果可以获得调研资料及完成学习任务却可以省去调研和学习过程，那当然是最好的。不能省去过程，将整个过程变得轻松也是好的，若能有办法只用较少功夫和较短时间来达到同样目的，那就一定要采用。因此，在阅读经典中，如果有名师辅导，有教材可供参考，有专门的读书小组可供咨询，这样读书就可以大大减少时间而更快地掌握知识要点。

不过，这样一种追求结果而省略过程的学习方法，最大问题是忽视了结果只是最后的考评，学习过程本身不只是要有一个结果，而且还要有一个看不见的能力成长。

当前大学教育存在的一个严重问题是急功近利，投机取巧，总希望以巧办法来学习好，用尽可能少的时间掌握知识，通过走捷径来达到目的，却不知道，只有用笨办法来学习才能在人生成长的关键时期成长自己，为自己未来一生打下扎实基础。

初中高中时早晨有一节“晨读课”，这门课主要是让中学生早晨大声朗读语文和英语课本。一个小聪明的人将课文背下来了，自然就不用再朗读了。但实际上朗读是最重要的语感训练，是让语法变成身体本能。离开朗读训练就很难再形成基于美文而得的语感。

学习数学也有一个误区，就是通过算盘或九九乘法口诀来计算，以及曾经广泛出现的各种速算、心算，只求结果，将计算过程省略了，这样的算术教育注重结果却没有通过算术来提高个人心智能力。

甚至有人讲，与其自己看书，不如听高水平的智者讲座。中国也有一句老话叫做“与君一席话，胜读十年书”，也是因此，以前北大校园常年有一群蹭课族，听遍各种名师课程，这些蹭课族却没有因此变成学术大师。原因很简单，他们所有重点都是在学习名师的具体知识，这些从课堂上讲座中听到的知识永远只是知识而不可能成为能力。

“与君一席话，胜读十年书”并非是听人讲了一席话就等于读了十年书，若真是如此，每个人都应该去听智者讲话，连续听十个智者讲话就等于读了一百年书？这当然是不可能的，哪里会有这样的好事？正确的理解应该是，当一个人不清楚自己的目标和努力的方向方法时，有人给他指点，让他破除迷津，明白努力的方向和方法，然后他通过十年努力来获得了人生中的重大积累。也就是说，任何智者的指点都要建立被指点者的努力上。世界上没有随随便便的成功，指望通过听智者一席话，或到北大蹭几次课，就变成杰出人士，这是不可能的事情。

四、正向学习法

饱和阅读训练加上饱和经验训练，就是正向学习法。华中乡土派培养学生，无论是阅读经典还是经验训练，都没有特殊的技巧，没有专门的方法，要是有的话，就是投入全部身心于其中的笨办法，用笨功夫，将身心都浸泡在经验和经典中，目标是通过正向学习，训练学生具备知识创新的能力。

从当前中国大学教育来看，尤其是社会科学研究生教育，根本问题是学生不爱学习，坐不下来，很浮躁。

而且当前中国大学还存在体制性的浮躁，直奔结果而去，从而为大学生（本科生和研究生）安排了太多任务。举例来讲，大学学分制、双学位制、各种大创项目、三助岗位、社团活动、社会实践活动、志愿活动、各种考证等，将大学生的时间切割为碎片，大学生不再有属于自己的时间以及很难安得下心来。过于饱和的活动造成了大学浮夸毛躁的风气，大学变得像菜市场一样世俗繁杂。

正向学习法也可以看作是饱和学习法的另外一个角度。因为社会科学本身不能是教条，实践无比丰富，对实践的理解没有止境，且对实践的理解依赖研究者的理论思维与感悟能力。只有通过饱和训练，借正向学习法，才能做出创造性的研究来。

以下简单讨论几条正向学习法的原则：

1. 问题比答案更重要

知识生产大体可分为创新和应用两类。新知识就像照进未知世界的光线，知识创新是打开世界的一扇窗户，让未知变有知，知识应用则是将已经创造出来的知识运用到更广阔的领域。知识创新是从 0 到 1 的过程，知识应用则是从 1 到 10，知识创新比知识应用更难。是否具备知识创新能力，取决于学习过程。正向学习法认为结论不重要，认为课外阅读比课堂学习重要，认为亲自访谈比二手文献重要，原因是通过饱和阅读，才能够体会经典作家提出问题的角度和思考问题的方式，通过饱和经验，才能学会从朴素现象中提出学术问题。正向学习是要培养学生具备从 0 到 1、无中生有地创新知识的能力。

2. 正确对待老师

知识渊博的老师不一定能够教出好的学生，很多时候老师的知识过于渊博，随时随地能够向学生给出“正确”答案，化解了学生的问题，压抑了学生的好奇心，甚至打击了学生提问题勇气，老师知识渊博反而成为学生成长的障碍。老师在课堂上“填鸭式”教学，学生在课下努力背教材，这些学习都是从结论开始、从具体知识点开始，属于逆向学习。逆向学习短期效果快，长期效果不好。

3. 保持开放性和好奇心

大多数创新性研究都来自偶然际遇。一个好的社会科学家应当对经验世界保持好奇心，对各种理论保持开放性。什么都可以进去尝试一下，没有进去怎么知道有没有趣好不好玩呢？进去看一看，也许里面别有洞天。在田野调研中，什么样有趣的问题都可以问一问，什么样愿意接受访谈的人都值得访谈。访谈的人越多，问的问题越多，对经验的理解就越丰富，经验本身的自我呈现就会越生动，创新可能性就越大。在调研中保持开放性和好奇心，不仅要有“田野的灵感”，也要有“经验的意外”，对“经验的意外”，要跟踪追击，不能弃之不管。

开放性和好奇心当然不是对任何事情都好奇。人的精力是有限的，只可能关心有限的问题解决有限的问题。一个好的研究者会有选择的直觉，知道哪些问题不值得关心的，哪些问题必须关心。

4. 循序渐进，重在过程

学习和创新的过程也是训练自己成长自己的过程。时间是最好的老师，正是在过程中长期浸泡，才能明白其中奥妙。熟能生巧而非投机取巧。只看到表面现象，就只取得表面成功。

5. 读硬书，硬读书

读硬书就是读经典作家撰写的经典著作，这些经典著作往往不好理解，很难读懂，前面已多有阐述。

6. 天才在于勤奋，创新源自试错

学术创新，需要有扎实宽厚的基础，有严谨科学的思维，这都需要踏踏实实的学习，需要花费时间积累。同时，创新必须不拘一格，不怕出错，敢于想象。扎实基础和大胆想象，结合起来就容易形成创新性成果。

7. 人才是培养出来的，不是挑选出来的

正向学习法并不要求每个人都完美。任何人都是有缺点的。关键是，缺点与优点往往是一体两面的，上帝为你关闭一扇门，就为你开启一扇窗。缺点的反面就是特点甚至优点。一个好的研究者不是要将所有特点都消灭掉，而是要在有些时候放下，通过扎实持续努力达到创新临界点，这个时候，个人特点就可能成就独特自己。

只要方向正确，方法正确，持续努力就可以培养出大批优秀人才。反过来，如果方向不对、方法不对，而且努力程度不够，无论多么聪明的人都是不可能取得突破性成就的，因为这样的聪明不能建立在已有研究的基础上，浅尝辄止必然半途而废。

8. 学习重在训练，不为寻找真理

读书不是为了直接找到真理，也不是为了找到信仰，而是训练思维，提高能力，拓展视野。

2019.8.20

如何才能写出一篇好的社会科学博士论文

一、好的经验研究的前提

社会科学研究中，一对最基本的关系是理论与经验的关系问题。社会科学研究显然不能只是罗列现象，而必须对现象的本质进行把握，必须能解释现象发生发展的规律，必须能理解经验与实践。同时，社会科学研究显然也不能只进行抽象思辨，理论思考脱离具体经验。一项好的社会科学研究应当是理论从经验中生长出来，经验脱离了现象层面，有了相当程度的一般性，理论却仍然具有具体性，基于经验又高于经验。理论与经验之间相互对话、相互激发，才能成为一项好的社会科学研究。

如前所述，当前社会科学研究中，尤其是博士学位论文中普遍存在的一个问题是理论观点与经验两张皮的现象。

还有一种情况，就是通篇论文只有现象罗列，没有深入的理论提炼，没有一般化概括，这当然也不是一项好的社会科学研究。

以上讨论理论与经验的关系有三种具体表现：仅仅罗列现象的研究，仅仅进行抽象理论思考的研究，以及从经验中提炼出一般性概括（即理论）的研究。第三种表现中，普遍存在表面上是从经验中提炼理论，实际上理论观点与经验材料根本就没有关系，是两张皮，这是当前社会科学博士论文存在的普遍问题。

这样一种理论与经验的关系不同于理论资源与经验研究的关系，因为这里的理论是经验研究本身的结论，是理论观点而不是进行研究所要使用的理论资源与方法工具。在当前进行几乎所有社会科学研究都不能不使用既有社会科学理论资源和方法工具。经过数百年发展，当前世界上已经形成了极为丰富的社会科学理论范式和研究方法，社会科学研究有两个目的，一是通过经验研究进一步丰富发展完善现有理论与方法，二是通过理论研究深刻理解经验与实践。尤其是在社会科学本身具有很强地方性知识特征的情况下，利用一般社会科学理论与方法来研究具体时空条件下面的经验与实践，既有助于完善理论，又有助于深刻理解实践，并可能生长出新的理论。

这样一种理论资源与经验研究的关系，与前面一种截然不同。

当前社会科学博士训练中存在对理论与经验及其关系的误解，比如，对理论的误解是将社会科学理论当作真理、教条而非启示；将经验下降为现象，将社会调查下降为搜集资料；对理论与经验之间关系的最大误解是普遍存在以理论去切割经验，而不能让理论服务于对经验的理解并因此从经验中成长出新的理论观点来。

一项好的研究必须要具备两个基本能力，即想词的能力和想事的能力。想词的能力即理论思维能力，想事的能力即真正沿着经验本身逻辑追问思考的能力。只有同时具备了想词的能力和想事的能力，才能做出好的经验研究来。而这两种能力都必须要经过艰苦的训练，这个训练就是我们常讲的“两经”训练。

二、理论的两个维度

毫无疑问，社会科学研究不可能凭空而起而必须建立在已有社会科学理论与方法的基础上面。

问题是如何掌握社会科学理论与方法，怎样才能掌握社会科学理论与方法。

当前大学教育的一个普遍模式是，通过将社会科学理论与方法编成教材，由大学老师通过课堂教学，将社会科学理论与方法抽象为脱离时空条件的一般结论一般规律，传授给学生，但学生可能运用理论不当而强行切割了经验本身的逻辑，对经验产生错误的理解。

之所以理论可能切割经验和误导对经验的理解，是因为社会科学与自然科学不同，社会科学理论一般都是有前提的，是具体的，是有具体时空条件限制和适用边界的，甚至只是地方性知识，而非普适的一般化的真理。社会科学理论就不可能只有一种，而是有很多种适用范围具体前提不同的理论，社会科学理论也往往不是最新的理论代替了过去的理论，而只是在过去理论解释基础上增加了新的解释维度，新旧理论之间不是彼此替代而是相互补充的关系。

要做出好的社会科学研究，就必须同时获得社会科学的两重训练：一重训练是学习社会科学理论与方法，二重训练是学会如何做社会科学研究，其中关键又在于提高社会科学的理论思维能力（而不是文学的、自然科学的）。这两者都是想词的能力，不过，前面通过课堂学习到的社会科学理论和概念往往只是结论，是具体的知识，也是具体的词。后面通过提高社会科学理论思维能力，才是最为根本的想词的能力。

获得社会科学思维能力最重要的办法是让未来的社会科学研究者自己去阅读社会科学经典作家的经典著作。

当前社会科学大学教育包括研究生教育中存在的一个极其严重的问题恰恰是缺乏对经典阅读的强调，绝大多数研究生都没有系统阅读本学科的经典著作。当前教育体制实际上也没有为研究生系统阅读经典提供条件，反而是不断强调课堂教学和专业文献的阅读。

也就是说，当前中国社会科学理论训练中存在的最大问题是注重具体理论知识与方法的学习积累，忽视远比这些重要的理论思维能力训练。社会科学理论训练的目的应当是训练出具有强大理论思维能力的研究主体，而不是被具体知识和方法格式化、教条化的头脑。

三、关于经验及经验训练

社会科学是关于经验的研究，是对经验的解释，对经验内在逻辑的揭示、概括和一般化。经验不同于现象，同时经验又具有极端的丰富性和复杂性，经验是人类实践的组成部分，具有很强的测不准性即人是有自我意识和反省能力的，正因此，研究人类实践经验的社会科学，十分不同于研究客观自然现象的自然科学。

正是经验的极端丰富性和复杂性，使得几乎所有社会科学研究都是在具体时空条件下面的研究，社会科学结论都是有预设和前提条件的。任何一项具体的社会科学研究都只是选取有限变量进行研究。一项好的研究通过选择关键变量来解释经验的逻辑，理解经验的本质，预测经验的走向，这些关键变量的选择很多时候只是基于经验当下的时空条件，或者说，换了时空条件，关键变量的选取就应当不同。也就是说，任何一个社会科学研究都是具体的，都是依赖于不言自明的时空条件的。将具体社会科学研究一般化为社会科学理论，就可能会脱离时空条件，这样的理论就可能是错误的至少是不严谨的，应用到实践中就是危险的，就会产生教条主义。

经验先于理论，同时又正是理论让我们可以更清楚看到经验本身的丰富性和复杂性。经验先于理论，所以做社会科学研究必须要呈现经验本身的逻辑，而不能用理论去切割经验。要遵循经验自身的逻辑。同时，离开了理论，经验本身的复杂性与丰富性也很难呈现出来。不同的理论可以看到经验的不同侧面，所以，要允许不同理论对同样经验的不同理解，正是不同理论的竞争，可以检验理论，提升理论。没有绝对好的理论，只有是否最有效解释的理论。一个好的理论一定是逻辑自洽且简明扼要，这个理论有能力透过现象看到本质，从表面杂乱关系中找到一般性机制。

进行社会科学研究，最重要的能力是身体本能式的经验质感，是想事的能力。

经验质感或想事的能力来自于经验训练，即不断深入到经验中，沿着经验本身的逻辑向前延伸，是经过分析所得到的综合，是通过正反达到的合，是包含着复杂性的简单。

形成经验质感有两个训练路径，一是通过阅读史料，二是通过田野工作来获得。

当前中国社会科学界几乎所有田野调查都是出于课题研究的目的，且重点关注搜集资料，田野调查重点下降到服务于课题目的的资料搜集，这样的田野调查当然是不可能训练研究者经验质感的。而且，既然调查主要是搜集资料，研究者就可以通过第三方来搜集资料，就可以委托其他人来搜集资料，就可以设计问卷让人去做问卷搜集资料，田野调查本身就取消了，研究者在田野调查中的“经验的意外”也就不可能发生，“田野的灵感”也就不可能产生。研究者当然也就不可能通过进入田野来改造自己的认知图式，就不可能真正形成对复杂经验的身体认知。

通过经验训练，形成了经验质感具备了对经验复杂性和丰富性的认识，经验就成为有具体的抽象，有结构的整体。这样的经验就有了自身的逻辑，有了这个经验质感的研究者也就有了想事的能力。因为经验是一个完整整体，在具体研究中，研究者就不会被外在理论所强制，理论随意切割经验的情况也不会发生。

四、理论与经验的关系

进行好的社会科学研究既要有想词的能力，又要有想事的能力，两者缺一不可。

理论训练的目的是让研究者掌握社会科学理论、概念、方法，以及理论思维能力。理论训练中最关键的训练是通过研究者体系化阅读经典著作形成理论思考能力，当然也包括通过课堂教材掌握各种学科的理论和方法。这些理论训练所形成的研究者的知识与能力，就成了研究者的理论资源，形成了研究者“想词的能力”。

经验训练的目的是让研究者具备“想事的能力”。

一项好的研究必须是“想词的能力”与“想事的能力”的平衡与相互促进。只具有想词的能力，就会越来越玄妙，变成不断打理论补丁的烦琐哲学，只具备想事的能力，就会越来越滑向经验主义，无法将经验上升到具备一定抽象层次的普遍规律。

从理论与经验的关系上看，理论是服务于对经验的理解的。正是借助理论，我们可以深入到复杂经验中理解经验的本质。同时，对经验的体系化的认识也就成为了理论。这是关于理论与经验的一般性的说法。

更具体一点则是：在具体的关于经验与实践的研究中，研究者要理解经验与实践，就必然要带着理论资源和理论预设，但不是只有一种理论资源和理论预设，而是宽口径准备了各种理论资源与理论预设，在具体研究中相对灵活选取和运用理论资源，这里面十分重要的是用理论而非唯理论，更不是套用某种理论，以理论去筛选、剪切甚至拒绝经验。经验在先，且经验有其自身的结构完整性与生长逻辑，理论应当服务于对经验本身的理解。研究者应当依据理解经验的需要来选择理论与方法，理论与方法服务于对经验和实践的理解，而不能反过来。同时，一个好的理论与方法可以有效启发对经验的理解，照亮经验本身的暗处，有时正是借助理论之光，研究者才能透过现象看到经验的本质，才能化繁为简，以及抓住要害。

运用现有社会科学理论和方法资源来理解经验，在具体经验研究中应用合适的理论与方法，从而不断提升对经验与实践的理解，并在此过程中产生新的理论总结与提炼。这就是一个完整的社会科学研究过程。

当前中国社会科学研究中，主要社会科学理论与方法来自西方，西方理论与方法成为理解中国经验与实践的工具。这个过程的关键是，中国社会科学研究的目的是真正理解中国经验与实践，古今中外一切好的理论与方法都可以成为工具，这个过程中要防止理论对经验本身的切割，要保持中国经验的主体性、完整性。理论服务于经验，从经验出发选取理论来解释中国经验与实践，形成对中国经验与实践的解释体系，这个解释体系就是理论，再用这个理论来服务于中国经验与实践，并受到更大范围经验与实践检验。这样一种研究进路就是从经验出发，到形成解释的理论，再将这一理论放置在更大的经验与实践中进行检验的循环，这种循环，笔者称之为社会科学研究中的大循环。唯有经历了若干大循环，才能形成比较成熟的建立在中国经验与实践基础上的中国社会科学理论，这个时候再进行从中国社会科学理论预设出发到经验中寻找检验再回到理论的小循环。因为当前阶段中国社会科学发展相对滞后，以及中国社会结构正快速变迁，中国社会科学研究的重点在于大循环阶段，以建立有主体性的中国社会科学。

五、走向经验本位的中国社会科学

当前中国社会科学研究中有一个十分奇怪的地方，即相当多自以为有所期待的研究，都试图以中国经验来对话西方理论，从中国经验中证实或证伪西方理论。与西方社会科学一般理论对话，多少有点对不上，层次似乎有差异，因此就对话西方尤其是美国的中国研究，一些在美国学界并无地位的中国研究专家随便提出一个判断（所谓理论）就可以让中国学者不懈对话四十年，真正是怪事。这种怪事遍布中国社会科学的各个学科。

中国社会科学研究，要理解中国经验，西方社会科学理论只是工具，而非对话对象。有用则用，无用就不要用，不要生搬硬套去用。西方中国研究就更不是中国社会科学研究的主要对话对象了，他们好的研究对我们有启示，我们就学习，他们的研究水平低，隔靴挠痒，那也是正常不过的事情。

当前中国正在发生着伟大实践，理解丰富复杂的中国经验，就能逐步形成对中国经验的一般性抽象概括提炼，也就形成了若干社会科学理论，再将这些理论放置到更广泛的中国经验乃至世界经验中检验，从经验中来，到经验中去，这就是前面所讲中国社会科学研究的大循环。经过若干年的大循环，中国社会科学有能力对 14 亿中国人民的伟大实践进行理论解释，中国就可以算是有了具有主体性的中国社会科学。这是当前中国社会科学的当务之急，也是千载难逢的学术机遇。

六、如何写一篇好的博士论文

那么，如何才能写出一篇好的社会科学博士论文呢？显然，要写出一篇好的博士论文，关键不在于如何写博士论文，而在于如何才具备写一篇好博士论文的训练，这就涉及如何培养研究生这一大问题了。

当前研究生培养的主导模式是通过教材、课堂学习理论与方法，通过专业文献阅读来积累专业知识，通过寻找专业文献研究中的理论空白点来作为对话对象，再到经验中找对应经验检验理论空白点，形成对话，完成博士论文。问题是，通过课堂被动接受社会科学理论与方法，缺少对理论的驾驭能力，更缺少理论思维能力，只能套用理论。阅读专业文献寻找理论空白点也是十分艰难的事情，因为几乎所有专业的文献中都会有自圆其说的理论和几乎是无限的文献，在缺少对经验把握能力的情况下面，汗牛充栋的专业文献看起来已经填满了所有可能的理论空白，因此，经年累月专业文献阅读在头脑中仅仅留下杂乱无章、堆放无序的知识。在既缺少理论驾驭能力，又缺少理论思维能力，还缺少对专业知识有效梳理的情况下面，生硬找到一个对话点再去寻找对应经验，怎么可能成为好的研究？怎么可能不是理论观点与经验调查的两张皮呢？

要做一篇好的博士论文，至少要具备两个基本条件：第一个是广泛大量的体系化的学科经典阅读。阅读的目的有三：训练理论思维能力，获得概念工具，学习研究方法。其中训练理论思维能力是关键。

第二个是具有贯通经验的能力，真正从经验中提出问题找到灵感。贯通的经验可以为专业研究提供厚重的源源不断的想象力，想事的能力，与理论进行对话的能力。

也只有有了贯通的经验，及与此相关的问题意识，再读专业文献，才能在这些问题意识的晶核基础上结晶，也才可能真正写出一篇创新性的博士论文来。

写出这样一篇好的博士论文的进路，也是做出优秀的中国社会科学研究的进路。

2019. 11. 18

本科社会实践课是一门硬课*

一

社会学是一门经验性的学科，而不是一门思辨性的学科。社会学必须要接触经验。社会学本科课程一般都会有社会实践课，社会学研究生学位论文更是大多数都建立在经验研究基础上。

可是，上好社会实践课却不是很容易。本科社会实践课很容易上成“水课”，学生花费时间到田野中去了，什么收获也没有，甚至因此对社会学专业更加不理解更加失望。

既然到田野中没有收获，不如安排学生参加各种大型全国问卷调查，至少做问卷必须要叩开调查对象的大门，进行语言交流。完成问卷往往颇为不容易，调查对象不理解，往往也不够友好，拒访率高。做问卷时接触调查对象本身往往成为调查者的最大收获，但是，问卷不是自己设计的，问卷结果也未必会返回给参加调研的学生，整个调研过程中，学生根本没有思考也就根本没有真正进行社会实践。这样以问卷调查代替社会实践课，无异于取消了社会实践课。几乎所有参加过大型问卷调查的社会学专

---

* 本文为《走读中国之乡村故事——武汉大学社会学院 2017 级本科生社会实践报告》序言，社会科学文献出版社，2020。

业学生，都不仅没有增加对社会的了解，反而加深了对社会学的无感甚至反感。

社会实践课本来应该是最能表现社会学魅力，激发学生对社会学热爱的课程，为什么会成为鸡肋呢?

原因是没有找到正确的办法。

二

每个人都生活在经验世界，每个人也都有自己对经验世界的认识和想象。虽然本科生几乎所有时间都在学校，他们却并非外在于我们的社会与经验世界，他们也有自己对经验世界的想象。他们会用自己的常识或学到的知识来尝试理解经验与生活。在日常生活中，一切都是顺理成章和理所当然的，是不用质疑，也就是熟视无睹的。

不过，如果社会实践课不仅仅是去了解社会现象，了解社会实践中的好与坏、美与丑、正义与邪恶，而且去追问这些好与坏、美与丑、正义与邪恶的成因，一层层解剖可能颇为复杂的社会结构，发现很多看起来不合理的事情背后并不简单的原因，因此反思之前认识中的理所当然和想当然，开始意识到自己的表面、幼稚和肤浅，这就是一个好的开始。

存在的就是合理的，在缺少对实践本身复杂性的深入解剖和现象背后原因的深刻理解时，强烈的情绪就显得可笑，这种情绪当然也没有力量。因此，在社会实践课中，将自己的情绪收拾起来，虚心向经验学习，尝试运用学过的理论知识理解经验和实践，从以为简单的现象中挖掘出让自己震惊不已的复杂性，既让人沮丧挫败又让人兴奋惊奇，在经验中的探险感立即产生出来。这是一个不断挖掘真相的探险，是一个掘宝的过程，很好玩，很神奇，因此就不知疲倦。社会实践课就应该是这样一门很好玩又很神奇的课程。

经过这种在经验中探险的社会实践课程训练的学生，从此就不再轻视经验，不再轻易受情绪支配，而愿意探究现象背后的复杂性，有了社会学的深刻性。他们也因此变得与普通人不同了，因为他们开始用社会学思维来看待生活、经验与实践。

只有当社会实践课真正可以变成运用社会学知识理解经验与实践，透过社会现象的表层结构来揭开社会的本质时，当学生可以真正参加到这个过程中有所收获，有所感悟，甚至产生了激烈的情绪反应时，这门课程才能真正变成一门影响学生的硬课，也才能配得上社会学专业的必修课。

三

自 2018 年开始，武汉大学社会学院（原社会学系）由中国乡村治理研究中心团队接手大二暑假的社会实践课教学，我为课程负责人。为了上好这门课，我们设计让大二本科生参加到以博士生为主的暑假社会调研实践中，有两种安排：一是长周期的安排，一般为 20 天时间，将本科生分散安排到博士生调研小组，一个调研小组可能有三四位博士生，加一个本科生。二是短周期的安排，一般为 10 天时间，每个小组安排三四个本科生和三四个博士生。

无论长周期还是短周期，社会实践形式都是驻村集体调研，每个小组都安排老师带队。具体调研形式为白天集体访谈，晚上集体讨论。白天访谈一般上午 3 个小时，下午 3 个小时，每天晚上讨论时间大都超过 4 个小时。一天下来访谈加讨论时间超过 10 个小时，调研信息量很大，调研强度也很高。

访谈时以带队老师为主，本科生一般插不上话也不用插话，因为缺少对为什么会问这些稀奇古怪或近乎常识问题的理解。因为缺少理解，在访谈开始阶段本科生很容易疲倦。晚上集体讨论时如何从白天众多访谈信息中拧出关键信息形成问题意识？哪些现象值得关注和需要解释？是满足于情绪宣泄还是借助理论进行解释？用何种理论解释？谁的解释更巧更深刻？透过现象看到了什么本质？这就是一个“混战”的时刻。

刚开始时是带队老师和博士生的“混战”，本科生是插不上嘴的，但因为是社会实践课，往往也会安排本科生先说，他们会“压力山大”，搜肠刮肚“乱说一气”。本科生的任何胡说都会得到善意回应，然后就是博士生“混战”，本科生观战。几天下来，本科生就看出了门道，就有了自己的想法，可以参与到混战中来，至少可以参与到混战博士生的一方中来，这个时候既是村庄面纱被揭开、现象被破译的过程，又是本科生眼花缭乱、心荡神驰，由高度焦虑转向高度兴奋、高度激发的过程。刚开始时的疲倦一扫而空，他们全身心投入到社会实践课程中来，投入到村庄探险中来，投入到“现象之间找关联、村庄内部找原因”的社会学训练中来。

高度兴奋和高度激发，就使他们在很短时间将访谈获得的海量信息加以整理形成贯通的理解，最后就可以形成一个相对深刻、复杂、理性的对村庄的认识，一改刚到村庄时的肤浅、简单和情绪化。一次社会实践课就完成了一次社会学知识与经验的亲密接触，产生了化学反应，形成了社会学认识经验的实践洗礼，从而完成了一门硬课。

重要的是，经过这样的硬课训练，本科生一般都会认识到社会学的重要性，同学们往往因此一改之前对社会学的无感，喜欢上社会学。同时，参加社会实践课的本科生也会深刻认识到学习社会学理论的重要性，认识到阅读经典的重要性。武汉大学社会学院 2017 级和 2018 级本科生参加社会实践课后，不少同学说自己“三观”因此有了改变，这也可见社会实践课是可以成为社会学硬课的。

四

2019年暑假组织2017级本科生社会实践，同样采取2018年暑假组织2016级本科生长周期和短周期的两种模式，效果同样好。两个年级本科生同学结束社会实践课以后，都完成了社会实践报告，这些社会实践报告质量都相当高，且字数很多，他们将调研中所见所闻尽可能详细、有逻辑地表达出来，竟然有同学报告字数超过10万字，一半以上同学报告字数超过5万字，这个字数也都成为同学们迄今为止的人生中篇幅最长的文字。

2019年社会实践课结束之后，学院组织了优秀社会实践报告评奖，全院40多名学生，评选出优秀奖11名，提名奖12名，加起来占到同学总数的一半。为展示武汉大学社会学院2017级本科生社会实践风采，决定将获奖同学报告编辑出版。获奖同学们撰写报告普遍很长，只能摘取获奖报告的部分内容编辑成书。应当说，本科二年级同学在第一次社会实践后可以写出如此质量的报告，是很不容易的，也是很值得一读的。有足够理由相信，第一次参加社会学实践同学旗开得胜，他们的未来必定更加可期。

2020.5.27

社会科学研究生要读经典*

一

2002年我从荆门职业教育技术学院调到华中师范大学中国农村问题研究中心工作，中心主任徐勇教授委托我主持中心研究生读书，遂成立研究生读书会，布置读书任务，每月一次读书检查与交流。坚持下来，效果很好。2004年我从华中师范大学调到华中科技大学社会学院工作，成立了中国乡村治理研究中心，继续主持中心研究生读书。华中师范大学中国农村问题研究中心研究生是政治学专业，华中科技大学研究生是社会学专业，专业不同，读书要求却一样。

2017年年底调到武汉大学，担任社会学院（原社会学系）院长，在武汉大学社会学院推动学生读书。不仅全力推动研究生读书，而且推动本科生读书。两年多时间下来，武汉大学社会学院学生"以读书为业"已成风气，除上课以外的几乎所有时间，同学们都泡在图书馆读书。同学们号称"8107"读书，即每天早八晚十每周七天泡图书馆读书，不是抱怨而是自豪，因为他们也没有想到自己竟然可以在大学期间如此自律。

本书选入的主要是武汉大学社会学院2018级研究生读书生活总结。

---

* 本文为《长江边的后浪——武汉大学社会学院2018级研究生读书生活总结》序言。

2018级研究生遭遇到读书，是一场“美丽的误会”。我是2017年12月调到武汉大学担任社会学院院长的，2018级研究生早在2017年9月就已保研，10月就已考研报名，无论是保研还是考研的同学都是按传统研究生培养模式来预期研究生生活的。传统模式大都是研究生参加导师课题，做课题调查，完成硕士论文毕业。我担任院长后要求同学们除上课以外的时间都必须泡图书馆读书，提出“两不要一要”，即读研究生期间不要参加课题，不要发表论文，要读书。这完全超出了同学们的想象力，同学们对此很意外、反感乃至反抗，都是可以想见的。

2017年底，我在武汉大学社会学院开始本科生与研究生读经典的动员。在全院老师尤其是党委书记李玉龙同志的支持下，建立了各个年级定期与学院主要领导交流的制度：“与院长面对面交流”制度（简称“面对面”制度）。每个年级每个月与学院主要领导进行一次深入的交流，内容为一个月的学习、锻炼和作息情况。每位同学用大约几分钟时间报告个人情况，并就个人学习过程中产生的困惑提问，由学院主要领导对每个同学的情况进行点评，并答疑解惑。这样，社会学院全体本科生和研究生每个月就都有一次与学院主要领导当面深入交流的机会。同一个年级每个同学汇报的个人情况不仅是汇报给老师的，更是汇报给所有同年级同学的。每个同学提出的学习困惑就不仅是他个人的困惑，也可能是所有同年级同学们的困惑；学院主要领导的答疑解惑也就不只是针对提问题的同学，而是整个年级。一次面对面交流下来，耗时4小时，既交流了同学们的学习生活情况，又解答了同学们学习中存在的各种疑难问题。可以确信，当前大学生群体都是很愿意进步的，他们存在的问题主要有两个，第一，方向不清晰，方法不明确，容易陷入迷茫；第二，学习动力不足，难以坚持。刚开始，同学们状态比较迷茫，动力也不足，外在压力大于内在动力，控制作息难，安心读书难，坚持锻炼难……不过，每月一次的“面对面”所营造出来的强大氛围（政治正确，学风倡导），不断让同学们审视自己的学习状态和锻炼作息情况，部分同学很快就调整过来，成为每次“面对面”的表扬对象。仅一个多学期，社会学院的学风就有了很大转变。建成武汉大学学风最好学院的目标也很快成为共识。

2018 年春节以后，武汉大学社会学院正式实施“与院长面对面交流”制度，主要是动员学生体系化阅读经典。学院为全院本科生列出 80 余部社会学经典书单，其中入门类和必读类有 50 多部，是每个本科学生的必读书目。学有余力的同学再读拓展类书籍，结果大多数本科同学竟然将拓展类书籍也读完了。研究生方面，我进入武汉大学社会学院时，2016 级研究生已是二年级下学期了，“面对面”交流一次，效果不佳，同学们都已在考虑就业的事情，就没有贸然去组织。学院重点组织 2017 级研究生进行体系化经典阅读，因为他们才处于研究生一年级下学期。刚开始组织 2017 级研究生读书有难度，很多同学不理解，甚至有很多同学找借口不愿参加“面对面”；直到 2018 年秋季学期，2017 级研究生才真正形成了阅读习惯。

2018 年春节后开始实施“面对面”时，2018 级研究生还没有报到，且考研的同学也还在等待复试。到 2018 年 3 月底考研同学复试结束，社会学院建立了“武汉大学社会学院 2018 级研究生读书群”，要求每个保送或考上武汉大学社会学院的研究生自己制订 9 月开学前 5 个月的学习计划，要求每个同学每月体系化阅读 4 ～ 6 本社会学经典著作，最好从古典时期社会学家著作读起，每个月检查一次。2018 级研究生在未入学前毫无心理准备地遭遇到学院的强制要求，很多同学之前制订的毕业旅游计划从此“梦碎”，不理解又有所畏难和畏惧是当时同学们的主要心态。2018 级研究生自 2018 年 4 月开始体系化阅读经典训练。收入本书的很多同学都回顾了他们遭遇读书要求时的心理状态，此处不再赘述。

需要说明的是，我到武汉大学社会学院来主持本科生和研究生读书的同时，仍然主持华中科技大学中国乡村治理研究中心的读书会，其中2017级研究生读书会有20多名成员，这些同学读书早就保持“8107”的节奏，其读书已经相当在状态了。而且，华中科技大学中心读书会几乎每年都会利用暑假组织读书，或者说暑假每个月读书会同学都是不放假的。考取武大社会学院的部分2018级研究生也想找地方读书，我让这些同学到华中科技大学参加集体读书。参加华中科技大学2018级研究生暑假读书班的同学，除武汉大学社会学院以外，还有华中农业大学、四川大学、浙江师范大学、海南师范大学等院校的一些同学。这次暑假读书班对同学们读书学习产生了深远影响，参加了暑假读书班的同学进入各自学校读研以后仍然坚持体系化的经典阅读，同样取得了良好的效果。因此，本书收录了部分参加暑假读书班的非武汉大学社会学院研究生的读书生活总结。

2018级研究生在2018年9月入学报到的当天，开学典礼后紧接着就举行了首场“面对面”，对每位同学之前5个月的读书情况进行了总检查。之后，2018级同学正式开始了在校读书生活。因为武大社会学院是将研究生体系化阅读经典作为一门课程计入学分的，到2020年4月，同学们要交一份读书总结作为学分依据，遂有了本书收录的研究生读书生活总结。

2018年9月底，随着2019级研究生推免保送的完成，我们将所有保送到我院的推免生召集到武汉进行了为期三天的学习动员，并建立了2019级研究生读书群。最重要的是，由于2019级研究生比较多从而建立了学习小组，每组七八名同学。学习小组从此成为读书学习和生活的基本组织形式，尤其是在2020年疫情期间，各个研究生学习小组和本科跨年级学习小组通过每天打卡，保持了高度的组织性和自律性。

2019年暑假，武汉大学首次实行第三学期制，主要是针对本科生，为期一个月。社会学院将第三学期延长到50天，并将研究生纳入进来，主要是利用暑假集体读书。研究生暑假放假两周，其他时间都在学校图书馆读书。2017级研究生和2018级研究生皆如此。2019级研究生也采取自愿原则，绝大多数2019级同学在7月3日提前到武大报到参加暑假读书班。2019研究生读书状态应当更甚于2018级。等到2019年10月初，2020级研究生推免结束，保研到我院的50名同学也立即组织起来集体读书，也同样组建了读书学习小组。2020年5月初，考研的同学面试录取后也迅速加入集体读书，全体2020级研究生正式开始“8107”的读书奋战。

2020年遭遇新冠疫情，我院学生与全国一样无法上学，便开启了以网络远程教学为主的全新教学模式。“与院长面对面交流”改为每十天一次，每个月总汇报一次，整个疫情期间，我院学习始终保持了昂扬的学习状态，甚至一点也不亚于在校时的状态。这也说明，经过两年以学生为主体的学风建设，我院学生已经相当自律。自律也正是收入本书同学所写读书总结中的一个关键词。

二

2019年年底，武汉大学图书馆统计各个学院学生人均进图书馆次数，我院排在第一。在当前大学生普遍浮躁，本科生和研究生都很难静下心来阅读经典的情况下，我院学生能做到“8107”泡图书馆读经典，仅就这一点来讲，我院学风建设也是十分成功的。

研究生培养不仅要改变浮躁的状态，让研究生能安心学习，更要具备正确的训练方法。我一贯以为，研究生期间最为重要的训练就是通过体系化阅读学科经典来训练思维能力。中国文人的一大缺点就是想象力过于丰富，思维发散，缺少严密的社会科学思维能力。通过体系化阅读可以训练出社会科学思维能力。因此，我将研究生的严格学术训练等同于体系化的经典阅读。没有社会科学思维能力，没有社会学思想，再好的技术和方法也是无用的；反过来，只要有了社会学思想和社会科学思维能力，任何技术和方法都可以成为我们认识世界、解释世界的工具。

下面，简单讨论一下为什么研究生严格的学术训练等于体系化的经典阅读及相关的认识问题。

1. 什么是严格的学术训练

社会科学严格的学术训练，主要是通过体系化阅读社会科学发展史上的经典著作，来掌握社会学科理论和方法，同时训练社会科学思维能力。在长期持续不断的阅读中内化形成社会科学思维，积累社会科学知识。

2. 为什么需要读西方经典

之所以主要读西方社会科学经典有两个原因：一是社会科学是在西方产生的，二是西方社会科学同时也是一套分析的逻辑体系，通过体系化阅读西方社会科学，在掌握社会科学理论与方法的同时，训练思维能力。

3. 为什么要体系化阅读经典

一般我主张社会学科的研究生读四个学科的经典著作，这四个学科分别是经济学，政治学、人类学和社会学，至少应有两个学科的体系化阅读。

社会科学不同学科是用不同的概念和方法讨论工业化以来的人类社会，研究对象是一致的，因此，本质上不同学科是相通的，一个学科的体系化阅读和贯通性理解，会极大地帮助对第二个学科的阅读：原因一是有了第一个学科的阅读，阅读能力、思考能力大幅度提高；原因二是学科之间是相通的。因此，读通一个学科如果要一年半时间的话，读通第二个学科可能只需要半年时间。

通过多个学科的体系化阅读，就可以极大地提高思维能力，掌握丰富的概念与方法工具，也就可以具备用社会科学理论来分析现象的能力，而不是仅从教材上学到一些抽象概念，然后用概念来套现实。

4. 读翻译过来的西方社会科学经典行不行

当然可以。读经典既要逐字逐句、又要连蒙带猜，在语境中理解。读经典前，研究生已有一定社会科学基础，他们读经典仍然艰难，就是翻译过来的经典著作，字都认识，意思却不是很清楚，要反复琢磨、反复猜。大概觉得懂了就再往后看，觉得不对再翻到前面看。这样的反复琢磨，就逐步理解了经典著作的部分意思，不能说已经完全读懂，更不能说精准理解，却多少懂了一些。继续读，读得多了，理解能力提高了，之前似懂非懂的东西越来越懂，再回头看之前感觉没有读懂的部分，就往往能够看懂，而且还能感觉到翻译者的翻译错漏。读多了，通过上下文语境就可以很容易理解翻译过来的西方经典著作。当然，翻译质量高的著作读起来更愉快，翻译不够好的著作，也可以让阅读者在连蒙带猜中迅速提高理解能力。

5. 读经典的三重效应

前面讲到读经典可以学习社会科学理论与方法，训练思维能力，这是读经典的两重效应。此外，因为经典难读，非得全神贯注、长期坚持才能读懂读通，任何三心二意都是读经典的大敌。因此，两年时间专注阅读经典，就极大地提高了研究生的专注能力和意志力，就使得他们在今后思考任何艰难问题时可以凝神聚力找准一个点集中发力，产生出思维的持续爆发力。这样一种专注品质是快餐时代获得成功最重要的稀缺品。

6. 读书要读经典，不要读教材

这条也非常重要。辅助资料往往让读经典进入捷径，这样即使学到了知识也没能训练能力。自己读经典，不借助教材，不请教老师，个人冥思苦想反复琢磨，就是训练思维的过程。看起来走了弯路，其实，走弯路正是要达到训练的目的。正如通过长跑来锻炼身体，就必须要一圈一圈跑下来而不能直接走到终点。长跑的目的是跑步而不是撞线。读经典的关键是读而不是背诵具体的知识。

这个意义上，读经典千万不要指望有一个好老师来指导。好老师是学生读经典的“毒药”，真正有创造力的研究生从来都不是老师培养出来的。老师传授知识很容易变成只有知识，甚至陷入无关紧要的知识细节，却丧失了一般化的思维能力提升的机会。

7. 读经典的目的是提升自己能力

有一种误解，以为读西方社会科学经典就是要去研究古希腊历史、当大学理论课教师、做学术翻译，或是为了显摆自己有文化，等等。但这些都不是目的。研究生读西方社会科学经典的目的只有一个，就是要训练出具有锐利的社会科学思维能力，这个研究生走上社会之后具有强大的分析能力，思维能力，有解释问题和解决问题的能力。一句话，读经典是要训练研究生一般化能力而非获取具体知识。

8. 读经典要靠集体

读经典是非常个体化的事情，因为只有自己仔细读，慢慢体会理解，才能读懂读通。这个意义上，读经典是一项孤独的事业。

不过，仅仅个人读经典往往很难坚持下去。第一，读不懂，很容易怀疑自己智商，认为自己不适合读经典；第二，读经典很容易陷入细节，走不出来，甚至走火入魔；第三，读经典长期看不到进步，或陷入瓶颈，会丧失信心；第四，一个人读书感到孤单，走着走着就疲惫了、迷失了；第五，没有环境就没有比较，也就很难认识自己；第六，很难有节奏感；第七，一个人读书，掉到思维陷阱就上不来；第八，个人读书缺乏交流，得不到激励；第九，读书方法陷阱，等等。一言以蔽之，一个人读经典往往很难坚持，能坚持的往往也是意志力极其强悍的；换句话说，也就是很偏执的，偏执的读书人越读越偏执，很容易就走火入魔了。所以，长期读经典，必须靠集体。

自2002年以来，我主持研究生读书检查汇报会，就如前面讲的“面对面交流”，一般不讨论具体知识问题，将读经典的主体性完全交给研究生。形成了集体激励机制，从而让所有研究生都可以通过两年体系化的经典阅读，大幅度提升个人能力，真正实现研究生阶段的严格学术训练。

三

2020年五四青年节，一个题为“后浪”的抒情朗诵短视频燃爆网络，这是最近20年对年轻一代的最强自信。也有人说是中年人对年轻人的最大献媚。无论如何，年轻人是祖国的未来。“世界是属于你们的，中国的前途是属于你们的。”

中国当然是属于年轻人的，世界也是属于年轻人的。年轻人要拥有这个世界也必须要有准备，机会从来都只留给有准备的年轻人。没有准备的年轻人就不可能成为推动历史潮起潮涌的后浪。当前这个时期，大学生是很努力的，因为他们很清楚自己要靠本领面向未来。不过，当下中国大学生也普遍比较浮躁，甚至急功近利，钱理群说的“精致利己主义者”至今仍然是大学普遍现象。本科生用大量时间追求外在符号，研究生不读经典，这是当前大学再普遍不过的现实。这样的精致利己主义者当然不可能成为推动历史潮起潮涌的后浪。后浪必须有一个真正提升自己能力的准备。

武汉大学社会学院2018级研究生可以说是遭遇了读经典这个事件。不过，这次遭遇正在变成最美好的回忆。因为他们用两年时间“8107”，泡图书馆读经典，极大地提升了自己的能力，他们一定会变成汹涌澎湃的后浪，他们用奋斗的青春完美诠释了后浪是如何炼成的过程。我相信，只有经过了艰苦努力和刻骨铭心，我们才能有一个值得铭记的青春，也才会有一个辉煌卓越的未来。

这是一本记录后浪挥洒青春、快速成长的书，是一本青春励志的书，是一本可以为所有本科生和研究生尤其是文科专业研究生提供启示的书。

是为序。

2020. 5. 23

附录　我与《新乡土中国》

一

1993 年我到华中师范大学科学社会主义研究所，跟随张厚安教授读政治学的研究生，当时村民自治初兴，村委会选举开始在全国推行。张厚安老师提出“三个面向，理论务农”，开创了华中师范大学的三农研究，旗下很快聚集了一批青年学者，如现在仍在华中师范大学从教的徐勇教授和项继权教授。徐勇老师当时已是教授了，项继权老师还是一个讲师，两位老师都是教过我的。不过，当时我对农村研究还没有什么兴趣，考虑未来就业能否到农村基层当一个乡镇长，做一些有用的实事。

硕士研究生毕业后，我回到老家的荆门市委党校工作，有机会从政，却最终仍然留在了高校，1998 年从荆门市委党校调入荆门职业技术学院，正式开始农村调查，并开始发表论文。

20 世纪 90 年代正是三农问题日益严峻的时期，1998 年我大部分时间都在荆门农村调研，尤其关注三个问题：一是收取税费和计划生育等号称天下第一难的工作；二是经济发展包括乡镇企业、产业结构调整和农业发展问题；三是村级组织建设。1998 年以来的接下来三四年时间，我先后到湖北、江西、浙江、吉林、安徽、河南农村进行了大量调研，写了若干调研报告。因为我是政治学专业毕业，对社会学不熟悉，更不熟悉社会学的调查方法，我就无所不关心，什么都好奇，什么都问。中国农村地域广大，不同地区情况千差万别，世纪之交中国农村又处于极为迅速的变迁转型时期，三农问题也很严重并引发全国人民的高度关注，自上而下的政策在不同地区的农村有着十分不同的进入过程、机制和结果。我就从调研中了解了与书本完全不同的中国农村，逐步形成了自下而上看问题的视角。2002 年我与徐勇、吴毅等人联名发表《村治研究的共识与策略》一文，提出村治研究的三大共识，即“田野的灵感，野性的思维，直白的文风”，这三大共识仍然是华中村治研究学者的共识。

调研过程中我会形成若干思考，因此写了一些随笔。到 2002 年已积累了大约 100 篇，这些调研随笔并不是为发表准备的，因为已经有了很多篇，就编在一起，取名《新乡土中国》，想沾点费孝通先生《乡土中国》的光，果然广西师范大学出版社找到我要出版，选择其中大概 60 篇出了《新乡土中国》的第一版。遗憾的是，没有编入《新乡土中国》的那 40 篇随笔后来因为电脑坏掉而遗失了。

《新乡土中国》出版后产生了远超出我预料的影响，第一次印刷 6000 册很快销售一空，随即加印。我则对《新乡土中国》没有信心，因为这本书并非我的有心之作，不过是调查时写的一些感想而已，因此建议出版社不要再加印，待有机会修订出第二版。

《新乡土中国》产生影响，我想大概与三个方面有关系：第一是沾了费老《乡土中国》的光，实际上我只是在将调查随笔编在一起时才想到《乡土中国》，写作时没有受《乡土中国》以及费老的影响；第二是北京大学苏力教授写的序。苏力教授当时就是学界牛人，他在序中对我多有谬赞；第三是当时三农问题引起全国关注，农村调研作品容易引发关注。

我 1998 年开始农村调查，到 2002 年完成《新乡土中国》所有篇章的写作，正是中国农村发生翻天覆地变化的时期。1999 年全国村委会“海选”，农民负担沉重，干群关系紧张，群体性事件层出不穷；2001 年开始进行全国农村税费改革并在 2006 年取消了农业税；2001 年中国加入世界贸易组织，城市化骤然加速。回想起来，在世纪之交，中国农村几乎同时发生了三大历史性的变化：一是国家与农民关系方面，取消了延续千年的农业税费；二是农村基础结构之变，包括血缘共同体和家庭结构的变化；三是农民的价值观念之变，即农民关于人生意义的定义开始发生改变，传宗接代观念受到冲击。再接下来，随着城市化加速，大量农村青壮年劳动力进城，农村出现了不可逆的空心化和老龄化，中国农村千年未有之大变局徐徐展开。这个意义上，《新乡土中国》正好记录了巨变时代的中国农村，这个巨变时代提出的问题值得仔细咀嚼。

农村调查的同时，我也思考如何解决农村问题；以及在中国城市化与现代化背景下面，农村应当起到什么作用，保持什么功能。我在《新乡土中国》的结语中写道：“在中国现代化建设的过程中，在从传统走向现代社会的过程中，农村能否充当劳动力的蓄水池和社会的稳定器，将对现代化建设的成败具有决定性意义”，现在看来，这个判断是还算有点远见的。在 2005 年出版的《乡村的前途》一书的封面文字，我写道：“我希望重建田园牧歌的生活，希望温饱有余的农民可以继续享受青山绿水和蓝天白云，可以继续享受家庭和睦和邻里友爱，可以继续享受陶渊明式的‘采菊东篱下，悠然见南山’的休闲与情趣。”这些文字现在看来有点过于浪漫了，虽然在乡村振兴战略下面还显得应景。

二

2001 年底我从荆门职业技术学院调到华中师范大学政治学研究院，也就是我硕士毕业时的科学社会主义研究所，做徐勇教授的助理，继续在全国农村调研。不同之处就是开始带领学生（主要是博士生）在全国调研。2004年底调入华中科技大学创办中国乡村治理研究中心，更是年年都是“调研年”。2017年调入武汉大学社会学系一如既往重视调研，我们现在叫做“调研会战”，因为如今调研队伍比较大了，也从农村调研扩展到城市调研诸方面了。我们希望每个人都像风一样开展调研。强调调研，是因为我们深刻认识到中国社会科学的发展必须以了解和理解中国经验与实践为起点与终点。

自1998年开始农村调研至今已有整整20年，除极个别情况，我做到了每年有两个月时间驻村调研。我所主持的华中科技大学中国乡村治理研究中心十多年来也保持了平均每天有10人以上驻村调研的密度。长期高密度调研是我们坚持“田野的灵感”基本前提，我们又称这样一种高频次高密度调研为“饱和经验法”，而且我们还将集体调研作为主要调研方式。“集体调研”重点在于集体，因为正是在调研现场进行的集体研讨可以为我们提供看待经验的不同视角，通过“野性思维”来透过经验现象看到经验本质，进入到机制分析层面，真正深刻地理解中国经验与实践，从中国经验与实践中提出问题，并通过中国经验与实践来检验和检讨问题。

持续高密度的饱和调查，使得我和我们团队同仁可以极大地扩展对经验的认识，我自己的研究当然也远远超过了《新乡土中国》的主题。十多年来，我出版了十多部著作，调查随笔集也有多部，这些调查随笔似乎也都有一定的社会反响。《新乡土中国》里面提出来的问题提到过的经验在之后持续的调研中不断深化。实际上，任何问题只要被正确地提出来了，就一定不会浪费。对我而言，第一版《新乡土中国》最重要的也许就是正确地提出了问题。因此，2012年北京大学出版社邀请我修订《新乡土中国》出第二版时，我答应下来。

到了第二版我才终于明白，本以为《新乡土中国》没有受到费老

《乡土中国》的影响，实际上，我在《新乡土中国》提出“农村是中国现代化的稳定器与蓄水池”的观点，正好回应了《乡土中国》书名含有的“捆绑在土地上的中国”的意思，因为正是中国农村为中国奇迹创造了条件提供了基础。我于是用比较短的时间对《新乡土中国》进行了系统修订，出了第二版。第二版已加印7次，市场反响还是不错的。

当前中国农村的快速变迁仍未结束，我和我的团队还要继续像风一样地进行调研会战，还要从各个方面拓展对农村和对中国的理解。也许再过10年我会对《新乡土中国》进行第二次修订，出第三版，那时《新乡土中国》第一版中提出的问题就应当会有一个比较好的回答了。

回答经验中提出的问题，对经验中的问题进行一般化理解，并逐步透过现象看到本质，从经验中来，经过理论思考、理论提炼、理论争论，然后再到经验中去检验还原，形成对经验的理论化认识，这是当前中国社会科学最需要做的事情。我们称之为“社会科学研究的大循环”，这种“大循环”与当前国内学界越来越僵化的脱离中国经验与实践的“小循环”形成对照。所谓社会科学研究中的小循环，就是将鲜活的中国经验与实践切割成为证明理论正确性的碎片，中国经验既不是出发点也不是归宿，而只是材料与手段。尤其是当前西方社会科学占据主导地位情况下，中国经验仅仅成为验证西方理论的素材，成为西方社会科学的注脚，中国社会科学也就注定不可能成长起来。

应星曾批评我们的研究是“朴素经验主义”，好像他至今还是这样认为的。他们说，难道农民天天在农村生活，农民就成了学者成为社会科学家了？还有人批评我们是“走马观花又一村，一村一理论”。这样的批评有点小看我们了。我们当然知道仅靠搜集资料是无法做出一流研究来的，我们必须有研究能力，有理论，有概念，有方法，有社会科学分析能力。不过我们认为，这些能力只是最初步的能力，关键在于如何将社会科学的一般理论与方法和中国经验结合起来，从而形成对中国经验与实践深刻的体系化的理解，也就是建立起有主体性的中国社会科学。这是一个艰巨的过程，要攀登很多座无名高峰，且需要“百花齐放、百家争鸣”。方向不对，本来应当是“大循环”的时代，中国社会科学的主流模式却过早走进了“小循环”。

三

未来十到二十年将是中国社会科学发展的黄金时代，有三个理由：第一，改革开放引进西方社会科学仅 40 年，西方社会科学理论引进工作已做得很好；第二，中国经济社会快速转型还有不超过 20 年时间；第三，中国在未来 10 年必定成为世界 GDP 第一大国，中国有数千所大学，双一流建设的大学就超过 150 所，这些大学为社会科学研究提供了大量教职和研究岗位。现在的问题是，在引进西方社会科学的过程中，我们忽视了为什么要引进的初心，忽视了社会科学介于科学与艺术之间的特征，忽视了社会科学研究与民族、地域、历史乃至社会主流意识形态（宗教）的密切关系。没有不存在预设与前提的所谓真正的社会科学。西方社会科学是在西方历史、民族、地区和宗教乃至国际处境下面总结提炼出来的，发展起来的。中国社会科学发展必须要与中国经验与实践结合起来，且目的是为了理解中国经验，解决中国实践中的问题。社会科学必须要有中国的主体性，而不是用中国经验的碎片去验证西方社会科学理论。引进的西方社会科学不是教条，而是对建立中国社会科学有参考价值的启示。

因此，建立有主体性的中国社会科学是当前的当务之急，而要建立有主体性的中国社会科学，就必须要真正呼啸走向田野。

之所以必须要呼啸着进入中国的田野，是因为中国社会科学必须从中国经验与实践中提问，必须在中国经验与实践中讨论，必须要依靠中国经验与实践进行检验，以及必须要解决对中国经验与实践的理解与指导的问题。只有在中国社会科学这样一种大循环中，社会科学研究才会有正确的方向，才有不断的“源头活水”，才有真正的生命力，也才有可以进行讨论的良好平台和语境。

没有经过“大循环”所建立起来的中国社会科学大厦，对话式的“小循环”就无窗户玻璃可补。当前中国是提出问题、建构理论、形成框架、建立中国社会科学大厦的时期，社会科学研究的主要场域就应当集中到这样一个建大厦的讨论与争鸣中来。唯有从中国社会科学大循环中建立起中国社会科学大厦，小循环才是有意义的。当前乃至未来20年当是建立中国社会科学大厦的时期，是中国社会科学野蛮成长的爆发时期，是中国社会科学革命的时期。

建立有主体性的中国社会科学必须以中文作为基本语言，以中文期刊作为讨论和发表的主要平台（如果不是唯一的话）。

当前中文期刊也存在一些问题，主要是当前中国社会科学本来应当深耕中国经验，并在此基础上形成中国社会科学发展的基础，或者说当前中国社会科学本来是大循环的时期，本来是野蛮成长、狂飙突进的时期，却提前进入到规范“科学”的对话阶段，进入到小循环的阶段，这样就会极大地误导当前中国社会科学研究的方向。这些方面要有重大改变，否则，鹦鹉学舌的中文期刊终将被淘汰。

四

中国是大国，大国学术必须要建立自己的主体性。建立有主体性的中国社会科学就必须要深耕中国经验（历史与现实），就必须要将中国社会科学之根深深扎进中国大地。这是一个高歌猛进的时代，是一个野蛮成长的时代，是一个伟大的时代，是一个不仅要攀登社会科学高峰而且要攀登无名高峰的时代。建立有中国主体性的社会科学必须要有激情、有勇气，不怕出错，敢于想象。当然，靠一群莽夫是不可能完成这个任务的，因此，深耕中国经验必须同时有主体性地吸取古今中外任何营养来进行我们的理论建设。这样一个建设的过程还一定是群众运动式的，是开放的、包容的、百家争鸣、百花齐放的，也当然要是理性的、科学的。当前中国有这样的时代条件。

五

写《新乡土中国》可以说是无心之举。当时我只是硕士毕业，回到老家荆门，对于究竟要做什么并不确定，想来想去还是觉得做研究当老师比较合适，而荆门是中国最普通的农村，也是中国三农问题最集中最典型的地区。1998 年开始农村调查，一发不可收拾，持续至今已有 20 年，20 年深耕中国经验，于我和我所在学术团队可以说是甘之如饴，如鱼得水，团队人数越来越多，研究领域越来越广。可以说，20 年时间的深耕经验，从来没有感到倦怠，一直处在兴奋状态。只是未曾料到时光如飞，转瞬之间自己已经从青年到了中年，由 30 岁的小伙子变成了 50 岁的小老头，从“而立”之年到了“知天命”之年。20 年来我在中国经验中深耕的乐趣、亢奋，夜不能寐，只有我们团队同仁才能完全理解。

我这样一个普通人的无心之举之所以还能在中国社会科学研究中有所影响，有时还有巅峰体验，还有写作时流淌的愉悦，关键是我出生在了这个伟大时代，这样一个需要深耕中国经验建立中国社会科学主体性的时代，生在了中国发展最快对社会科学需求最大的时代，也生在了社会科学具有最好发展条件的时代。

伟大的时代需要有与之相匹配的伟大的社会科学理论，伟大的理论又一定不可能离开中国经验与实践。中国社会科学必须要有一个呼啸着进入田野，借鉴古今中外各种理论资源，包容开放，大开大合，野蛮成长的阶段。现在正处在这个阶段。“始生之物，其形必丑”“其作始也简，其将毕也必巨”。简陋如《新乡土中国》，普通如我本人，也无知无畏进入中国社会科学领域，且耕耘20年，甚至自认为还是有所收获，中国社会科学界的学人，为什么不都深耕中国经验，回应时代课题，为建立有主体性的中国社会科学的大厦增砖加瓦呢？

方向正确，方法正确，持续努力，我们一定可以取得未曾预料的成绩。

2018.8.12

后　记

收入本书的文章，主要是多年来自己关于如何做学术研究和如何培养学生的一些思考和总结，有些是思考引发行动，有些是行动之后的总结。我不是一个坐得住的人，习惯在知行之间穿梭。这种穿梭的好处是自己有一些不只是从书本上获得的知识与想法，进行了一些与众不同的探索。

《在野之学》就是这些探索的汇编。这些探索不够成熟，仍然是野的，也就是生的，没有成熟的。我愿意在接下来的时间继续探索。

本书书名是编辑王立刚先生建议的，甚合我意。我尤其喜欢这个“野”字。本书分为三编，都与“野”字有关。“学术方法”编的核心是“田野的灵感”“野性的思维”；“学术立场”编的核心是“礼失而求诸野”，即来自西方的社会科学必须与中国经验结合起来，建立有主体性的中国社会科学；“学生培养”编的核心是“野蛮成长”，建立学生学习主体性，让他们获得健康茁壮的成长。没有野蛮成长，没有学术创新，所有的规范和规矩都是要流氓。不经过一个呼啸着进入田野的阶段，不敢于野性思维，不能够野蛮成长，不打破坛坛罐罐，中国社会科学就不可能成长，卓越的社会科学研究人才也不可能涌现。这是一个群雄并起的时代，仅仅强调学术的工匠精神是不合时宜的，以学术工匠精神来维护学术既得利益也注定是徒劳的。

收入本书的文章，最早的是2001年我执笔撰写的《村治研究的共识与策略》。写作此文时，我在湖北荆门职业技术学院工作，硕士毕业后的第五年，阴差阳错的原因进入到农村研究中来。现在看来，该文确实指导了20年来我所在学术团队的研究实践。这篇文章提出的“田野的灵感”“野性的思维”“直白的文风”，也被应星批评为朴素经验主义。

《饱和经验法》一文写于2012年，记得当时在湖北九宫山开了一个会，留下来住几天，最后一天完成所有任务准备下山，还有大半天时间无事可做，就想总结一下被称作“华中乡土派”的我们团队做经验研究方法的独特性。几分钟就有了主意，用大概4个小时草就了这篇文章。本来是没有发表计划的，后来郑杭生教授给我打电话，对我们团队大加赞赏，并约稿写一组关于我们团队研究方法的介绍文章，想起这篇，就发给郑老师，他发表在了《社会学评论》上。后来感觉饱和经验中的“饱和”一词不错，不仅经验应当饱和，阅读也应当饱和。做学术研究，很重要的一点就是用笨功夫，通过饱和训练来达到高水平。大巧不工，重剑无锋，真正一流社会科学研究是不可能通过投机取巧来获得的。只有通过饱和训练，才能成为学术妙手，然后在社会科学研究中“偶得”原创性学术成果。

学生培养方面，20年来，我一直主张“两经一专”，专是专业化，专业化之前则是饱和的“经典阅读”和“经验调查”的“两经”训练。“两经”训练的核心不在于知识而在于个人能力，在于训练个人思维之刀的锐利和对经验本身的悟性（经验质感）。20年来我在学生培养方面有一些体悟，也取得了一定成绩。

将20年来调查研究和培养学生的体会汇编在一起出版，是希望与学界同人一起来建设有主体性的中国社会科学，更是期待青年学子在青春时期有正确方向，有正确方法，通过饱和经典阅读和经验调查，迅速成长起来，一起参与到建设有主体性的中国社会科学的伟大事业中来，一起为中华民族的伟大复兴贡献力量。

2020 年 5 月 24 日下午

图书在版编目(CIP)数据

在野之学/贺雪峰著. —北京:北京大学出版社,2020. 10
ISBN 978 -7 -301 -31622 -1

Ⅰ. ①在… Ⅱ. ①贺… Ⅲ. ①农村问题—研究—中国 Ⅳ. ①D420

中国版本图书馆 CIP 数据核字(2020)第 177524 号

书　　名 在野之学
ZAIYE ZHI XUE
著作责任者 贺雪峰　著
责任编辑 王立刚
标准书号 ISBN 978 -7 -301 -31622 -1
出版发行 北京大学出版社
地　　址 北京市海淀区成府路 205 号　100871
网　　址 http://www.pup.cn　　新浪微博:@北京大学出版社
电子信箱 pkuwsz@126.com
电　　话 邮购部 010 -62752015　发行部 010 -62750672
编辑部 010 -62755217
印 刷 者 涿州市星河印刷有限公司
经 销 者 新华书店
880 毫米×1230 毫米　A5　8.5 印张　270 千字
2020 年 10 月第 1 版　2020 年 10 月第 1 次印刷
定　　价 58.00 元